国家社科基金青年项目：新型城镇化背景下滇桂黔石漠化片区扶贫移民生计发展创新研究（批准号：17CRK021）最终成果。

国家社科基金丛书
GUOJIA SHEKE JIJIN CONGSHU

新型城镇化背景下
滇桂黔石漠化片区易地搬迁
移民生计发展创新研究

Livelihood Innovation for Poverty Alleviation Relocation in Rocky Desertification Areas:
A New-Type Urbanization Perspective from Southwest China

覃志敏　著

人民出版社

序　言

　　滇桂黔石漠化片区属于自然条件特别恶劣的特殊贫困地区,是脱贫攻坚的主战场。致力于解决"一方水土养不起一方人"特殊贫困问题的易地扶贫搬迁工程成为滇桂黔石漠化片区打赢脱贫攻坚战的"头号工程"。党的十八大以来,城镇化安置成为滇桂黔石漠化片区易地扶贫搬迁的新转向。滇桂黔政府将大量石漠化片区农村贫困人口向城镇及城镇周边搬迁安置,并积极促进搬迁移民"稳得住、有就业、逐步能致富"。推动易地搬迁人口生计发展是实现移民"稳得住、有就业、逐步能致富"的重要路径,高质量就业是城镇化安置移民生计发展的关键。滇桂黔石漠化片区县域经济基础薄弱、产业发展水平低、优质就业岗位少,移民城镇化安置后向不同区域流动,获取生计资源和发展生计,以安置地为治理重心的易地搬迁后续扶持工作面临诸多挑战。本书基于新地域主义视角构建城镇化安置易地搬迁人口生计发展流动治理分析框架,阐述与流动性治理移民生计发展的理论逻辑与治理策略,以及易地搬迁人口流动性治理的实践创新,分析易地搬迁人口的资产收益生计和生态收益生计,并对滇桂黔石漠化片区易地搬迁的效益展开评估。

　　本书分八部分。

　　第一部分,绪论。论述了新型城镇化背景下城镇化安置易地搬迁人口生计发展创新研究的背景、研究的问题和研究的意义,阐述了滇桂黔石漠化片区、城镇化安置、移民生计发展等核心概念,介绍了研究的思路和方法。

第二部分,流动性治理与移民生计发展的理论逻辑与治理策略。分析了空间贫困及地域性治理的局限,论述了新地域主义的兴起及流动性治理的特点,即把协助治理对象构建流动网络作为重点任务,超越原有地域治理边界,以治理对象的社会流动为导向,建立跨地域能力的组织系统;从经济和社会两个维度分析了移民流动的多种影响因素,归纳了移民流动发展的五种生计类型;基于流动性治理,阐述了滇桂黔石漠化片区易地搬迁人口城镇化安置后的生计发展实践逻辑,论述了滇桂黔石漠化片区易地搬迁人口生计发展流动性治理的技术治理策略和合作治理策略。

第三部分,易地搬迁人口县外就业的治理策略与实践创新。论述了工程建设阶段和后续扶持阶段易地搬迁人口县外城镇就业的扶持政策,结合流动性治理的技术治理策略和合作治理策略阐述了滇桂黔石漠化片区易地搬迁人口县外就业的治理逻辑;通过贵州省易地搬迁人口就业大数据管理案例、广西壮族自治区"三来三往"粤桂劳务协作案例、基于广西 5 县区(均属于滇桂黔石漠化片区)实地调查资料形成的市场与社会协助移民县外就业案例,阐述帮助滇桂黔石漠化片区易地搬迁人口发展县外城镇就业生计的实践创新。

第四部分,易地搬迁人口安置地就业的治理策略与实践创新。论述了外出就业易地搬迁劳动力的回流及原因;在易地搬迁人口生计发展流动性治理框架下,结合滇桂黔石漠化片区易地搬迁人口安置地就业的非正规就业特点,阐明了易地搬迁人口安置地就业的三项治理机制,即"政府+市场主体"移民就近就业治理、"政府+社区"移民就近就业治理、"政府+社会组织"移民就近就业治理;通过广西、贵州、云南三省区的石漠化片区县的实践案例,分别论述了安置地产业园区就业、帮扶车间就业、农贸市场就业、公益性岗位就业、安置地创业等易地搬迁人口安置地就业/创业实践探索情况。

第五部分,易地搬迁人口安置地农业就业的治理策略与实践创新。系统论述了易地搬迁人口安置地农业就业得以实现的两个现实基础,即脱贫地区农业资本化和规模化发展、脱贫地区政府治理重心下移基层社区;阐述了滇桂黔石漠化片区易地搬迁人口安置地农业就业的治理逻辑,即安置地政府以农业示范区(园)为引领,扶持新型农业经营主体推动农业资本化、规模化发展,创造农业就业岗位需求,安置社区与农业示范区(园)对接并促成易地搬迁弱劳动力在农业示范区(园)实现农业就业,使移民劳动力在组织化输出过程中建立起多层次的利益联结;以广西隆安县震东安置社区"小梁送工"案例呈现了滇桂黔石漠化片区易地搬迁人口安置地农业就业的实践过程。

第六部分,易地搬迁人口资产收益生计和生态收益生计。在分析资产收益扶贫减贫逻辑的基础上,论述了易地搬迁人口资产收益生计的内容;分析了生态扶贫的减贫逻辑,论述了易地搬迁人口生态收益生计的内容;结合笔者与国家乡村振兴局中国扶贫发展中心联合在滇桂黔石漠化片区8县区开展的易地搬迁家庭收入调查数据,对易地搬迁人口资产收益生计和生态收益生计情况进行了实证分析。

第七部分,易地搬迁的效益评估。阐明了易地搬迁、生态建设和新型城镇化同步推进的结构关系;阐释了城镇化安置易地搬迁效益评估的维度及指标体系;结合滇桂黔石漠化片区7县易地搬迁人口生计发展问卷调查数据,对城镇化安置易地搬迁的减贫效益、新型城镇化效益和生态效益进行了系统评估。

第八部分,研究结论与展望。从迈向流动性治理的易地搬迁人口生计发展、易地搬迁人口生计发展流动性治理实践创新、易地搬迁人口资产收益生计发展、易地搬迁人口生态收益生计发展、易地搬迁效益评价五个方面对新型城镇化背景下城镇化安置易地搬迁人口生计发展研究的主要发现进行总结提炼;分析滇桂黔石漠化片区城镇化安置易地搬迁人口生计发展存在的主要问题并提出对策建议;从易地搬迁人口的高质量就业、资产收益和生态收益生计发展、社会保障水平、融入城镇等方面对未来易地搬迁发展研究进行了展望。

目　　录

绪　论 ……………………………………………………… 001

第一章　流动性治理与移民生计发展的理论逻辑与治理

策略 ……………………………………………… 033

第一节　从空间贫困到流动性治理 ……………………… 033

第二节　城镇化安置易地搬迁人口生计发展分析框架 …… 039

第三节　城镇化安置易地搬迁人口生计发展的实践逻辑与

治理策略 ……………………………………… 045

第二章　易地搬迁人口县外就业的治理策略与实践创新 …… 050

第一节　易地搬迁人口县外城镇就业治理的政策 ………… 050

第二节　易地搬迁人口县外城镇就业的治理策略 ………… 057

第三节　易地搬迁人口县外城镇就业的实践创新 ………… 062

第三章　易地搬迁人口安置地就业的治理策略与实践

创新 ……………………………………………… 079

第一节　易地搬迁人口安置地城镇就业 ………………… 080

第二节　易地搬迁人口安置地就业的治理策略　⋯⋯⋯⋯⋯　087

第三节　易地搬迁人口安置地就业的实践创新　⋯⋯⋯⋯⋯　099

第四章　易地搬迁人口安置地农业就业的治理策略与实践

创新　⋯⋯⋯⋯⋯⋯⋯⋯⋯⋯⋯⋯⋯⋯⋯⋯⋯⋯⋯⋯　123

第一节　易地搬迁人口安置地农业就业的现实基础　⋯⋯⋯　123

第二节　易地搬迁人口安置地农业就业的治理策略　⋯⋯⋯　130

第三节　易地搬迁人口农业就业的实践创新　⋯⋯⋯⋯⋯⋯　137

第五章　易地搬迁人口资产收益生计和生态收益生计　⋯⋯　146

第一节　易地搬迁人口资产收益生计　⋯⋯⋯⋯⋯⋯⋯⋯⋯　146

第二节　易地搬迁人口生态收益生计　⋯⋯⋯⋯⋯⋯⋯⋯⋯　155

第六章　易地搬迁的效益评估　⋯⋯⋯⋯⋯⋯⋯⋯⋯⋯⋯⋯　162

第一节　易地搬迁、生态建设与新型城镇化　⋯⋯⋯⋯⋯⋯　162

第二节　易地搬迁效益评估的维度和指标　⋯⋯⋯⋯⋯⋯⋯　165

第三节　易地搬迁效益的实证分析　⋯⋯⋯⋯⋯⋯⋯⋯⋯⋯　172

第七章　研究结论与展望　⋯⋯⋯⋯⋯⋯⋯⋯⋯⋯⋯⋯⋯　191

第一节　研究结论　⋯⋯⋯⋯⋯⋯⋯⋯⋯⋯⋯⋯⋯⋯⋯⋯　191

第二节　问题与对策　⋯⋯⋯⋯⋯⋯⋯⋯⋯⋯⋯⋯⋯⋯⋯　198

第三节　研究展望　⋯⋯⋯⋯⋯⋯⋯⋯⋯⋯⋯⋯⋯⋯⋯⋯　205

参考文献　⋯⋯⋯⋯⋯⋯⋯⋯⋯⋯⋯⋯⋯⋯⋯⋯⋯⋯⋯⋯　208

绪　　论

第一节　研究的背景、问题与意义

一、研究的背景

（一）新型城镇化的提出

工业化和城镇化是人类社会发展的必然趋势和现代化的必由之路。改革开放以来，随着我国工业化的深入推进，工业等非农产业快速发展，吸纳了大量从农村转移到城镇的劳动力，城镇人口规模不断扩大，城镇化进程明显加快。然而，随着农村劳动力持续向城镇转移，农村空心化现象日益突出，依靠农村廉价劳动力进城推进城镇化难以为继。而随着生态环境和耕地保护的增强，土地城镇化的不可持续缺陷日益凸显，城镇化转向以人为核心的新型城镇化发展。新型城镇化的"新"是改变过去偏重追求城市空间扩张基础上的人口规模扩大的做法，以提升城市的文化、公共服务等作为核心内涵，促进乡村人口（而不仅仅是劳动力）向城镇转移，实现农民变市民。①

---

① 　中国金融 40 人论坛课题组：《加快推进新型城镇化：对若干重大体制改革问题的认识与政策建议》，《中国社会科学》2013 年第 7 期。

党的十八大明确提出走新型城镇化发展道路。2014 年,国家颁布《国家新型城镇化规划(2014—2020 年)》,强调新型城镇化应以人的城镇化为核心提升城镇可持续发展水平,坚持以人为本、四化同步、优化布局、生态文明、文化传承。与传统城镇化相比,新型城镇化更加注重保护农村迁移人口的发展权利,并注重与乡村产业化发展相互促进。① 新型城镇化是以人为核心的城镇化,是以民生、可持续发展和质量为内涵,追求平等、绿色、集约等发展目标,促进区域协调发展、产业转型升级、生态文明和集约高效发展的崭新城镇化。②

(二) 滇桂黔石漠化片区的提出

21 世纪第二个十年的扶贫开发中,国家确定了 14 个集中连片特殊困难地区,推进实施片区扶贫攻坚,以区域发展带动扶贫开发,以扶贫开发促进区域发展。连片特困地区的划设及其区域贫困治理,是中央致力于解决区域性整体贫困问题、推动市场与政府合力促进落后地区加快发展的重大扶贫战略创新。③ 滇桂黔石漠化片区是 14 个集中连片特殊困难地区之一。滇桂黔石漠化片区跨广西、贵州、云南三省区,总面积为 22.8 万平方公里,涵盖 91 个县(市、区),其中 80 个片区贫困县(市、区),11 个普通县(市、区),2011 年末总人口为 3427.2 万人,片区内第一、二、三产业占 GDP 的比重分别为 21%、43%、36%,城镇化率为 24.7%,城镇化率低于全国平均水平 25 个百分点。滇桂黔石漠化片区多属高原山地构造地形,碳酸盐类岩石分布广,石漠化面积大。片区熔岩区域面积达到 111000 平方公里,占片区总面积的 48.7%,其中石漠化区域面积为 49000 平方公里,中度以上石漠化区域面积为 33000 平方

① 吴定平:《新型城镇化是贪大求快的克星》,2013 年 6 月 30 日,见 http://www.gov.cn/zhengce/2013-06/30/content_2603537.htm。
② 单卓然、黄亚平:《"新型城镇化"概念内涵、目标内容、规划策略及任职误区解析》,《城市规划学刊》2013 年第 2 期。
③ 陆汉文、曹洪民:《扶贫开发历史机遇期与战略创新》,《江汉论坛》2014 年第 5 期。

公里。滇桂黔石漠化片区是全国石漠化综合治理的重点地区,耕地资源少,人均耕地不足 1 亩,土地贫瘠,生态环境脆弱,自然灾害频发。①

党的十八大之后,中央提出精准扶贫、精准脱贫方略。精准扶贫要求精准识别贫困对象并建档立卡,因村、因户、因人施策,促进帮扶措施与贫困识别结果有机衔接。易地搬迁是精准扶贫的重要举措,也是打赢脱贫攻坚战的"头号工程"。在新的扶贫形势下,易地搬迁政策呈现新的特点。易地搬迁与扶贫对象精准识别、精准管理机制紧密衔接,易地搬迁对象严格限制在居住在深山、石山、高寒、荒漠化、地方病多发等"一方水土养不起一方人"地区及生态环境脆弱、限制或禁止开发地区的农村扶贫对象。易地搬迁人口规模庞大,农业安置须有大量土地用于易地搬迁人口发展农业的弊端日益凸显,城镇化安置成为易地搬迁发展的新方向。连片特困地区资源约束性强,适合农业安置的水土资源配置空间很小,落实易地搬迁人口农业安置耕地难度大,向城镇及城镇周边区域进行集中安置成为易地搬迁发展的新方向。② 2016 年 9 月,国家发展和改革委员会颁布实施的《全国"十三五"易地扶贫搬迁规划》强调,对"一方水土养不起一方人"农村贫困人口实施易地扶贫搬迁举措,全国搬迁的建档立卡易地搬迁人口规模为 981 万,易地扶贫搬迁举措要与新型城镇化、农业现代化有机结合。③

滇桂黔石漠化片区自然资源条件总体恶劣,石漠化问题严重,土地贫瘠,资源环境承载力低,干旱、洪涝等自然灾害频发,生态条件脆弱,多数地区就地扶贫难度大,县域经济薄弱,城镇化率低。推进城镇化安置易地搬迁人口,既能有效解决滇桂黔石漠化片区因资源条件约束产生的"一方水土养不起一方人"的特殊贫困问题,也契合以人的城镇化为核心的新型城镇化模式,有助于

---

①　《滇桂黔石漠化片区区域发展与扶贫攻坚规划(2011—2020 年)》,2012 年 7 月。

②　陆汉文、覃志敏:《新阶段的非农安置扶贫移民:规模估计和政策创新》,《浙江学刊》2017 年第 1 期。

③　国家发展改革委:《全国"十三五"易地扶贫搬迁规划》,2016 年 10 月 13 日,见 http://www.ndrc.gov.cn/zcfb/zcfbtz/201610/t20161031_824886.html。

加快推进滇桂黔石漠化片区新型城镇化进程。从实践来看,滇桂黔石漠化片区范围内的广西、贵州、云南三省区无不把易地扶贫搬迁作为打赢脱贫攻坚战的重要手段。"十三五"时期,广西、贵州、云南三省区易地搬迁人口规模分别达到 71 万人、154.33 万人、99.6 万人,三省区累计易地搬迁人口 324.93 万人,占全国易地搬迁贫困人口(全国有 22 个省、自治区、直辖市涉及易地扶贫搬迁)的 33.12%。

二、研究的问题

迁移是人口的空间流动。移民主要有两种:一是市场力量主导形成的自发性移民。在城乡发展差距不断扩大的背景下,大量农村人口受市场机制牵引自发向城镇迁移获取发展机会并逐渐在城镇定居下来。二是政府等组织主导形成的组织性移民。政府主导实施水库工程建设、扶贫开发等需要有组织地将农村人口迁移出一定区域。水库建设等工程性建设需要在一定的地理空间上实施,因而农村人口的迁移具有强制性。政府以扶贫为目标组织实施的易地搬迁帮助农村贫困人口获取更好的发展机会和资源来摆脱贫困,也可以缓解迁出地人与生态环境的矛盾。

我国易地扶贫搬迁实践始于 20 世纪 80 年代"三西"农业建设,聚焦于解决自然条件特别恶劣地区的极端贫困问题,并且在 21 世纪头十年被作为解决日益突出的资源环境问题(生态保护)的重要举措。党的十八大以来,易地扶贫搬迁除了扶贫和生态保护两项重点任务外,还强调要与新型城镇化和农业现代化相结合。[1] 一方面,经过长期的农业安置,调整土地用于农业安置变得越来越难,通过开发荒地、置换土地等方式很难解决大规模安置移民所需的农业用地问题,易地搬迁人口安置需向无土安置(不提供农业用地)转变;另一方面,把农村贫困人口迁移到城镇,能有效缓解人与迁出区脆弱的生态环境的

---

① 陆汉文、覃志敏:《我国扶贫移民政策的演进与发展趋势》,《贵州社会科学》2015 年第 5 期。

矛盾,并为迁出区农业集约化发展提供条件,也有助于推进安置地新型城镇化。

　　实现新时期易地扶贫搬迁的扶贫、生态建设、新型城镇化目标,关键在于解决易地搬迁人口的生计发展问题。易地搬迁人口生计实现发展,收入实现增长,确保脱贫目标的实现,同时也能为在生活成本较高的城镇居住提供支撑,促进移民在城镇"稳得住"和新型城镇化目标的实现;而易地搬迁人口不返回迁出区也减少了迁出地的环境承载压力,有助于迁出地生态恢复以及农业集约化、规模化发展。新型城镇化背景下,城镇化安置易地搬迁人口需要从原来的农业生计向非农生计转变。实现城镇就业是易地搬迁人口生计发展转型的关键。然而,滇桂黔石漠化片区的城镇经济发展基础薄弱,产业发展水平低、发展规模小,很难为城镇化安置的易地搬迁劳动力提供充足的就业岗位。城镇化安置后,一些易地搬迁人口在安置地的生计出现了内卷现象,生活水平没有明显提高。[①] 许多易地搬迁劳动力在安置地无法获得合适的就业机会,纷纷选择向其他区域流动,以获取城镇就业机会。甚至一些城镇化安置社区居住的多是老人、妇女和儿童。[②] 高流动性成为滇桂黔石漠化片区城镇化安置易地搬迁的重要特征,移民搬迁到城镇后往往会继续向不同方向自发流动,而不是选择立即稳定下来。[③] 易地搬迁人口在城镇"稳不住"和"难致富",为以安置地为边界的移民生计发展地域性治理(Regional Governance)或者"在地化"治理带来挑战。为此,本书从流动性角度切入建立城镇化安置易地搬迁人口生计发展的流动性治理分析框架,从农户生计角度系统论述了易地搬迁人口生计发展的治理策略与具体的实践创新,并试图回答以下具体研究问

---

　　① 阎小操、陈绍军:《重启与激活:后扶贫时代易地扶贫搬迁移民生计转型与发展研究——以新疆 W 县 P 村为例》,《干旱区资源与环境》2021 年第 5 期。

　　② 王正谱:《在巩固脱贫成果强化搬迁后扶工作现场推进会上的讲话》,《中国乡村振兴》2021 年第 10 期。

　　③ 王晓毅:《移民的流动性与贫困治理——宁夏生态移民的再认识》,《中国农业大学学报(社会科学版)》2017 年第 5 期。

题:如何扶持和发展城镇化安置易地搬迁人口县外流动形成的县外就业生计,如何扶持和发展城镇化易地搬迁人口在安置地城镇就业,如何扶持和发展易地搬迁弱劳动力的安置地农业就业生计等? 城镇化安置易地搬迁人口的资产收益生计和生态收益生计有哪些内容? 实践效果如何? 城镇化安置易地搬迁在减贫、生态保护和新型城镇化等方面的效益如何?

三、研究的意义

本书在已有研究成果的基础上,以流动性治理作为理论视角,重点阐述城镇化安置易地搬迁人口生计发展的空间流动、生计发展理论逻辑与创新实践,具有以下几个方面的重要意义。

(一) 有助于促进易地搬迁研究的深化

已有关于易地搬迁的研究主要从空间贫困视角分析移民的生计发展与减贫问题,将易地搬迁人口的贫困归因为迁出地的地理资本(Geographic Capital)匮乏,易地搬迁人口脱贫首先将移民迁出地理资本低的地区,再通过地域治理减贫策略,增强移民在安置地的各类地理资本,实现易地搬迁人口在安置地"稳得住、能发展、可致富"的政策目标。然而,从实践来看,滇桂黔石漠化片区县域经济发展水平低,既不能为全部易地搬迁劳动力提供就业岗位,也很难形成较高的就业工资水平。相当多的青壮年易地搬迁劳动力选择向县外流动就业获取高于安置地的工资收入,年龄大无法务工的易地搬迁劳动力则向安置地之外的乡村(包括迁出地村庄)流动从事农业就业或农业生计。换言之,城镇化安置易地搬迁人口的生计资源并不局限在安置地,而是通过流动向不同地域获取发展机会和资源,实现增收和改善生活水平。流动成为滇桂黔石漠化片区易地搬迁人口生计发展的重要特征。基于此,本书将流动性作为基础性变量纳入对城镇化安置易地搬迁人口生计发展研究之中,构建易地搬迁人口生计发展的流动性治理分析框架,讨论基于移民流动的生计发展策略和实践创新。

（二）有助于强化政府协作对易地搬迁人口生计发展作用的认识

城镇就业收益高于脱贫地区农业收入,农民向城镇流动实现城镇就业是减贫的重要动力。① 多数研究从市场机制、社会机制讨论农民社会流动获取就业机会实现就业增收,对政府间协作促进农民社会流动并实现就业增收的讨论不多。本书从技术治理等角度讨论了政府间协作促进易地搬迁劳动力流动并实现就业的重要作用,分析了政府如何运用信息技术对易地搬迁人口县外就业进行精细化管理。在实践上,对贵州省创新实施的易地搬迁人口就业大数据管理实践进行了分析与总结,对具有政府间合作的"三来三往"粤桂劳务协作机制进行了分析总结,展示了易地搬迁人口县外流动就业进程中政府的重要作用。概言之,本书从技术治理层面分析了政府间协作促进移民县外流动就业的机理,从易地搬迁人口就业大数据管理、政府间合作促进移民县外流动就业两个方面呈现了政府促进易地搬迁人口县外流动就业实践过程,凸显了易地搬迁人口县外流动就业中政府的力量,深化了政府对易地搬迁人口生计发展作用的认识。

（三）有助于加强易地搬迁与乡村产业振兴联动的研究

进入易地扶贫搬迁后续扶持阶段,多数研究把如何实现易地搬迁人口稳定就业作为研究的重点,着重分析易地搬迁人口就业存在的就业质量较低、就业存在性别差异等问题,并就提升易地搬迁人口就业质量和建立稳定就业长效机制展开了讨论。然而,城镇就业与乡村产业振兴关联度比较弱,相关研究很少将易地搬迁人口生计发展与乡村产业振兴进行关联。本书基于易地搬迁

---

① 李小云:《允许农民自由流动是减贫的动力》,《中国乡村发现》2016 年第 4 期。

弱劳动力的特点,系统阐述了乡村产业振兴与易地搬迁弱劳动力农业就业结合的实现机制,并以广西隆安县震东集中安置社区"小梁送工"案例呈现了易地搬迁人口生计发展与乡村产业振兴有机结合的实践过程,有助于深化易地搬迁与乡村产业振兴联动研究。

第二节　研究文献综述

易地扶贫搬迁是以发展为目的的有组织移民,是农村扶贫的重要方式。向城镇迁移的易地搬迁又与新型城镇化密切相关。下面从国外和国内两方面进行分析。

一、国外研究综述

易地搬迁是我国扶贫实践的特有现象。国外学者对经济移民、环境移民、工程移民等开展相似研究,围绕这些研究形成了"推—拉"理论、新古典主义经济理论、新经济移民理论等人口迁移理论。

(一)"推—拉"理论:人口迁移的动力研究

国外当代移民理论始于对移民"迁移法则"的规律性总结,进而演进形成移民迁移的"推—拉"理论。1885 年,英国地理学家列文斯坦(E. G. Ravenstein)发表《移民的规律》(The Laws of Migration)一文,首次提出移民的规律,即人口的迁移以短距离迁移为主,人口向城镇的迁移首先是在城镇的周围地区,然后逐渐进入城镇内部;而远距离的人口迁移则主要向大型的商业或工业城镇迁移;经济因素是人口迁移的主要原因等。[①]

20 世纪 50 年代末,唐纳德·伯格(D. J. Bogue)对"推—拉"理论进行了

[①] 刘庆乐:《推拉理论、户籍制度与中国城乡人口流动》,《江苏行政学院学报》2015 年第 6 期。

系统归纳,提出系统的人口迁移"推—拉"理论。他认为,移民的目的在于改善生活条件,从运动学角度看,人口迁移是两种不同方向的力相互作用的结果,迁出地的"推力"体现在迁出地的资源匮乏、农业生产成本高、劳动力过多带来的就业不足甚至失业,以及自然灾害等无益于人的生存与发展的因素;而迁入地的"拉力"更多地来源于迁入地具有较为丰富的就业机会、较高的工作报酬、高质量的公共服务设施和生活设施,甚至较好的气候条件等,迁出地的"推力"和迁入地的"拉力"共同促使人口从乡村向城镇转移。他进一步指出,迁出地除了形成人口迁移的"推力"外,也会对人口迁移产生"拉力",其因素包括迁出地形成的熟人网络、家庭成员之间的团聚等。但是迁出地的"推力"要远大于其产生的"拉力","推力"起主导作用;与此同时,迁入地在形成人口迁移的"拉力"时,同样会形成"推力",相关"推力"因素包括家人离别、陌生的环境、激烈的竞争,迁入地的"拉力"大于"推力",占据主导作用。①

(二) 新古典主义经济理论:人口迁移的经济因素研究

随着国外移民研究的深入,"推—拉"模型因忽视移民能动性、难以解释同一地区人口迁移决策差异等受到批评,国外学界移民研究转向关注"主动移民"的动因问题探究,形成新古典主义经济理论等理论。

新古典主义经济理论从经济学角度分析移民现象产生的原因,拉里·萨斯塔、迈克尔·托达罗是新古典主义经济理论的代表人物。新古典主义经济理论将移民视为区域劳动力供需差异下劳动力剩余区域发生的均衡机制,它受个人为最大化期望收入而自发的成本—收益决策驱动。移民取决于迁移人口对流动付出与回报的估算,如果迁移后的预期收益显著高于迁移而付出的代价,人口迁移的行为就会发生。移民的方向是高收入地区,而迁出地与迁入地之间的收入差也会因人口迁移而缩小甚至达到平衡。托达罗认为,农村人

---

① 肖周燕:《人口迁移势能转化的理论假说——对人口迁移推—拉理论的重释》,《人口与经济》2010 年第 6 期。

口向城镇迁移的决策不取决于现实的城镇与农村实际工资差额,而是依赖于城镇与农村预期收入差别,如城镇就业预期收入高于农村平均收入的话,则选择向城镇迁移。[①] 新古典经济主义理论强调经济差异是移民的动因,但忽视了政治等非经济因素对人口迁移的重要影响。[②]

(三) 新经济移民理论:迁移人口的非经济因素研究

新经济移民理论引入社会网络等非经济因素,认为迁移不仅是移民个人利益最大化的努力,更遵循了家庭增加社会资本和控制风险的集体逻辑。代表人物主要有奥迪·斯塔克(Oded Stark)、爱德华·泰勒(J. Edward Taylor)等。

新经济移民理论强调,人口迁移不仅是为了实现移民个人利益最大化目标,也是促进家庭资本来源多元化、降低家庭在缺少保障情况下的社会风险的重要方式。[③] 形成人口迁移的动因不仅是迁出地与迁入地收入的差距,更是基于相同参照群体进行比较后可能产生的"相对失落感"。家庭成员的迁移使得家庭收入增加,且能提高家庭在当地社会的地位,引发人口迁移的是在比较相似群体后可能形成的"相对失落感"。[④] 新经济移民理论进一步指出,在社会发展比较缓慢的时候,人们比较容易接受现状,当社会处于急剧变化时,人们倾向于在自己熟悉的环境中选择那些原来条件比自己差但现在发展条件却比自己好的人作为参照对象,进而形成强烈的"失落感",产生了去发展机会多的地方获得社会地位提升的人口迁移动力。[⑤]

---

① [美]迈克尔·P.托达罗:《经济发展与第三世界》,印金强、赵荣美等译,中国经济出版社1992年版。

② 傅义强:《当代西方国际移民理论述略》,《世界民族》2007年第3期。

③ Oded Stark, *The Migration of Labor*, Cambridge, Basil Blackwell, 1991.

④ O. Stark and E. Taylor, "Relative Deprivation and International Migration", in *Demography*, 26, 1:1−14, 1989.

⑤ 李明欢:《20世纪西方国际移民理论》,《厦门大学学报(哲学社会科学版)》2000年第4期。

（四）其他移民理论

网络理论属于中观层次理论，它将移民新经济理论融入社会学之中，发现移民的人际关系网络联系具有降低成本、降低迁移风险、提升利益等多种正向功能，因而增加了人口迁移的可能性。网络理论强调，人口的迁移行为并不仅仅受迁入地政策调整后宏观经济作用影响，迁移的人口在迁入地定居后建立的社会关系促使人口迁移持续发生且规模扩大。移民网络是各类社会网络关系的集合，其纽带可以是血缘、乡缘、情缘等。移民的人际关系网络使得人口迁移的信息可能更精准、更广泛地传播，进而降低人口迁移的成本和风险。一旦移民行为开始，移民在迁入地建立人际关系网络，人口迁移将通过扩散过程而自发地维持下去。[①]

移民系统理论强调微观层面的个人或家庭的喜好或者期望与中观的社会关系网络以及宏观的社会结构之间的联动，认为人口的迁移行为既受到宏观的政治、经济、法律制度等的影响，也由微观的个人期望与偏好和中观的社会网络等所驱动。移民系统着重突出了宏观与微观的两种结构，移民的宏观结构要素包括政治、经济、政府的相应政策与相关的法律制度，移民的微观结构由"移民链"构成，包括家庭、社区、中介性组织等。[②]

世界体系理论强调政治—经济权力和资源分布的不均衡，将人口迁移视为社会平等、社会正义的再分配过程，主张将政府和国家的视角拉回移民分析的中心。[③]

综上所述，国外移民理论研究着重探讨自发性发展移民问题，强调移民迁移行动（流动）是受到诸多因素共同影响的复杂过程，包括资源和经济条件的

---

① 张晓青：《国际人口迁移理论述评》，《人口学刊》2001 年第 3 期。

② 傅义强：《当代西方国际移民理论述略》，《世界民族》2007年第3期。

③ Bill Jordan and Franck Duvell，"Migration：The Boundaries of Equality and Justice"，*British Journal of Sociology*，Vol. 55(2)，2004.

差异形成的迁移"势能"、个人或家庭摆脱贫困和追求经济利益、社会网络牵引、宏观结构和微观结构双重作用,甚至涉及国家和政府对社会平等和社会正义再分配,移民行动既是个体的迁移行为,也是家庭的集体决策与行动,更是政府治理的应有之义。

二、国内研究综述

易地搬迁是为解决或改善人口发展与资源环境的尖锐矛盾,由政府主导,以脱贫为目标的发展性移民,遵循自愿原则,是自愿性发展移民的重要类型。随着我国易地搬迁实践和研究的深入推进,国内学界形成丰硕的易地搬迁研究成果。

(一) 连片特困地区与易地搬迁

20世纪80年代中期,我国贫困现象呈现区域性分布特征。1985年,我国农村贫困人口总量为1.25亿人(基于当时贫困标准),主要分布在定西干旱地区、乌蒙山区、桂西北地区等18个集中连片特殊困难地区。[1] 这些地区自然条件差、地理位置偏远、基础设施落后、社会事业发展滞后、人口基本素质低下。[2] 易地搬迁成为解决区域性贫困问题的"超常规"举措,在连片特困地区实施。

1. 连片特困地区易地搬迁的动力机制研究

相关研究以人口迁移的"推—拉"模型为理论依据,从空间贫困视角分析了集中连片特困地区易地搬迁的动力机制,认为迁出地与迁入地在自然环境空间、区域经济发展水平等的客观差异,以及贫困人口的个体心理因素、能力等的主观差异,促进了易地搬迁举措在集中连片特困地区的运用。张志良等

---

① 张磊:《中国扶贫开发政策演进(1949—2005)》,中国财政经济出版社2007年版,第76—77页。

② 姜德华等:《中国的贫困地区类型及开发》,旅游教育出版社1989年版,第30—37页。

（1997）基于"推—拉"理论构建人口压力、人口承载潜力及经济、教育、健康、居住环境等易地搬迁的理论分析框架及指标体系，论证了集中连片特困地区易地搬迁人口的心理过程以及个体差异的内生机制、易地搬迁措施的促进作用。① 李进参（1999）分析了滇桂黔石漠化片区、"三西"地区等集中连片特困地区易地搬迁的模式生成，着重讨论了易地搬迁举措实施的条件，认为实施易地搬迁的因素包括连片特困地区乡村缺乏生存的条件、就地帮扶难以解决贫困问题、就地扶贫成本远高于易地扶贫成本等。② 董玉舒等（2001）对大石山区易地搬迁进行研究，认为易地搬迁是从根本上解决山区特殊困难贫困问题的现实选择，这一方面是由于滇桂黔石漠化片区独特的自然条件和人文环境决定了要把易地搬迁作为脱贫的优先选项，另一方面易地搬迁也有利于山区的生态保护。③ 黄承伟（2004）系统分析了广西等石漠化地区的易地搬迁，指出在易地搬迁中政府和移民农户的投入都比较高，但是一旦移民成功，不仅能够实现脱贫人口稳定脱贫，而且能为连片特困地区的生态环境建设提供条件。④

2. 连片特困地区易地搬迁的瞄准问题研究

经过 20 世纪 90 年代的"八七扶贫攻坚"，进入 21 世纪我国已基本解决温饱问题，实现了总体小康。易地搬迁也从在个别区域实施向国家层面加以顶层设计与全面推进的新阶段。易地搬迁的研究集中讨论了移民政策的瞄准问题。相关研究认为，易地搬迁政策存在较为严重的瞄准偏离问题，条件较好的村庄和村内非贫困农户获得了迁移机会并实现了发展致富，其原因既包括贫困农户因物质资本、人力资本、社会资本等不足而放弃迁移机会，也包括政府移民扶贫举措的治理机制存在不足。唐丽霞等（2005）以宁夏西吉县和云南

① 张志良、张涛、张潜：《移民推拉力机制理论及其应用》，《中国人口科学》1997 年第 2 期。
② 李进参：《中国的异地开发扶贫模式及经验》，《云南社会科学》1999 年第 3 期。
③ 董玉舒、刘建业、赵天胜：《移民迁村：新世纪贫困山区扶贫开发的必然选择》，《调研世界》2001 年第 5 期。
④ 黄承伟：《中国农村反贫困的实践与思考》，中国财政经济出版社 2004 年版。

沧源县的易地搬迁为例,分析了易地搬迁的特征和原住地的发展情况,发现易地搬迁措施出现了瞄准偏离,条件较好的村庄和村内非贫困农户获得了迁移机会,而贫困农户却留在了原住地,其原因包括:贫困农户物质资本和金融资本积累不足以承担移民搬迁的成本,贫困农户缺少开发安置地农业资源的能力,贫困农户建立的社会网络很难为其在安置地生计发展提供必要的支持等。① 荀丽丽等(2007)通过对内蒙古 S 旗的实地调查发现,易地搬迁政策是多元主体共同参与的社会过程,地方政府是易地搬迁治理体系中各种关系的节点,但其"代理型政权经营者"与"谋利型政权经营者"使得易地搬迁政策的实践走向不确定性,甚至使易地搬迁政策实践可能偏离中央政策的要求。② 何得桂等(2015)通过对陕南地区易地搬迁实证考察发现,易地搬迁存在穷人和老人搬迁少、个体关注弱、移民土地配给和产业支持不足等政策偏离问题,造成易地搬迁人口不能公平享受政策、加重易地搬迁人口经济负担、阻碍易地搬迁人口均衡发展、削弱政策公信力与预期效果等消极影响。③ 李博等(2016)通过对陕南王村易地搬迁实践调查发现,自上而下层层加压、移民特殊帮扶政策的普惠化等使得易地搬迁政策没有完全落实在真正需要迁移的贫困农户,移民政策实践中行政部门间难以有效整合,使得易地搬迁治理实践陷入了碎片化的窘境,易地搬迁人口迁移后生计难以实现发展。④

3. 易地搬迁后续扶持重点问题研究

党的十八大以后,特别是 2016 年国家发展改革委颁布实施《全国"十三五"易地扶贫搬迁规划》,确立精准易地搬迁思路,即将易地搬迁对象严格限

① 唐丽霞、林志斌、李小云:《谁迁移了——自愿移民的搬迁对象特征和原因分析》,《农业经济问题》2005 年第 4 期。
② 荀丽丽、包智明:《政府动员型环境政策及其地方实践——关于内蒙古 S 旗生态移民的社会学分析》,《中国社会科学》2007 年第 5 期。
③ 何得桂、党国英:《西部山区避灾移民搬迁政策执行偏差及其影响研究——以陕南为例》,《青海社会科学》2015 年第 4 期。
④ 李博、左停:《遭遇搬迁:精准扶贫视角下扶贫移民搬迁政策执行逻辑的探讨——以陕南王村为例》,《中国农业大学学报(社会科学版)》2016 年第 2 期。

制在精准识别建档立卡贫困人口范围,通过特色农林产业发展、劳务经济、现代服务业、资产收益、社会保障兜底等多种路径促进易地搬迁人口脱贫。相关研究聚焦于易地搬迁人口安置后的后续扶持问题。

曾小溪等(2017)对中西部 8 省(自治区)16 县 2019 户建档立卡易地搬迁户的问卷数据分析发现,建档立卡易地搬迁人口生存环境比较差,生产生活不便且开发难度较大,存在一定的生存性困难和发展性困难,提出根据轻重缓急分类施策,加强移民安置后的后续扶持。[①] 张涛等(2020)认为,易地搬迁后续就业扶持不仅要维护移民的生存权利,更要注重保障移民的可持续发展权利,提出从内生和外生层面构建以就业脱贫为目标导向的易地搬迁后续就业扶持机制。[②] 涂圣伟(2020)认为,随着易地搬迁工作由工程建设转向后续帮扶,需要把易地搬迁后续帮扶与乡村振兴、新型城镇化紧密结合,可从以下三个维度促进易地搬迁政策转型:(1)将易地搬迁人口生计发展、社会融入和新型城镇化有机结合,满足易地搬迁人口对美好生活的需求;(2)把安置区发展纳入县域经济整体发展;(3)促进安置地与迁出地一体化发展,加强两地的土地、人力、资金等要素整合。[③] 黄云平等(2020)指出,易地搬迁实现了移民全部搬迁入住,较好地实现了"搬得出"的目标,易地搬迁后续扶持需要持续提升安置区公共服务水平,推动安置地配套产业发展带动移民就业脱贫,激发易地搬迁人口内生发展动力,以及提升移民安置社区的治理能力。[④] 潘彪等(2021)认为,做好易地搬迁后续扶持是巩固拓展脱贫成果的重要任务,需要着重从加强后续发展资金筹措,谋划好配套产业布局,强化扶贫资产管护,继续发挥社会

[①] 　曾小溪、汪三贵:《易地扶贫搬迁情况分析与思考》,《河海大学学报(哲学社会科学版)》2017 年第 2 期。

[②] 　张涛、张琦:《易地扶贫搬迁后续就业减贫机制建构与路径优化》,《西北师大学报(社会科学版)》2020 年第 4 期。

[③] 　涂圣伟:《易地扶贫搬迁后续扶持的政策导向与战略重点》,《改革》2020 年第 9 期。

[④] 　黄云平等:《我国易地扶贫搬迁及其后续扶持问题研究》,《经济问题探索》2020 年第 10 期。

保障兜底作用等方面推进易地搬迁后续扶持工作。①

从纵向时序上看,20世纪90年代集中连片特困地区易地搬迁研究,关注动力机制问题,着重分析了易地搬迁的推力与拉力,讨论了不同地区易地搬迁的动力、作用、模式。21世纪头十年的易地搬迁研究,关注易地搬迁政策的瞄准偏离问题,从贫困户、富裕户、政府、政策过程等多个层面呈现易地搬迁政策的瞄准偏离,分析政策偏离的原因,提出解决对策。党的十八大之后,易地扶贫搬迁聚焦建档立卡贫困人口。随着易地搬迁工程的顺利完成,学界将研究的重点聚焦于后续扶持,讨论了易地搬迁后续扶持聚焦的重点,如就业减贫、公共服务、社区治理、内生动力培育等。

(二) 新型城镇化与易地搬迁

党的十八大之后,易地搬迁政策强调易地搬迁与城镇化结合。易地搬迁政策的调整获得了学界的关注,新型城镇化与易地搬迁关联的研究增多。相关研究着重讨论了滇桂黔石漠化片区等集中连片特困地区易地搬迁与新型城镇化的关系、政策逻辑、社会风险、协调发展等。

1. 新型城镇化与易地搬迁的关系

相关研究认为,滇桂黔石漠化地区城镇化率偏低、就地扶贫难度大,易地搬迁与新型城镇化是相互促进的关系。凌经球(2015)认为,新型城镇化与易地搬迁相结合能促进滇桂黔石漠化片区的城乡基本公共服务均等化和资源利用,大力实施城镇化安置的易地搬迁是滇桂黔石漠化片区推进新型城镇化的重要途径。② 宋才发等(2017)认为,可以把城镇化安置易地搬迁纳入滇桂黔石漠化片区新型城镇化建设中,借助易地搬迁这个契机加快户籍制度改革,消

---

① 潘彪等:《做好易地扶贫搬迁的"后半篇文章"——贵州省黔西南州"新市民"计划的经验与启示》,《宏观经济管理》2021年第5期。
② 凌经球:《推进滇桂黔石漠化片区扶贫开发的路径研究——基于新型城镇化的视角》,《广西民族研究》2015年第2期。

除城乡户籍差异以及由户籍决定的城乡居民待遇不同问题,促进集中连片特困地区新型城镇化。[1] 李聪等(2019)分析了新型城镇化对易地搬迁人口生计恢复力的影响,新型城镇化推进下的就业发展、公共服务提升、思想观念转变等对易地搬迁人口在安置地的生计恢复具有正向促进作用,但是居住城镇化仍未实现政策目标。[2] 武汉大学易地扶贫搬迁后续扶持研究课题组(2020)认为,与新型城镇化相结合是"十三五"时期我国易地搬迁的重要特征,城镇化安置易地搬迁人口有助于土地资源约束、减轻迁出区生态环境压力、推进产业向城镇聚集、提升移民的公共服务和基础设施水平及阻断贫困代际传递。[3]

2. 城镇化安置易地搬迁人口风险研究

相关研究从客观和主观两个层面归纳了易地搬迁人口向城镇化安置方式转型的政策逻辑,并详细分析了城镇化安置易地搬迁人口存在的相关实践风险。曹锦清等(2017)对贵州省石漠化片区县易地搬迁过程考察后认为,资金与土地的约束、城乡二元思维支配是滇桂黔石漠化片区的县区政府积极推进城镇化集中安置易地搬迁的政策逻辑,但是滇桂黔石漠化片区的县区工业能力弱,移民就业增收乏力,生活成本却显著增加,并且还面临着社会融入问题等制约或者风险,使得城镇化安置易地搬迁人口在滇桂黔石漠化片区推进存在实践的限度。[4] 刘升(2020)讨论了新型城镇化与易地搬迁结合存在的社会稳定风险,易地搬迁人口在过渡期很难实现生计水平提升,并没有完全实现城镇化,面临着失业、社会融合、信任与安全等方面的社会风险,需要完善城镇化

① 彭振、宋才发:《民族地区新型城镇化建设及发展保障讨论》,《黑龙江民族丛刊》2017年第1期。
② 李聪、高梦:《新型城镇化对易地扶贫搬迁农户生计恢复力影响的实证》,《统计与决策》2019年第18期。
③ 武汉大学易地扶贫搬迁后续扶持研究课题组:《易地扶贫搬迁的基本特征与后续扶持的路径选择》,《中国农村经济》2020年第12期。
④ 马流辉、曹锦清:《易地扶贫搬迁的城镇集中模式:政策逻辑与实践限度——基于黔中G县的调查》,《毛泽东邓小平理论研究》2017年第10期。

安置移民社区风险防控机制,加强社会支持体系建设。① 马流辉等(2019)认为,易地搬迁与新型城镇化结合已成为滇桂黔石漠化片区的地方政府促进区域脱贫和经济社会发展的重要选择,然而城镇化集中安置移民存在多重风险,应通过安置地城镇、异地城镇、迁出地乡村三维空间联动的方式推进易地搬迁后续扶持工作。②

3.易地搬迁与城镇化协调发展研究

相关研究讨论了易地搬迁与城镇化协调发展的问题并提出相应的完善对策。邹英等(2017)指出,城镇化安置使易地搬迁人口成为滇桂黔石漠化等集中连片特困地区县域市民化的主体之一,但是由于移民自身的特性,移民在市民化过程中存在文化、经济、身份角色等问题,应从分层推进移民市民化、强化配套设施建设、以公共服务为切入点构建移民社会支持系统等方面开展政策优化。③ 何玲玲等(2019)对滇桂黔石漠化片区(广西地区)易地搬迁与新型城镇化的实践分析发现,二者协调发展存在着产业与经济、户籍与社会保障、基层治理、生态保护等问题形成的制约,促进易地搬迁与新型城镇化结合需要促进产业升级与经济发展、深化社会制度改革特别是户籍制度改革,加强生态环境建设,加强基层治理,化解社会矛盾。④ 韦俊峰等(2020)重点讨论了易地搬迁与特色小镇建设协调发展问题,认为通过构建易地搬迁与特色小镇建设在金融、空间、公共服务、产业培育与发展、文化建设等方面的整合机制,促进

① 刘升:《城镇集中安置型易地扶贫搬迁社区的社会稳定风险分析》,《华中农业大学学报(社会科学版)》2020年第6期。

② 马流辉、莫艳清:《扶贫移民的城镇化安置及其后续发展路径选择——基于城乡联动的分析视角》,《福建论坛(人文社会科学版)》2019年第3期。

③ 邹英、向德平:《易地扶贫搬迁贫困户市民化困境及其路径选择》,《江苏行政学院学报》2017年第2期。

④ 何玲玲、区小兰:《易地扶贫搬迁与新型城镇化协调发展:广西的实践表述》,《广西师范学院学报(哲学社会科学版)》2019年第4期。

易地搬迁与特色小镇建设协调发展,相互促进。[1]

　　总体来看,已有研究认为,城镇化安置易地搬迁人口是滇桂黔石漠化片区等集中连片特困地区易地搬迁与新型城镇化协调发展的可行路径,但在推进的过程中也存在各种各样的风险,应对的重点包括促进易地搬迁人口在安置地获得均等的基本公共服务,强化社会保障,促进易地搬迁人口更好地融入安置地城镇。

(三) 易地搬迁人口生计发展

　　党的十八大以来,城镇化成为易地搬迁政策发展的新趋势。城镇化安置是易地搬迁与新型城镇化结合的重要体现,以就业为核心的移民生计发展是实现移民在城镇安置社区"稳得住、能致富"的重要方向。[2] 城镇化安置改变了易地搬迁人口的家庭生计策略,移民城镇非农化程度越高,家庭收入增加越明显,易地搬迁反贫困效应越明显。[3] 同时,易地搬迁人口的生计发展也存在一些问题。已有研究讨论了易地搬迁人口生计发展的影响因素、发展路径以及发展的问题。

1. 易地搬迁人口非农生计发展的影响因素研究

　　已有研究认为,非农生计对易地搬迁人口摆脱贫困具有积极作用,影响移民发展非农生计的因素有城镇化安置方式、人力资本、信息素养、迁移距离等。周丽等(2020)基于湖南易地搬迁人口调查数据,采用 Logistics 回归模型分析易地搬迁人口生计资本影响生计策略选择的机理,认为人力资本是易地搬迁人口从农业生计向非农生计转型的关键,应创造条件提高移民的人力资本,开

---

[1]　韦俊峰、陆保一、明庆忠:《易地扶贫搬迁与特色小镇建设整合的机制与模式》,《中南林业科技大学学报(社会科学版)》2020 年第 3 期。

[2]　陆汉文、覃志敏:《新阶段的非农安置扶贫移民:规模估计和政策创新》,《浙江学刊》2017 年第 1 期。

[3]　马明等:《易地扶贫搬迁移民生计策略、生计资本与家庭收入影响研究——以云南少数民族深度贫困地区为例》,《干旱区资源与环境》2021 年第 8 期。

展有针对性就业技能培训,提高移民择业竞争力和就业适应力。① 李聪等(2020)使用"A—F"双临界值法对易地搬迁家庭多维贫困进行测量发现,城镇就业对降低易地搬迁人口多维贫困具有积极影响,并且易地搬迁进一步强化了城镇就业的减贫效应,应精准识别移民家庭的劳动力特征,精准实施就业扶持政策。② 汪磊等(2020)对贵州易地搬迁人口就业能力开展研究,认为就业信息获取、人力资源水平、社会资本水平等是影响易地搬迁人口就业的重要因素,而信息获取对易地搬迁人口就业能力提升具有关键性作用,应加大易地搬迁人口就业能力扶持,着力培养易地搬迁人口的市场意识、就业市场机会识别能力以及对信息收集、分析和利用的能力。③ 吴晓萍等(2020)从经济适应性的角度分析了不同类型易地搬迁人口生计上的差异,认为人力资本高的易地搬迁劳动力有利于实现城镇就业;女性易地搬迁劳动力的生计转型更为困难;易地搬迁安置的社区治理越好,移民得到就业支持等扶持越多。④ 张会萍等(2021)指出,迁到城镇后易地搬迁人口的生计转型效果明显,但是他们就业的质量并未提升,特别是迁移对于那些远距离迁移、学历较低、年龄较大等类型的易地搬迁劳动力就业质量具有消极的影响。⑤

2.易地搬迁人口生计

已有研究从就业机会、就业扶持等不同层面分析了城镇化安置后易地搬迁人口存在的非农生计问题,并给出了相应的解决对策。王晓毅(2016)指

① 周丽、黎红梅、李培:《易地扶贫搬迁农户生计资本对生计策略选择的影响——基于湖南搬迁农户的调查》,《经济地理》2020年第11期。

② 李聪等:《易地扶贫搬迁家庭劳动力外出务工对多维贫困的影响》,《当代经济科学》2020年第2期。

③ 汪磊、汪霞:《易地扶贫搬迁农户就业能力评价研究:以贵州省为例》,《北方民族大学学报》2020年第3期。

④ 吴晓萍、刘辉武:《易地扶贫搬迁移民经济适应性的影响因素——基于西南民族地区的调查》,《贵州社会科学》2020年第2期。

⑤ 张会萍、罗媛月:《易地扶贫搬迁的就业促进效果研究——基于劳动力非农转移和就业质量的双重视角》,《中国人口科学》2021年第2期。

出,在新型城镇化的发展战略下,城镇就业对易地搬迁人口生计发展越来越重要,然而安置地就业机会不足、移民增收缓慢增加,导致了移民的重新流动,应该率先推进城乡一体化的发展,把产业发展和扩大就业作为核心工作,促进易地搬迁人口稳定就业。① 马流辉(2018)认为,城镇化安置移民后,安置地无法满足易地搬迁人口大规模的就业需求,安置地呈现劳动力供给与就业需求失衡,大龄移民劳动力人力资本水平低,很难获得就业机会。② 刘升(2020)认为,城镇化安置移民仍处于"半城镇化"状态,面临失业等风险,后续扶持需要加强就业扶持,特别是关注 40 岁以上"半失业"人群的就业问题,完善易地搬迁帮扶的社会支持体系。③ 覃志敏等(2020)认为,滇桂黔石漠化片区经济基础弱,产业发展为移民提供就业岗位不足、易地搬迁配套产业发展滞后于住房安置工程建设、易地搬迁家庭劳动力没有实现充分就业等,共同导致了移民生计发展转型困难,应从城乡融合发展出发,通过加快县域经济发展为移民创造就业条件,同时大力推进乡村特色产业发展促进移民资产收益增加。④ 阁小操等(2021)通过对新疆 W 县的易地搬迁实地研究发现,移民生计问题集中体现在生计内卷化、生计低水平聚合及内生性发展不足等方面,提出要增强后续扶持政策的可持续性,激发易地搬迁人口内生动力,促进政府与社会协同帮助易地搬迁人口走出生计转型困境。⑤ 许汉泽(2021)指出,易地搬迁人口生计系统脱离迁出地后却未能在安置地完成重构、行政压力下的帮扶政策衔接不畅、移民乡土文化比较难融入城镇文化等造成"双重脱嵌"困局,易地搬迁人

---

①　王晓毅:《易地扶贫搬迁方式的转变与创新》,《改革》2016 年第 8 期。

②　马流辉:《易地扶贫搬迁的"城市迷思"及其理论检视》,《学习与实践》2018 年第 8 期。

③　刘升:《城镇集中安置型易地扶贫搬迁社区的社会稳定风险分析》,《华中农业大学学报(社会科学版)》2020 年第 6 期。

④　覃志敏、韦东阳:《城镇化安置扶贫移民的生计困境与治理路径——以城乡融合发展为视角》,《中国西部》2020 年第 5 期。

⑤　阁小操、陈绍军:《重启与激活:后扶贫时代易地扶贫搬迁移民生计转型与发展研究——以新疆 W 县 P 村为例》,《干旱区资源与环境》2021 年第 5 期。

口既脱嵌于迁出村落也没有完全融入移民社区。①

3.易地搬迁人口发展生计的路径研究

已有研究从生计空间扩展的角度分析了滇桂黔石漠化片区等集中连片特困地区易地搬迁人口发展生计的多元路径。陆汉文等(2017)认为,要统筹迁出地与迁入地的资源,在安置地发展特色优势产业吸纳就业,在迁出地探索资产收益扶贫促进移民收入增加。② 马流辉等(2019)认为,可把农村迁出区与安置地城镇两类不同的资源和空间进行整合,通过充分开发农村迁出区农业资源增加易地搬迁人口的资产收益,通过加强就业技能培训,推进公共服务均等化,促进移民向城镇生计转型。③ 黄云平等(2020)指出,由于搬迁与安置不同步,移民就业缺乏载体支撑,就业不够充分,可将吸纳就业能力作为迁入地产业建设的重要内容,建立正向激励机制,加强安置地与东部对口协作地区的劳务协作,不断增加安置地移民劳动力向东部协作地区的劳务输出规模,同时也要加强安置地公益性岗位开发,帮助难就业的易地搬迁劳动力解决就业难题。④ 张涛等(2020)从就业减贫机制层面探讨了易地搬迁人口生计发展,认为就业扶持不仅维护了易地搬迁人口的生存权利,也能保障其发展权利,要建立移民劳动力群体瞄准机制、就业部门联动和区域劳务协作的协调机制、就业扶持资金投入机制、易地搬迁人口就业参与机制,优化易地搬迁人口就业减贫路径,促进易地搬迁人口脱贫乐业。⑤ 谢治菊等(2020)提出,运用大数据管理

---

① 许汉泽:《"后扶贫时代"易地扶贫搬迁的实践困境及政策优化——以秦巴山区Y镇扶贫搬迁安置社区为例》,《华东理工大学学报(社会科学版)》2021年第2期。

② 陆汉文、覃志敏:《新阶段的非农安置扶贫移民:规模估计和政策创新》,《浙江学刊》2017年第1期。

③ 马流辉、莫艳清:《扶贫移民的城镇化安置及其后续发展路径选择——基于城乡联动的分析视角》,《福建论坛(人文社会科学版)》2019年第3期。

④ 黄云平等:《我国易地扶贫搬迁及其后续扶持问题研究》,《经济问题探索》2020年第10期。

⑤ 张涛、张琦:《易地扶贫搬迁后续就业减贫机制构建与路径优化》,《西北师大学报(社会科学版)》2020年第4期。

平台的数据庞大、信息对称、追踪及时等优势,扩展易地搬迁人口生计发展空间,为移民提供精准化、精细化的就业帮扶服务。①

可见,国内易地搬迁研究从空间贫困角度和"推—拉"理论讨论了滇桂黔石漠化片区等集中连片特困地区易地搬迁的作用及行动机理,分析了党的十八大以前易地搬迁存在的扶贫瞄准偏离问题。党的十八大以来,滇桂黔石漠化片区等集中连片特困地区易地搬迁发生了重要变化,在注重瞄准建档立卡贫困人口的同时,也强调要与新型城镇化结合,大力实施城镇化移民安置方式。一些研究讨论了滇桂黔石漠化片区易地搬迁与新型城镇化的关系,论证了易地搬迁与新型城镇化能够相互促进,分析了易地搬迁向城镇化安置方式转变的政策逻辑,以及易地搬迁城镇化安置存在的相关社会风险,提出易地搬迁与新型城镇化协调发展的对策。随着易地搬迁人口城镇化安置的完成,已有研究聚焦城镇化背景下易地搬迁人口生计转型,探讨了易地搬迁后续扶持的重点领域,从就业机会、就业能力等角度分析城镇化安置移民生计问题以及移民发展生计的影响因素,讨论了滇桂黔石漠化片区等集中连片特困地区易地搬迁人口发展生计的路径选择。

综上所述,已有研究聚焦于我国易地搬迁发展进程的相关重要议题开展深入研究,并取得了丰硕的研究成果,为后续研究奠定了坚实基础。同时,易地搬迁研究也存在一些问题需要继续深化。虽然已有研究发现滇桂黔石漠化片区实行城镇化安置较难提供大量工作机会发展移民生计,提出通过城乡空间资源的联动来促进移民生计发展,但是相关分析在理论上的阐述明显不足。如陆汉文等(2017)提出以特色产业发展来统筹安置地、迁出区域的各类资源,马流辉等(2019)提出将安置地、迁出地和异地城镇联动起来构建移民可持续发展路径②,覃

---

①　谢治菊、许文朔:《空间再生产:大数据驱动第一扶贫搬迁社区重构的逻辑与进路》,《行政论坛》2020年第5期。

②　马流辉、莫艳清:《扶贫移民的城镇化安置及其后续发展路径选择——基于城乡联动的分析视角》,《福建论坛(人文社会科学版)》2019年第3期。

志敏等(2020)提出以城乡融合发展促进移民生计发展①,但是缺乏从学理上阐明不同地域空间资源整合的内在逻辑。为此,本书在已有研究的基础上借助流动性治理(也称为新地域主义)理论尝试提出整合不同空间资源促进城镇化安置易地搬迁人口生计发展的理论分析框架。另外,大部分研究将移民作为无差别的个体来分析其生计发展,尽管少数观察到了不同移民之间在生计发展上的差异,但是只从就业胜任能力角度分析,忽视了就业获取能力(流动)角度,因而很难形成精准的应对策略。如吴晓萍等(2020)指出,人力资本高的移民有利于实现城镇就业,女性移民生计转型较为困难。② 为此,本书从就业获取(流动)角度系统分析了易地搬迁人口搬迁后生计的发展逻辑,并结合实践案例阐述了易地搬迁人口生计发展的路径创新。

第三节　研究思路与研究方法

一、相关概念含义

本书涉及的核心概念包括滇桂黔石漠化片区、城镇化安置和易地搬迁生计,下面将对这些概念进行解析和界定。

(一) 滇桂黔石漠化片区

滇桂黔石漠化片区是我国重要的集中连片特困地区。③ 集中连片特困地

---

① 覃志敏、韦东阳:《城镇化安置扶贫移民的生计困境与治理路径——以城乡融合发展为视角》,《中国西部》2020年第5期。

② 吴晓萍、刘辉武:《易地扶贫搬迁移民经济适应性的影响因素——基于西南民族地区的调查》,《贵州社会科学》2020年第2期。

③ 全国14个集中连片特困地区包括:六盘山区、秦巴山区、武陵山区、乌蒙山区、滇桂黔石漠化区、滇西边境山区、大兴安岭南麓山区、燕山—太行山区、吕梁山区、大别山区、罗霄山区等区域的连片特困地区和已明确实施特殊政策的西藏、四省藏区、新疆南疆三地州。

区是基于贫困区域化分布特征,系统分析不同地域特征后划分出的不同特征的贫困区域。片区划分的标准包括县域农民人均纯收入、县域人均财政一般预算收入和县域人均国内生产总值三项核心指标。为体现"连片性",片区划分将自然地理相连、气候环境相似、传统产业相同、文化习俗相同、致贫原因相近的贫困县划为一个片区。[①] 片区在划分后,国务院扶贫办(现更名为国家乡村振兴局)联合国家发展和改革委员会确定了"区域发展带动扶贫开发,扶贫开发促进区域发展"片区脱贫攻坚思路,制定所有片区的区域发展与扶贫攻坚规划。根据《滇桂黔石漠化片区区域发展与扶贫攻坚规划(2011—2020年)》,滇桂黔石漠化片区总面积 22.8 万平方公里,涵盖广西、贵州、云南三省区的 80 个片区县(市、区),11 个其他县(市、区)。另外,滇桂黔石漠化片区有 83 个民族自治地方县(市、区)、34 个老区县(市、区)、8 个边境县。2010 年末,总人口 3427.2 万人,人均地区生产总值 9708 元,城镇居民人均可支配收入和农村居民人均纯收入分别是 13252 元、3481 元,第一、二、三产业占 GDP 的比重分别为 21%、43%、36%,城镇化率为 24.7%。

在实施脱贫攻坚之前,滇桂黔石漠化片区的贫困原因主要体现在以下几个方面。

一是石漠化问题严重,贫困人口多和贫困程度深。滇桂黔石漠化片区岩溶面积大,达到 11.1 万平方公里,占片区总面积的 48.68%,而岩溶区域中石漠化面积占比 44.14%(4.9 万平方公里)。滇桂黔石漠化片区也是全国石漠化问题最为突出的地区。片区内的 91 个县(市、区)中有 80 个县(市、区)属于国家石漠化综合治理防治重点县。石漠化地区土地贫瘠,严重制约了农业发展和农民脱贫。滇桂黔石漠化片区内有 67 个国家级贫困县。按照 2010 年年收入 1274 元的扶贫标准,该区域在 2012 年有贫困人口 324.4 万人,贫困发生率高达 11.1%,高于全国平均水平 8.3 个百分点,比西部地区平均水平高出

---

① 黄承伟、覃志敏:《共同富裕视野下连片特困地区扶贫攻坚的路径思考》,《开发研究》2013 年第 4 期。

5个百分点。部分贫困群众住房困难,杈杈房、茅草房比例高,人畜混居现象突出。

二是资源开发水平低,县域经济薄弱。滇桂黔石漠化片区资源就地转化程度低、精深加工能力弱。片区内企业数量少且带动能力弱,市场发展滞后,产业链延长困难,缺少对区域经济发展和产业扶贫发挥支撑性作用的主导产业。

三是基础设施薄弱,水利和交通瓶颈突出。滇桂黔石漠化片区水利建设滞后,大型水利及其配套建设不到位,五小水利设施建设不足,工程性缺水比较严重。滇桂黔石漠化片区内有效灌溉的基本农田仅占比27.8%。2010年有1111.2万农村饮水不安全人口,占比高达37.9%。交通主干网络不完善,省际交通瓶颈突出,县际公路连通性差,县乡公路等级低、质量差,4.9%的乡镇和65.6%的行政村不通沥青(水泥路),17.4%的行政村不通公路。

四是社会事业发展滞后。2010年,人均教育卫生、社会保障和就业三项支出仅为1098元。医疗卫生条件差,基层医疗卫生服务能力不足,还有9.7%的行政村未建立卫生室,13.5%的村卫生室尚无合格医生。14.0%的自然村不能接收电视节目。滇桂黔石漠化片区内九年义务教育水平低于全国平均水平,人均受教育年限也比全国平均水平低。

(二) 城镇化安置

根据不同角度,易地搬迁人口的安置方式可以划分为不同的类型。如根据迁移的空间距离可以划分为县内安置、跨县安置、跨地区安置和跨省安置,根据迁入方式角度可以分为集中安置和分散安置,根据土地配置角度可以分为土地安置和非土地安置,等等。① 城镇化安置是易地搬迁与新型城镇化结合形成的一种移民安置方式。城镇化安置易地搬迁人口将农村地区的贫困人

---

① 李王鸣、金登杨:《扶贫移民安置模式分析与实证——以浙江省瑞安市为例》,《经济地理》2008年第2期。

口迁移到城镇进行集中安置,移民不再从事农业生产活动,生计模式发生根本性改变,在身份上从农民逐步转变为市民。① 易地搬迁人口向城镇安置后,移民获得了与乡村具有显著差异的生存与发展的条件,易地搬迁人口在融入城镇的过程中获取发展资源,逐步实现生活与生计的转变,共享区域经济发展带来的红利。② 易地搬迁的城镇化安置是将农村贫困人口从资源条件差、"一方水土养不起一方人"的农村区域迁移至城镇(县城或集镇),移民居住空间从乡村变为城镇,迁移后社会身份变化趋势是成为城镇居民,移民生计发展趋势是向非农化转变,城镇化安置的移民不仅获得城镇的教育、医疗卫生、社会保障、就业扶持等发展资源,同时也保有在原住村落的耕地、林地、农房等农业资源。

(三) 移民生计发展

学术上使用的"生计"概念与生活中使用的"生计"概念有很大的不同。获得广泛认可的"生计"概念是由 Chambers 和 Conway 在阿马蒂亚·森(Amartya Sen)能力贫困理论的基础上做出的。Chambers 和 Conway 认为:"生计是谋生的方式,该谋生方式建立在能力(capability)、资产(assets)(包括储备物、资源、要求权和获得权)和活动(activities)基础之上。"③在生计概念的组成部分中,资产是生计分析的核心,也是最为复杂的部分。根据英国国际发展部(DIFD)可持续生计分析框架,生计资本包括五大资本,即自然资本、金融资本、物质资本、人力资本和社会资本。④ 易地搬迁人口长期生活在自然条件

① 段跃芳、窦春锋:《水库移民城镇化安置模式:基本要素、制度障碍及体制安排》,《三峡大学学报(人文社会科学版)》2016 年第 1 期;卢舟:《水库移民城镇化安置的社会风险及其治理——以云南楚雄青山嘴水库移民安置为例》,《经济研究导刊》2018 年第 13 期。

② 段跃芳、赵旭:《水利水电工程移民城镇化安置:特征、问题及机制创新》,《城市与环境研究》2016 年第 3 期。

③ R. Chambers, C. R. Conway, "Sustainable Livelihood: Practical Concepts for the 21st Century", *IDS Discussion*, 1992: 6.

④ 苏芳、徐中民、尚海洋:《可持续生计分析研究综述》,《地球科学进展》2009 年第 1 期。

恶劣、基础设施薄弱、社会事业发展落后、生态环境脆弱、自然灾害频发的地理环境之中,各类生计资本水平低。搬迁前,移民以农业生计为主,家庭收入和生活来源主要依靠传统的种养业生产活动,收入水平低,生活长期处于贫困状态。移民在城镇化安置后,既保留了在原住村落的耕地、林地、房屋等农业资源,同时也在政府等外部力量的扶持下获得了各类生计资源,如就业和创业资源、城镇公共服务、城镇基础设施等。移民生计发展是指移民利用各类生计资源开展以就业和经商为主的生计方式,通过工资性收入或经营性收入来提高收入水平和摆脱贫困。

就业扶贫是最直接最有效的脱贫方式。2020 年 4 月,习近平总书记在陕西考察时指出,要住得下去就要靠稳定就业,务工是主要出路。要实实在在做好就业工作,不搞形式主义。[①] 我国易地搬迁后续扶持将移民实现稳定就业作为促进移民可持续脱贫和在城镇"稳得住"的关键。2021 年 4 月,国家发展改革委等 20 个部委联合出台《关于切实做好易地扶贫搬迁后续扶持工作巩固拓展脱贫攻坚成果的指导意见》,强调要抓住就业这个"牛鼻子",多渠道促进移民就业,强化社会管理,促进社会融入,实现易地搬迁人口"稳得住、有就业、逐步能致富"。易地搬迁人口的生计包括就业、创业、经商等路径,本书着重从易地搬迁人口就业来讨论滇桂黔石漠化片区城镇化安置易地搬迁人口生计发展创新。移民生计就业既包括在工业和服务业领域的就业,也包括在农业领域的就业。本书中的易地搬迁人口生计发展获得的收入,源于工资收入(包括农业务工获得的工资性收入)或商业或服务业经营性收入。

二、研究的思路

实现易地搬迁人口生计发展是新型城镇化背景下滇桂黔石漠化片区等地区易地搬迁后续扶持的重点任务。城镇安置地为易地搬迁人口提供一定就业

---

① 《习近平谈易地搬迁脱贫:后续帮扶最关键的是就业》,2020 年 4 月 22 日,见 http://www.xinhuanet.com/politics/leaders/2020-04/22/c_1125888069.htm。

岗位,但是仍然不能满足易地搬迁人口获得良好就业岗位的需求。城镇化安置后易地搬迁人口会根据家庭禀赋通过向其他区域流动获取生计发展机会和资源。流动性成为城镇化安置移民生计发展的重要特征。本书将流动作为基础变量纳入城镇化易地搬迁人口生计发展创新的讨论之中,构建易地搬迁人口生计发展流动性治理分析框架,系统阐述易地搬迁人口向省外、省内县外、安置地城镇、安置地农村等不同区域流动形成的以就业为核心的生计发展路径。易地搬迁人口迁移到城镇安置后仍保留了在迁出地的各类生计资源,进而衍生出易地搬迁人口的资产收益生计和生态收益生计。

　　本书研究的思路从以下五个部分逐层推进。第一,借助新地域主义视角尝试构建城镇化安置易地搬迁人口生计发展的流动性治理分析框架,从经济和社会两个维度分析易地搬迁人口流动的影响因素,将易地搬迁人口流动形成的生计分为五种类型。基于流动性治理分析框架,阐述滇桂黔石漠化片区易地搬迁人口生计发展的实践逻辑和治理策略。第二,基于易地搬迁人口流动性治理分析框架,并结合实地调查获取的经验材料和案例,阐明滇桂黔石漠化片区易地搬迁人口生计发展流动性治理的相关实践创新,包括滇桂黔石漠化片区易地搬迁人口县外就业生计的治理与创新实践、安置地城镇就业生计的治理与创新实践、安置地农业就业生计的治理与创新实践等。第三,基于易地搬迁人口在迁出地的各类生计资源,分析易地搬迁人口资产收益生计和生态收益生计的内容和效益。第四,构建易地搬迁人口效益评估指标体系,结合调查研究的数据对滇桂黔石漠化片区易地搬迁取得的减贫效益、生态效益和新型城镇化效益进行评估。第五,对新型城镇化背景下城镇化安置易地搬迁人口生计发展创新进行总结提炼,分析城镇化安置易地搬迁人口生计发展存在的主要问题,提出对策和建议,并对深化易地搬迁研究进行了展望。

三、研究的方法

　　本书讨论的是新型城镇化背景下城镇化安置易地搬迁人口生计发展,易地搬迁人口生计是研究和分析的重点。本书既承认易地搬迁人口生计发展对区域经济社会结构变化的能动性,同时也强调区域经济社会结构要素对易地搬迁人口生计发展的重要影响,易地搬迁人口的生计行动策略是在移民个人与区域结构动态的互动中做出行为决定的。在研究资料收集的具体方法和技术层面,主要采用问卷调查法、访谈法、文献收集法等研究资料收集方法。

（一）问卷调查法

在滇桂黔石漠化片区选取若干滇桂黔石漠化片区县开展问卷调查。明确调查县份的安置点名单和调查样本量,按照随机抽样方法选取样本开展易地搬迁农户问卷调查,收集滇桂黔石漠化片区易地搬迁家庭收入、生计发展、资产收益、生态收益、社会融入等方面的数据资料,运用 SPSS 等统计软件进行统计分析,掌握新型城镇化背景下城镇化安置易地搬迁人口的家庭收入、生计发展、资产收益、生态收益等方面的情况及变化。课题组具体开展了两次问卷调查。第一次是 2022 年 5 月课题组与国家乡村振兴局中国扶贫发展中心联合,对滇桂黔石漠化片区的广西田阳区、都安县、凤山县、南丹县、马山县、三江县,贵州省黔东南苗族侗族自治州锦屏县,云南省曲靖市会泽县开展了易地搬迁家庭收入问卷调查。该问卷调查数据主要用于第五章易地搬迁人口资产收益生计和生态收益生计的统计分析。第二次是 2022 年 9 月课题组根据易地搬迁效益评估指标精心设计易地搬迁效益评估的农户调查问卷,并前往广西隆安县、大化县和融水县,贵州榕江县和从江县,以及云南广南县和马关县共 7 个滇桂黔石漠化片区县开展易地搬迁农户生计发展问卷调查。该问卷调查数据用于第六章易地搬迁的效益评估的统计分析。

（二）访谈法

访谈法是研究者采取谈话的方式从访谈对象那里获取第一手资料的一种

研究方法。① 根据研究者对访谈内容的控制情况,访谈法有结构访谈、半结构访谈、无结构访谈三种类型。结构访谈是研究者主导访谈的内容和进程,研究者按照设计好的、具有固定格式的统一问卷与被访者开展访谈;无结构访谈缺乏固定格式的访谈提纲,研究者在与被访者的交谈中鼓励被访者用自己的语言表达看法,研究者也可以根据访谈时的具体情况随机应变,改变访谈策略;半结构访谈既要求研究者对访谈的结构或内容有一定的控制,同时也鼓励被访者按照自己的想法发表看法,研究者在开展半结构访谈前通常要准备一个简要的访谈提纲,根据提纲来提出问题并引导受访者表达看法。② 本书访谈法运用的主要是半结构访谈,具体方式包括:运用半结构访谈召开县级相关部门座谈会,收集各县级部门在滇桂黔石漠化片区易地搬迁人口生计发展的部署安排、政策举措、典型经验、问题与成效等方面的材料;运用半结构访谈召开乡镇和安置社区两级干部座谈会,收集乡安置社区具体实施易地搬迁人口生计发展的做法、运行机制、成效与问题等;选择不同类型的易地搬迁人口开展半结构访谈,收集易地搬迁家庭基本情况、生计资源情况、生计情况、脱贫情况、困难与建议等。访谈结束后,根据访谈资料整理并归纳出易地搬迁人口生计发展的多个典型案例。在实地调查过程中,课题组已开展各类型访谈的县份主要包括广西马山县、三江县、都安县、大化县、田阳区、靖西市、田东县、南丹县,云南广南县,贵州榕江县等滇桂黔石漠化片区县。

(三) 文献收集法

文献法是主要收集已经形成的文字材料或证据的一种研究方法。③ 定性研究的文献资料包括个人或团体记录和形成并保存下来的文字材料。本书运

---

① 陈向明:《质的研究方法与社会科学研究》,教育科学出版社 2000 年版,第 165 页。
② 陈向明:《质的研究方法与社会科学研究》,教育科学出版社 2000 年版,第 165 页。
③ 陆益龙:《定性研究方法》,商务印书馆 2011 年版,第 137 页。

用文献收集法获得的纸质版或电子版的研究资料包括,利用互联网收集与研究相关的学术论文、政策文件、新闻报道等文字材料,以及实地调研过程中收集到的政府文件、工作汇报、会议记录、数据报表、城镇安置移民社区简介等资料。

第一章 流动性治理与移民生计发展的理论逻辑与治理策略

　　移民实质上是人口的空间流动,地理空间和流动是分析易地搬迁人口发展的两个基本变量。早期的移民研究重点讨论流动变量,在理论上聚焦移民的迁移动力(流动动力)形成了"推—拉"理论等经典理论。20世纪90年代,国内学界借用了"推—拉"理论分析我国易地搬迁的动力机制。近年来,随着地理学的兴起和向其他学科的扩展,讨论移民的地理空间变量的研究日益增多,形成了空间贫困视角等颇具影响的理论视角。国内相关研究借鉴空间贫困理论对移民生计发展进行分析,提出了生计空间等相关的分析概念或分析框架。然而,移民是一个复杂的社会过程,移民在安置地稳定下来是一个长期的过程。换言之,移民在迁移后很有可能会继续流动,移民的生计空间也会随着流动的变化而改变。因而,下文将地理空间与流动性结合起来,并且把流动性作为基础性变量建构当前我国易地搬迁人口生计发展的分析框架。

第一节 从空间贫困到流动性治理

　　空间贫困理论预设人的活动是在一定的地理空间之中展开的,强调具有边界的地理空间中的地理资源是形成贫困的重要因素。因而,空间贫困对应的是地域性治理,通过改善贫困人口地理资本促进贫困人口脱贫。然而,易地搬迁人口安置后处于不稳定状态,与生计相关的地理资本也会随着易地搬迁劳动力的流动而变化。易地搬迁人口生计发展的治理需要超越特定的地理边界,从地域性治理转向流动性治理。

一、空间贫困与地域性治理

(一) 空间贫困研究的演进

空间贫困研究探讨的是贫困与地理环境的关系。空间贫困研究缘起于20 世纪 50 年代的空间经济学(Spatial Economics)。20 世纪 50 年代,哈里斯和缪尔达尔论述了经济发展、贫困与地理区位关联性[①],形成了早期的空间经济学。[②] 之后,研究者不断扩展经济发展与地理空间的关系,建立了"新经济地理学"(New Economic Geography),产生了《空间经济学——城市、区域与国际贸易》等经典著作。[③] 20 世纪 90 年代,由空间地理的讨论开始转向空间贫困的讨论。一方面,从 20 世纪 70 年代开始,受全球化程度加深、社会转型加快、全球气候变暖等的影响,贫困的生成逻辑日益复杂,国际上对贫困现象的分析从原来的单一因素(如收入)讨论逐步转变为以区域为基础的研究分析方法(Area-based Approach)的多维贫困研究(Multiple Deprivation),这也积极推动了贫困与地理关联的发展。[④] 20 世纪 90 年代中期,世界银行开始关注全球贫困的空间分布和聚集,形成了一些创新性研究。如 Jalan 等从中国相关省

---

① C. D. Harris,"The Market as a Factor in the Localization of Production", *Annuals of the American Geographies*, 1954, 44: 35-48; G. Myrdal, *Economic Theory and Under-Developed Region*, London: Duckworth, 1957.

② 陈全功、程蹊:《空间贫困及其政策含义》,《贵州社会科学》2010 年第 8 期。

③ Fujita M., Krugman P., Venables A., *The Spatial Economy: Cities, Region and International Trade*, Cambridge Massachusetts, MIT Press, 1999.

④ 袁媛、许学强:《国外综合贫困研究及对我国贫困地理研究的启示》,《世界地理研究》2008 年第 2 期。

区获取微观层面数据进行统计分析,显示地理资本(Geographic Capital)与农民消费有显著的正相关关系,农民地理资本的缺乏或不足导致其陷入空间贫困陷阱(Spatial Poverty Traps)。[①] 2006年,联合国粮农组织(FAO)利用地理信息系统(Geographic Information System,缩写GIS)建立地理空间框架,分析贫困与周围环境的关系。一方面,联合国环境规划署和全球资源信息科专门利用该技术制作了各地的贫困地图产品。另一方面,英国曼彻斯特大学持续性贫困研究中心(CPRC)对空间贫困开展了系统研究,进一步促进了空间贫困研究的发展。CPRC从地理、生态、经济、政治四个维度对空间贫困的基本特征进行了概括,认为地理位置偏远与隔离、农业生态条件差、脆弱的经济整合、缺乏政治性优惠等构成了空间贫困的集中表现。[②]

　　空间贫困是多维贫困内涵的延伸,主要探讨贫困与地理环境的关系。地理环境是广义的概念,包括自然环境和社会环境两大部分。[③] 其中,自然环境指生产资料和构成劳动条件的土壤、气候、水及生物等自然条件的总和,而社会环境指经济、政治、文化、历史的总和。[④] 空间贫困理论将收入维度、社会维度上的指标赋予空间地理位置属性,形成地理资本指标体系,并通过地理资本分析贫困与地理环境的关联。具体而言,空间贫困表现为地理位置的偏远并与外部隔离,农业生态与条件差,区域经济脆弱且整合困难,地方政府对贫困人口的关注与扶持不够等地理资本劣势;外部属性的地理资本水平低下致使农户自身发展能力低下,难以走出贫困的循环问题。地理禀赋具有较强的稳定性,相关自然条件特征、地区公共服务供给,以及相关地理资本协同负向影

[①]　J. Jalan, M. Ravallion, "Spatial Poverty Traps", *The World Bank Policy Research Working Paper*, No.1862, 1997.

[②]　Chronic Poverty Research Centre, *The Chronic Poverty Report* 2004-05, *The Chronic Poverty Report* 2008-09—*Escaping Poverty Traps*, http://www.chronicpoverty.org.

[③]　曲玮、涂勤、牛叔文:《贫困与地理环境关系的相关研究述评》,《甘肃社会科学》2010年第1期。

[④]　刘小鹏等:《空间贫困研究及其对我国贫困地理研究的启示》,《干旱区地理》2014年第1期。

响对贫困的形成具有决定性作用。[①] 换言之,空间贫困理论认为,经济社会发展与空间地理禀赋是互嵌的,空间地理禀赋使教育、卫生、社会保障、政治等区域发展产生差异,造成了贫困在空间上的聚集。改造贫困空间环境或避开其束缚是减贫的重要方式。

进入 21 世纪,国内学者引入空间贫困理论对我国的贫困开展研究。早期的研究讨论了集中连片特困地区空间贫困测度的指标体系[②],验证并识别贫困地区的空间贫困陷阱[③],分析农村空间贫困的主要特征[④],阐述并论证冲破空间贫困陷阱的相关策略,如提高农业生产性补贴[⑤],积极改善交通等基础设施[⑥],推进易地搬迁等[⑦]。空间贫困理论为易地搬迁行动提供了理论支撑。[⑧] 易地搬迁进入后续扶持发展阶段后,多数国内研究将讨论的"地理空间"从迁出地转到安置地,以地域经济社会维度的"空间"为重点探讨移民在安置地的生计发展,并从地域治理角度分析易地搬迁人口生计空间受到的冲击[⑨],强调在安置地重构或再造易地搬迁人口的多维"空间"[⑩],促进易地搬迁人口在安

① M. Ravallion, Q. Wodon, "Poor Areas, Or Only Poor People?", *The World Bank Development Research Group*, 1997.

② 刘小鹏等:《集中连片特殊困难地区村域空间贫困测度指标体系研究》,《地理科学》2014 年第 4 期。

③ 袁航、刘梦璐、刘景景:《基于健康营养调查(CHNS)对地理禀赋贫困陷阱的实证分析》,《地理经济》2017 年第 6 期;罗翔等:《贫困的"物以类聚":中国的农村空间贫困陷阱及其识别》,《自然资源学报》2020 年第 10 期。

④ 陈全功、程蹊:《空间贫困理论视野下的民族地区扶贫问题》,《中南民族大学学报(人文社会科学版)》2011 年第 1 期。

⑤ 陈全功、程蹊:《空间贫困及其政策含义》,《贵州社会科学》2010 年第 8 期。

⑥ 龚维进、覃成林、徐海东:《交通扶贫破解空间贫困陷阱的效果及机制分析》,《中国人口科学》2019 年第 6 期。

⑦ 冯应斌、龙花楼:《基于乡村人口转移和农村道路建设的空间贫困破解机理及其对策研究——以贵州省为例》,《地理研究》2019 年第 11 期。

⑧ 邢成举:《搬迁扶贫与移民生计重塑:陕省证据》,《改革》2016 年第 11 期。

⑨ 付少平、赵晓峰:《精准扶贫视角下的移民生计空间再塑造研究》,《南京农业大学学报(社会科学版)》2015 年第 6 期。

⑩ 王蒙:《后搬迁时代易地扶贫搬迁如何实现长效减贫?——基于社区营造视角》,《西北农林科技大学学报(社会科学版)》2019 年第 6 期。

置地的生计能力提升和在地化发展("稳得住、能致富")。

（二） 易地搬迁地域性治理及其局限

"地域"（Region）概念具有明显的地理空间边界性，是地理学、社会学等学科分析的基本单元。如社会学中将地域社会视为以地缘关系为纽带，具有动态性、统合性和关联性的区域社会结构及其关系性总体。[1] 地域性治理（Regional Governance）基于自然环境、空间位置、经济社会内联属性，由政府主导地域内的联结与整合（行政建构性），并对地理边界外的主体具有排斥性。[2] 地域性治理在治理本体论上是强调确定性、稳定性、同一性和封闭性的空间，在治理结构上注重参与主体和治理资源的地域边界，在治理手段上依靠自上而下的权力与资源下放，在治理导向上强调聚焦解决地域内部公共事务、促进区域发展和福利提升的目标导向，在治理社会后果上构建单一性的空间并形成排斥性群体关系。然而，从实践来看，由于安置移民的规模较大，安置地区的城镇地理空间资源较为有限，安置后一些移民不一定能依靠安置地的地理资本实现稳定脱贫。易地搬迁人口生计发展的地域性治理不一定能很好地实现后扶贫时代易地搬迁人口"稳得住、有就业、能致富"的政策目标，一些移民安置后向安置地外的地理区域流动获取生计发展机会。易地搬迁人口生计发展需从地域性治理向流动性治理转型。

二、新地域主义与流动性治理

（一） 新地域主义的兴起

20 世纪 80 年代以来，新地域主义（New Regionalism）兴起，被认为是对全

---

①　田毅鹏：《地域社会学：何以可能？何以可为？——以战后日本城乡"过密—过疏"问题研究为中心》，《社会学研究》2012 年第 5 期。

②　吴越菲：《迈向流动性治理：新地域空间的理论重构及其行动策略》，《学术月刊》2019 年第 2 期。

球化与区域一体化下流动社会对治理挑战的回应,通过建立新的地域治理理论来协调社会流动与地域治理之间的理论与实践的矛盾。新地域主义通过主张"新地域空间"(New Regional Space)来推动社会流动背景下新的地域治理实践。与传统的地域治理强调经济社会空间被划定某一封闭、稳定的地理单元不同,新地域主义主张在开放社会条件下将地域理解为弹性的、可建构的实践空间。换言之,新地域主义强调治理空间动态性、开放性和建构性;地域治理的边界由人口的流动及其网络关系定义,治理空间是网络化的地域空间;空间治理是从人的主体性经验与意义出发,关注人的社会流动,开发其流动潜能;要超越地理边界阻隔,构建动态合作与弹性融合的空间秩序,推动跨地区的政府和部门间合作[1];破除以地理为界限的空间权力结构,强化政策的流动性(Policy Mobilities)[2],政策制定者、执行者、政策目标群体以及其他利益相关者之间的对话和联系,消除流动差异引发的空间权利不平等,倡导共享参与的价值。[3]

(二) 流动性治理的特点

新地域主义与传统地域性治理的显著差异在于将流动性作为一个基础性变量置入地域治理之中。新地域主义下的地域治理是基于社会流动的流动性治理。流动性治理将协助治理对象构建流动网络作为重点任务,一方面,通过优化整合资源,有针对性地提升治理对象的能力水平,激发其流动的潜能;另一方面,超越原有地域治理边界,以治理对象的社会流动为导向,动态调整区

---

① Y. Méndez-Lemus, A. Vieyra, L. Poncela, "Peri-urban Local Governance? Intra-government Relationships and Social Capital in a Peripheral Municipality of Michoacán, Mexico", *Progress in Development Studies*, 2017, 17(1), pp. 1-23.

② N. McCann, *Cities and Policy-making in a Global Age*, Minnesota: Minnesota University Press, 2011.

③ 吴越菲:《迈向流动性治理:新地域空间的理论重构及其行动策略》,《学术月刊》2019 年第 2 期。

域治理政策,建立跨地域能力的组织系统,实现区域间政府治理的协同与整合。在治理策略上,流动性治理主要采取技术主义和合作主义两种策略。①信息的获得是人口流动的催化剂,而信息获得依赖信息的有效传递。现代通信技术的运用使得信息传递更为准确,更有效率。对流动人口发展的有效治理是建立在准确把握治理对象信息基础之上,即对治理对象重要信息变动的准确捕捉、存储与分析。流动性治理以信息系统及相应的共享技术、监管技术等治理技术为依托。通过使用这些技术,及时、准确掌握治理对象的特点与发展需求,制定与调整治理政策与措施,提升治理行动对社会流动的回应力。如果说技术主义是流动性治理的手段,那么合作主义便是流动性治理的方式。治理对象的社会流动使得治理行动具有跨区域性、动态性特点。通过开展广泛的、不同层次、不同类型的合作,构建一个开放的合作治理结构,弥补官僚组织地域封闭性弱点,扩展地域治理的深度与广度。如通过组织间的协作解决部门服务碎片化、实现整体性治理②,通过区域间协作实现跨域治理,通过政府与社会合作提升治理效益等。

第二节　城镇化安置易地搬迁人口
生计发展分析框架

空间贫困理论强调地理环境对贫困的决定性和持续性影响,贫困人口落入"地理禀赋贫困陷阱"。易地搬迁的逻辑是将农村贫困人口迁移到地理禀赋好的地区,对其进行帮扶,进而使其摆脱贫困。然而,易地搬迁安置社区普

---

① 吴越菲:《迈向流动性治理:新地域空间的理论重构及其行动策略》,《学术月刊》2019 年第 2 期。

② D. Leat, G. Stoker, *Towards Holistic Governance: The New Reform Agenda*, London: Palgrave, 2002.

遍存在开发空间小,就业岗位有限的情况。① 换言之,易地搬迁把农村贫困人口从一个生存型的"地理禀赋贫困陷阱"迁移到了另外一个发展型的"地理禀赋贫困陷阱"(城镇安置的地理空间),大量的易地搬迁人口仅依靠安置地的地理资本和地域性治理仍较难从脱贫迈向富裕。如何解决城镇化安置易地搬迁人口从脱贫迈向富裕的难题? 流动性治理给出了一个指引的方向。流动性治理将解决脱贫与发展问题的焦点从地理环境因素转向个体行动因素,即"人"穷本质上不是"地"穷,而是"人"向不同地理空间转换(流动)的能力受到制约。易地搬迁人口生计发展的流动性治理强调打破地理空间界限,以易地搬迁人口的流动及其关系网络构建动态性、开放性的空间贫困治理。易地搬迁人口通过实现以生计发展为目的的社会流动获取更适合个体或家庭禀赋的发展性资源,进而解决其生计发展问题。

一、易地搬迁人口流动的地理空间

治理空间由易地搬迁劳动力流动及网络所定义。城镇化安置后,易地搬迁人口的交通条件等基础设施条件得到显著改善,社会流动的物理阻碍减少,移民的社会流动包含安置地城镇、安置地之外的城镇、安置地乡村和迁出地乡村等多种地理空间可能。安置地城镇空间指的是移民安置社区(点)所在的县城或乡镇空间范围,对应的是移民流动后形成的安置地城镇就业生计方式。安置地之外的城镇主要分为安置地所属省(自治区、直辖市)之外的城镇空间,以及在安置地城镇之外但在安置地所属省(自治区、直辖市)之内的城镇空间,即省内安置地县外城镇空间。省外城镇空间对应的是易地搬迁人口省外城镇就业,省内县外城镇空间对应的是易地搬迁人口省内县外城镇就业。迁出地乡村指易地搬迁人口搬迁前居住和生活的村庄,对应的是移民返回迁

---

① 袁航、刘梦璐、刘景景:《基于健康营养调查(CHNS)对地理禀赋贫困陷阱的实证分析》,《经济地理》2017 年第 6 期。

出村庄农业就业。安置地乡村指易地搬迁城镇化安置地周边的乡村,对应的是易地搬迁安置地乡村农业就业生计方式。概言之,城镇化安置后,移民生计发展可能有省外城镇就业、省内县外城镇就业、安置地城镇就业、迁出地乡村就业、安置地乡村就业五种就业生计方式。

二、家庭禀赋、易地搬迁人口流动与生计选择

从微观层面看,易地搬迁人口以发展生计为目标的流动是农户自发形成的生计发展策略。家庭禀赋特征差异对移民流动决策及其流动行为均具有重要的影响。[1] 父母健在、增加家庭收入等因素对农民向城镇流动务工形成正向影响。[2] 不同的家庭类型向城镇流动就业的情况也有差异,夫妻二人或夫妻与未婚子女组成的核心家庭,进行城镇流动就业的倾向性最弱,两代或两代以上的夫妻组成的直系家庭流动实现城镇就业流动的倾向次之,至少有两对姻缘关系之间不存在任何亲子关系的扩展家庭再次之,夫妻双方离异或一方丧偶由单方与子女生活的不完整家庭进行城镇流动就业的倾向性最强。[3] 农民是理性的。"生存小农"理论认为,农民的生计行为具有生存理性,农民劳动力的投入和自我开发程度取决于满足家庭消费程度同劳动耗费强度之间存在的均衡。农户把满足家庭消费需求放在首位,家庭需求没有满足,农户便有强劲的动力扩大工作和劳动力的量,哪怕是接受低水平的劳动报酬。[4] "理性小农"理论认为,农民具有类似资本家的工具理性,通过提高要素配置效率获取最大收益。[5] "社会化小农"理论认为,小农户被纳入社会化大生产分工体

① 都阳、朴之水:《迁移与减贫——来自农户调查的经验证据》,《中国人口科学》2003 年第 4 期。

② 李光明、潘明明:《少数民族外出务工决策的个人禀赋、家庭特征、制度因素分析》,《人口与发展》2013 年第 6 期。

③ 程名望、潘烜:《个人特征、家庭特征对农村非农就业影响的实证》,《中国人口·资源与环境》2012 年第 2 期。

④ A.恰亚诺夫:《农民经济组织》,萧正洪译,中央编译出版社 1996 年版。

⑤ [美]西奥多·舒尔茨:《改造传统农业》,梁小民译,商务印书馆 1999 年版。

系,小农户的生产生活高度地社会化并且日益依赖以货币支付为媒介的服务和商品,农户生计以获取货币最大化为目标,以缓解家庭货币使用压力。[1]

  易地搬迁农户是小农户的一种特殊类型,他们长期生活在农村,在搬迁前与其他农户并无不同,搬迁后仍拥有原住村落的土地承包权等农户基本权利,并且多数易地搬迁人口在城镇化安置后仍保留着原住村落的农村户籍。因而,易地搬迁人口的流动也具有上述关于农民流动的相关原因,但是城镇化安置易地搬迁人口的流动与定居在农村的农民流动也存在差异。第一,易地搬迁人口满足消费需求的压力比普通农民的压力更大。城镇化安置易地搬迁人口长期居住在城镇。一般而言,城镇生活消费开支高于农村生活支出,因而易地搬迁人口满足家庭消费开支的货币化压力显著大于普通的农村居民,易地搬迁人口满足其在城镇居住的消费需求的货币化压力也更大,向城镇流动获取更高货币报酬的动力也比普通农民强。第二,城镇化安置易地搬迁人口受家庭禀赋影响与农村居民受家庭禀赋影响而选择的流动也存在一定的差异。如受家庭照料因素影响,城镇化安置易地搬迁人口的回流目的地是城镇化安置社区,并在承担家庭照料任务的同时选择了安置地城镇就业生计方式。而普通农民因需要承担家庭照料任务而回流的目的地是农村地区,并在承担家庭照料任务的同时选择农业生计方式。第三,迁出地农业资源条件差,迁出地农业就业机会少,就业获得的报酬比较低。与居住在农村地区的普通农民相比,城镇化安置易地搬迁人口更倾向于向安置地农村地区流动以从事农业就业。而普通农村地区农业资源较好,土地资源相对丰富,农民流动到所居住地之外的农村地区从事农业就业的意愿比较低。加之,易地搬迁人口在城镇安置社区获得更多的农业就业信息或机会,城镇化安置易地搬迁人口更愿意向城镇安置地农业资源条件好的农村地区流动从事农业就业,而农村地区普通农民则更愿意在居住地从事农业生计活动。第四,城镇化易地搬迁人口的回

---

  [1] 徐勇、邓大才:《社会化小农:解释当今农户的一种视角》,《学术月刊》2006 年第 7 期。

流地与农村普通居民的回流地不一样。城镇化安置的易地搬迁人口回流地是城镇安置社区,而农村居民的回流地为自己长期生活的村落。

　　滇桂黔石漠化片区是区域经济增长的凹地,片区内县乡的发展资源和就业质量低于片区外的地区经济发展。从经济理性的角度看,易地搬迁人口生计选择的地理空间资源质量由高到低依次为:省外东部地区城镇的生计资源质量、省内县外城镇的生计资源质量、安置地城镇的生计资源质量、安置地农村的生计资源质量、迁出地农村的生计资源质量。已高度社会化的易地搬迁人口基于家庭货币最大化的目标,理性选择的生计发展类型排序,第一是省外东部地区城镇就业,第二是省内县外城镇就业,第三是安置地城镇就业,第四是安置地农村就业,第五是迁出地农村就业。(见图1-1)

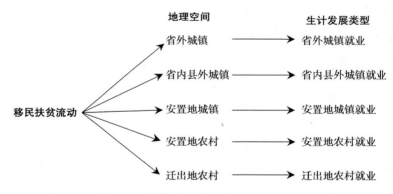

图1-1　城镇化安置易地搬迁人口流动与生计发展分析框架

　　城镇化安置易地搬迁人口对生计方式的选择受经济理性影响的同时,也受到家庭因素的影响,如家庭劳动力结构特征、家庭照料情况等也会影响易地搬迁人口的生计方式选择。以老年劳动力为主的易地搬迁家庭,劳动力比较难适应城镇就业,他们倾向于选择安置地农业就业生计或者迁出地农业就业生计。而家中有婴幼儿、重病、年迈老人等需要照料的易地搬迁家庭,劳动力很难长期在外地从事生计活动,他们往往会选择安置地城镇就业生计或者安置地农业就业生计。概言之,滇桂黔石漠化片区城镇化安置易地搬迁人口的流动和生计方式选择是基于家庭货币使用压力、家庭劳动力结构、家庭照料任务等诸多经济社会因素综合作用的结果。家庭特征差异导致了滇桂黔石漠化片区城镇化安置易地搬迁人口的差异化生计方式。

基于家庭劳动力结构、家庭照料、家庭货币支出压力等因素对易地搬迁人口生计选择的影响,将城镇化安置易地搬迁人口生计流动划分为以下几种类型。一是有务工技能的青壮年健康劳动力且无家庭照料任务的易地搬迁家庭,倾向于选择省外城镇就业或省内县外城镇就业生计方式,以获取优质生计资源,尽可能增加家庭收入。因为这一类型的易地搬迁劳动力上有老、下有小,往往小孩已上学,家庭在教育、日常生活等方面的花销大,货币支出压力大。二是有务工技能的青壮年劳动力且有家庭照料任务的易地搬迁家庭,尽管家庭主要劳动力符合省外城镇就业或省内县外城镇就业的条件,但是由于需要照顾老人和小孩,家中的部分劳动力甚至全部劳动力无法到县外的城镇就业,他们倾向于选择在安置地城镇就业,既能获得高于农业生计的收入,也能较好地照料家庭成员。这类易地搬迁家庭往往孩子比较小或老一辈已过世,家庭人口少,货币支出压力较小,尽管在安置地城镇就业收入低于外出务工,但仍可以满足家庭开支的需要。三是以老年劳动力为主的易地搬迁家庭,他们无家庭照料任务,但劳动力年龄偏大,长期停留在农业领域,缺乏务工技能和经验,很难适应城镇就业环境。搬迁到安置社区后,这类家庭往往选择在安置地农村从事农业就业或者返回迁出地农村从事农业生计活动。这类家庭中往往家里的孩子已经成家立业,老年劳动力只需解决自己的日常消费问题,家庭货币支出压力相对较小。(见表1-1)

表1-1 家庭特征差异、地理人口流动空间与移民生计发展类型

易地搬迁家庭特征	地理人口流动空间	生计发展类型
青壮年劳动力/无家庭照料任务/货币支出压力较大	省外城镇或省内县外城镇	省外城镇就业或省内县外城镇就业

续表

易地搬迁家庭特征	地理人口流动空间	生计发展类型
青壮年劳动力/有家庭照料任务/货币支出压力较小	安置地城镇	安置地城镇就业
老年劳动力/无家庭照料任务/货币支出压力较小	安置地农村或迁出地农村	安置地农村就业或迁出地农村就业

第三节　城镇化安置易地搬迁人口生计发展的实践逻辑与治理策略

易地搬迁人口流动性治理是以易地搬迁劳动力流动为中心的一种治理策略。易地搬迁人口的流动是动态的,对某一易地搬迁农户的生计发展帮扶措施也因易地搬迁人口流动的变化而进行调整。构建不同类型流动下易地搬迁人口生计发展需求的帮扶体系,是易地搬迁人口流动性治理的实践逻辑。

一、城镇化安置易地搬迁人口生计发展的实践逻辑

滇桂黔石漠化片区县经济基础薄弱,城镇化集中安置社区能为较大规模迁移的易地搬迁人口提供居住场所,但是很难为易地搬迁人口生计发展提供足够的就业岗位,而易地搬迁人口为发展生计向其他区域流动是基于安置地经济条件约束下做出的理性选择。易地搬迁劳动力流动服务于其在安置地的家庭再生产整体目标,即满足家庭在安置地的教育、医疗等支出以及在城镇享有体面的生活。换言之,易地搬迁劳动力流动获取生计资源、实现生计发展满足的是其家庭的生活功能而非经济功能,安置地之外的地域成为他们家庭收入的重要场所。

滇桂黔石漠化片区易地搬迁人口生计发展流动性治理把移民以发展生计为目标的流动作为基础性变量纳入治理实践之中。其实践逻辑集中体现在以

下四个方面。

一是提升易地搬迁劳动力的就业技能和流动能力是基础。在安置地无法为全部移民提供良好就业岗位的情况下,提升移民劳动力就业技能可以提升易地搬迁劳动力资本,也增加易地搬迁人口流动的机会。同时,通过跨行政区域的政府协作等方式能消除易地搬迁人口的流动阻碍,帮助易地搬迁人口顺利流动,并获取更好的发展资源。

二是以移民流动为导向定义易地搬迁人口脱贫治理的空间地理边界。从实践来看,易地搬迁劳动力流动的空间包括省外城镇、省内县外城镇、安置地城镇、安置地农村、迁出地农村五种空间类型。通过区域间政府协作等尽可能将扶贫帮扶延伸至易地搬迁劳动力流动的地理空间。

三是超越安置地行政边界,依托实施区域协作、乡村振兴战略等形成的政策优势,建构易地搬迁人口流动性治理的协作体系。如借助东西部协作等区域协作机制,安置地政府与东部地区政府、社会组织建立针对易地搬迁劳动力外出就业的服务协作机制,保障易地搬迁人口在原住村庄的土地承包权等合法权益,建立安置地与迁出地基层政府之间的治理协作,支持易地搬迁人口借助实施乡村振兴战略带来的机遇,合理开发农业资源并获取农业就业收入、资产性收益。

四是以易地搬迁劳动力流动为导向,动态调整易地搬迁帮扶举措,建立具有弹性的易地搬迁政策体系。易地搬迁劳动力的流动是动态的,易地搬迁劳动力可能因照顾子女上学或生病的老人、农业经营失败等原因回流至安置地,也可能因为家庭照料任务变轻甚至消失而选择向其他地区城镇流动实施城镇就业生计,以及向安置地乡村流动实现农业就业,甚至回流至迁出地参与农业资源开发,获取农业就业收入。因而,需要通过易地搬迁劳动力动态监测,精准把握易地搬迁劳动力流动状况,结合移民发展需求及时调整易地搬迁帮扶措施。(见图1-2)

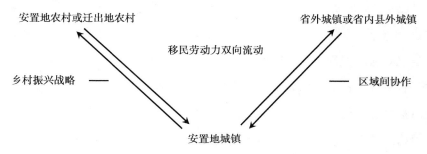

图 1-2　城镇化安置易地搬迁人口生计发展的流动性治理逻辑

二、城镇化安置易地搬迁人口生计发展的治理策略

易地搬迁劳动力流动产生了"人户分离"现象,对具有地理边界和行政边界的空间治理或地域治理带来了挑战。户籍制度进一步凸显了地域治理的制度化限制和封闭性。① 易地搬迁人口流动性治理强调通过技术主义和合作主义两种策略化解"人户分离"带来的治理挑战,帮助易地搬迁人口实现生计发展。

(一) 易地搬迁人口流动性治理的技术策略

信息技术的发展增加了人的流动强度。新的信息技术也为易地搬迁人口生计发展的流动性提供了新的治理策略,即技术策略。易地搬迁人口流动性治理的技术策略通过网络数据资料的调取、运用和分配来改善和拓展易地搬迁人口生计发展治理对移民流动的回应力。

一是易地搬迁劳动力流动基础数据的采集。通过购买服务、结对帮扶干部入户采集、充分利用建档立卡户数据等方式采集易地搬迁家庭基本信息、劳动力流动情况、劳动力就业状况、家庭收入状况等数据信息。二是在信息采集

---

① 吴越菲:《地域性治理还是流动性治理? 城市社会治理的论争及其超越》,《华东师范大学学报(哲学社会科学版)》2017 年第 6 期。

的基础上,建立包含家庭基本情况、劳动力流动状况、劳动力就业状况、就业需求、培训意愿等模块的易地搬迁劳动力流动和就业信息数据。三是通过数据库信息对易地搬迁劳动力的就业状况、培训要求、岗位需求等进行数据分析,通过相关数据比对和信息在政府部门之间共享,对未就业的易地搬迁劳动力及时提供针对性的就业指导,精准推送就业岗位或者就业技能培训。另外,技术策略还体现在利用互联网技术开展线上就业服务、线上培训、远程面试等新的治理技术,协助易地搬迁劳动力实现稳定就业。

(二) 易地搬迁人口流动性治理的合作策略

易地搬迁人口以生计发展为目的流动具有跨地域特点。滇桂黔石漠化片区易地搬迁人口流动性治理的合作策略包括区域协作、城乡合作、政社合作等层面的治理协作。在区域协作层面,以区域间的政府合作为重点,发挥东西部协作、对口支援、定点帮扶等区域协作机制在促进易地搬迁劳动力稳定就业方面的作用。

一是协作双方签订劳务协作合作框架协议,建立劳务协作精准对接机制。如安置地政府进行易地搬迁劳动力转移就业摸底调查,制定"求职需求清单",对口协作的地方政府根据安置地政府提供的"求职需求清单"定向开发就业岗位,制定"岗位供给清单"并提供给对口协作的安置地政府,再由安置地政府进行岗位对应匹配,并针对性开展就业技能培训和精准输送移民劳动力前往对口协作地区城镇就业。同时,协作双方加强实施县外就业易地搬迁劳动力的就业跟踪管理、权益保障等就业服务合作。二是协作双方立足安置地资源优势加强产业协作,为回流的易地搬迁劳动力提供就业岗位。依托东西部协作和对口支援工作机制,安置地政府与东部地区帮扶政府共同建设产业园区,加大招商引资力度,吸引东部优秀企业到安置地产业园区建厂兴业,帮扶回流的易地搬迁劳动力在家门口稳定就业。

在城乡合作层面,借助实施乡村振兴战略安置地政府立足当地优势资源发展特色农产品加工及配套产业,建设安置地配套产业园区,促进城镇安置地的产业与乡村产业振兴联动发展。一是促进在城镇稳定就业的易地搬迁家庭通过原住村庄的土地流转增加农户资产性收入。引导产业资本、技术等向迁出地乡村流动与集聚,深化农村"三权分置"改革,加强对易地搬迁人口在原住村庄的承包地、林地等的确权工作。鼓励已在城镇稳定就业的易地搬迁劳动力流转原住村庄的土地获得资产收益。二是支持有意愿向农村流动从事农业就业的易地搬迁人口向安置地农村流动或者返回迁出地农村从事农业就业。帮助有意愿向农村流动从事农业就业的易地搬迁劳动力与乡村产业化经营新型组织(如农业企业、合作社等)建立稳定的合作关系,促进易地搬迁劳动力通过农业就业、资产收益等方式增加收入。

在政府与社会合作层面,以帮助滇桂黔石漠化片区易地搬迁劳动力实现稳定就业为重点任务,构建政府与社会力量促进易地搬迁劳动力就业的协作机制。一是政府通过购买服务的方式与社会组织开展易地搬迁劳动力就业状况和就业意愿的摸底调查。城镇集中安置社区人口众多,一些大型城镇集中安置社区人口规模超过万人。加上易地搬迁劳动力的流动性强,依靠政府工作人员开展易地搬迁劳动力就业状况摸底调查难度比较大。可通过政府购买社会服务的方式,委托专业的社会调查组织开展易地搬迁劳动力就业状况和就业意愿摸底调查,为建立易地搬迁劳动力就业数据库提供支撑。二是安置地政府与人力资源服务机构等社会机构开展就业服务合作。鼓励和支持公共就业服务机构、人力资源服务机构等参与易地搬迁劳动力稳定就业帮扶,在就业信息收集与向易地搬迁人口传递、易地搬迁劳动力就业技能培训、易地搬迁劳动力输出与就业安排、易地搬迁劳动力就业跟踪管理等方面开展广泛合作。三是鼓励劳务经纪人、外出务工能人等个人组织带动易地搬迁劳动力县外城镇就业。积极引导劳务经纪人、外出务工能人等个体力量帮助易地搬迁劳动力实现县外城镇就业。安置地政府制定和完善带动就业补助标准与检查管理制度,提高劳务经纪人、外出务工能人参与易地搬迁就业帮扶的积极性。

第二章 易地搬迁人口县外就业的
治理策略与实践创新

区域经济不均衡发展是我国经济发展的重要特征。改革开放之后,东部地区借助地理区位、资源条件、经济基础等多方面优势,实现经济持续快速发展。中西部欠发达地区经济基础薄弱,发展相对缓慢,与东部发达地区的发展差距日益拉大。滇桂黔石漠化片区等欠发达地区产业发展相对落后、就业岗位少、工资水平比较低,农民为提高经济收入纷纷外出务工,特别是到东部沿海发达地区打工。县外城镇就业是多数滇桂黔石漠化片区有劳动能力易地搬迁人口的生计发展优先策略。从流动性治理的角度看,易地搬迁人口县外城镇就业治理就是通过政府、市场、社会等各方力量协作,向有县外城镇意愿的易地搬迁劳动力提供精准帮扶,促进其向县外流动并稳岗就业,同时积极开展易地搬迁劳动力县外城镇就业精准管理。

第一节 易地搬迁人口县外城镇就业治理的政策

就业是民生之本,发展之基。我国易地搬迁实践始于 20 世纪 80 年代初期的"三西"农业建设,聚焦于解决自然条件特别恶劣地区的极端贫困问题。"十三五"之前,我国易地搬迁采取农业安置政策,易地搬迁政策主要内容为农业开发促进脱贫,政策中没有强调县外城镇就业促进易地搬迁人口生计发展。进入"十三五"时期,国家易地搬迁政策转向城镇化安置,县外城镇就业内容在政策中日益凸显。下面将从工程建设阶段(2016—2018 年)和后续扶持阶段(2019 年以后)来论述易地搬迁人口县外城镇就业政策。

一、工程建设阶段易地搬迁人口县外城镇就业政策

2016 年 9 月,国家发展改革委印发《全国"十三五"易地扶贫搬迁规划》,标志着与新型城镇化相结合的易地搬迁工程开始全面实施。下面将简要论述搬迁阶段易地搬迁人口县外城镇就业政策内容。

(一) 国家易地搬迁人口县外就业扶持政策

《全国"十三五"易地扶贫搬迁规划》提出易地搬迁要与新型城镇化结合,同时完善后续扶持政策,确保搬迁后的易地搬迁人口有业可就、稳定脱贫。

第一,在促进易地搬迁人口可持续脱贫上,《全国"十三五"易地扶贫搬迁规划》提出支持易地搬迁农户发展特色农林业脱贫、发展劳务经济脱贫、发展现代服务业脱贫、发展资产收益脱贫和社会保障兜底脱贫五条脱贫的路径。其中,强调把发展劳务经济作为促进易地搬迁群众持续增收的主要途径。认为对于依托工业园区、产业基地、小城镇、旅游景区、乡村旅游区安置的易地搬迁劳动力要努力拓宽其就业创业渠道,加强就业指导和劳务输出工作,鼓励引导他们向旅游服务业、商贸流通业、交通运输业、工业企业等二、三产业转移。

第二,在易地搬迁人口县外就业的培训上,《全国"十三五"易地扶贫搬迁规划》指出,要加大对易地搬迁人口县外城镇就业的技能培训资源投入,统筹使用学校、市场机构等各类培训资源,以就业市场需求为导向,实施"订单式""定向式"易地搬迁人口县外就业技能培训模式,确保有培训意愿和劳动能力的易地搬迁劳动力至少接受 1 次职业培训,掌握 1 项就业技能。

第三,在扶持易地搬迁人口县外就业服务体系上,《全国"十三五"易地扶

贫搬迁规划》强调,要健全易地搬迁安置区公共就业服务体系,建立基层劳动就业和社会保障服务平台,培育优质劳动力中介机构,促进易地搬迁县份与移民劳务输入地的劳务对接,采取政府引导、部门主抓、中介搭桥、能人带动的方式,引导易地搬迁劳动力向经济活跃区域转移就业,确保易地搬迁家庭中有劳动能力和就业意愿的家庭成员至少有 1 人实现就业。

(二) 滇桂黔石漠化片区易地搬迁人口县外就业扶持政策

广西壮族自治区 2016 年 5 月印发的《广西易地扶贫搬迁"十三五"规划》强调,建立易地搬迁就业帮扶机制,加强就业和劳动技能培训,多渠道安置易地搬迁就业困难群众,确保易地搬迁家庭中有劳动能力和就业意愿的家庭成员至少有 1 人实现就业。易地搬迁家庭子女初中毕业未考入高中、高中毕业未考入大学的,可在当地县级中等职业学校享受中等职业教育,免学费,对帮助易地搬迁劳动力县外就业的企业给予支持。贵州省 2017 年 9 月印发的《贵州省"十三五"时期易地扶贫搬迁工程实施指南》强调,要建立易地搬迁劳动力供给台账和需求台账,帮助易地搬迁劳动力落实就业,确保易地搬迁人口每户就业 1 人以上。有针对性地实施易地搬迁人口县外城镇就业的社会化培训、组织化输出。按照互利共赢和市场运作的原则,鼓励对口帮扶城市企业吸纳易地搬迁人口县外城镇就业。云南省出台的《云南省"十三五"易地扶贫搬迁规划》强调,要通过加强就业技能培训和健全就业服务体系,促进易地搬迁人口县外城镇就业。

总的来看,在易地搬迁工程建设阶段,易地搬迁政策和资源主要集中在住房建设、安置区配套基础设施建设、配套产业建设、建设资金筹措等方面,易地搬迁人口就业政策,特别是易地搬迁人口县外城镇就业政策内容不多。

二、后续扶持阶段易地搬迁人口县外城镇就业政策

2019 年 7 月,国家发展和改革委员会、国务院扶贫办等部门联合印发的

《关于进一步加大易地扶贫搬迁后续扶持工作治理的指导意见》强调,"十三五"时期易地搬迁规划建设任务已取得决定性进展,进入做好后续扶持为重点的新阶段。在后续扶持阶段,易地搬迁人口就业问题被摆在了突出的位置,实现易地搬迁人口"有就业",成为易地搬迁后续扶持的重要任务目标。

(一) 国家易地搬迁人口县外城镇就业政策

一是加强易地搬迁人口县外城镇就业摸底调查。将城镇和工业园区安置等深度贫困地区的易地搬迁集中安置区(人口规模在 800 人以上)作为重点,进行县外城镇就业摸底调查。地方人力资源、发改委、扶贫办等部门加强信息共享,及时对接县外城镇就业情况,组织开展调查,准确把握易地搬迁劳动力失业情况、县外城镇就业情况、组织易地搬迁劳动力参加职业技能培训情况等。

二是根据摸底调查结果,充分考虑不同地区易地搬迁劳动力年龄结构特点,锁定重点对象、重点区域,制定易地搬迁劳动力县外城镇就业帮扶工作清单。

三是强化东西部协作等区域合作机制对易地搬迁劳动力县外城镇就业的支持力度。东西部协作、对口支援省份动员各类企业,特别是劳动密集型企业吸纳易地搬迁劳动力县外城镇就业。安置区所在省份加大劳务输出力度,根据易地搬迁劳动力意愿和能力,强化针对性信息服务,提高易地搬迁城镇化安置社区劳务组织化程度,扩大易地搬迁劳动力县外城镇就业规模。东西部协作、对口支援省份积极开展劳务协作,为城镇化安置社区提供就业岗位信息,强化后续跟踪管理服务、劳动权益保障。

四是强化易地搬迁人口县外城镇就业技能培训和就业服务。以 16 周岁以上、有劳动能力的建档立卡易地搬迁劳动力为重点,结合易地搬迁劳动力就业需求和技能需求,积极开展职业技能培训。创新易地搬迁人口职业技能培训模式,通过在安置区开展就地就近培训,或组织集中培训等方式,满足易地搬迁劳动力培训需求。结合岗位需求和易地搬迁群众自身特点,开展订单式培训、定向培训、定岗培训。结合易地搬迁劳动力需求,在技能培训中增加通用职业素质培养、城市生活常识、企业务工常识、国家通用语言、法律法规等培训内容。

五是根据易地搬迁劳动力意愿和能力,强化针对性信息服务,帮助易地搬迁劳动力到市内、省内、省外城镇就业,提高易地搬迁人口县外就业的组织化程度。将易地搬迁安置区作为开展易地搬迁人口县外城镇就业服务的重点地区,指定专人负责,加强跟踪服务,努力扩大易地搬迁人口县外城镇就业规模。依托各类劳务协作机制,动员相关市场主体,为城镇化安置易地搬迁劳动力提供集中就业帮扶、省内外对接、点对点劳务对接等服务。

六是强化易地搬迁人口县外城镇就业服务保障。建立易地搬迁安置区岗位信息常态化推送机制,通过滚动屏幕、微博微信客户端、就业大篷车等方式,送政策、送岗位、送服务,向易地搬迁劳动力精准推荐就业岗位和职业培训信息,确保有就业意愿的易地搬迁劳动力至少获得 3 个以上有针对性的岗位信息,有培训意愿的易地搬迁劳动力在 1 个月内获得培训信息。定期在大型易地搬迁安置区召开专场招聘会,有条件的可开通远程招聘面试系统,方便易地搬迁劳动力求职就业。优化服务供给,在易地搬迁大型集中安置区基本公共服务设施中确定专门场所,用于设立公共就业服务站或服务窗口,在其他安置区所在地公共就业服务机构设立专门窗口,为易地搬迁劳动力提供政策咨询、业务办理等一站式服务。加强公共就业服务能力建设,通过举办培训班等方式开展业务培训。动员社会力量参与,通过购买社会服务等方式探索公共就业服务机构和市场主体合作,优势互补、提高服务效率。

（二）易地搬迁人口县外城镇就业政策

国家指出易地扶贫搬迁转向后续扶持后,地方政府也纷纷出台以促进就业等为重点内容的易地搬迁后续扶持政策。

2018年8月,广西壮族自治区人民政府办公厅印发《全区易地扶贫搬迁就业扶持工作实施方案》,强调通过摸清底数、开展技能培训、组织劳务输出、提供就业服务、加强权益保障等多种渠道,引导和促进易地搬迁劳动力实现县外城镇就业。一是建立易地搬迁人口县外城镇就业精准台账。已经就业的,要摸清就业地点、从事行业类别、薪酬待遇;尚未就业的,要掌握其就业和劳务输出意愿、培训意愿和就业服务需求等。二是开展易地搬迁人口职业技术技能培训。在广西与广东结对帮扶市中选择职业技能培训机构,为易地搬迁劳动力提供免费就业技能培训,培训期间可给予参加培训人员适当食宿、交通等补助。对符合条件且有培训意愿的易地搬迁家庭子女,可按"两后生"中期就业技能培训专项计划接受为期1年的中期就业技能培训。三是加强劳务输出。加强与珠三角、长三角等沿海地区发达城市以及广东省对口帮扶城市的工作对接,做好重点地区企业用工、岗位需求摸底调查工作并有组织地输送上岗。鼓励通过政府购买服务方式委托劳务输出公司收集、挑选一批岗位适合、管理规范、责任感强的企业开展劳务输出。推进粤桂劳务协作,加强与广东省对口帮扶城市在搬迁劳动力方面的数据共享,建立"三来三往"新型劳务输出模式和稳定的劳务输入输出基地。

2020年5月,贵州省委、省政府印发《关于进一步加强劳务就业扶贫工作的实施意见》,要求人社部门发挥劳务协作组织作用,坚持政府主导与市场推动相结合,加大有组织外出务工"点对点"对接,建立输出地与输入地之间、人力资源和社会保障部门之间的协作共享机制,加强两地企业、园区间的交流合作。成立国有公益性劳务公司,乡(镇)、村要成立劳务合作社,广泛采集易地搬迁劳动力岗位需求,收集易地搬迁劳动力就业信息,组织发动易地搬迁劳动力,精准提供岗位,加强就业指导。建立劳务就业扶贫大数据平台,整合贫困劳动力数据库、劳务就业岗位数据库,搭建易地搬迁劳动力等贫困劳动力就业扶贫大数据对接平台,运用"大数据+"的方式,实现跨产业、跨行业、跨地域的岗位和劳动力信息融合分析,动态掌握易地搬迁劳动力的就业时间、就业轨迹、培训情况、工资收入等,将易地搬迁劳动力与劳务就业岗位进行精准匹配,做到人岗相适。

2019年10月,云南省发改委、财政厅和扶贫办联合印发《关于进一步做好易地扶贫搬迁就业帮扶工作的通知》,强调把就业帮扶纳入易地搬迁工作总体部署,强化培训服务、职业介绍、就业指导,拓宽就业渠道,让易地搬迁人口搬得出、稳得住、有就业、能致富。一是搭建好公共就业服务平台。在易地搬迁集中安置社区基本公共服务设施建设中确定专门场所,设立公共就业服务站、服务点或专门窗口,配备专门人员,为易地搬迁人口县外城镇就业提供政策咨询、业务办理等一站式服务。二是加强调查摸清底数。加强相关部门的信息共享,发改部门及时提供易地搬迁人口入住进展情况,扶贫部门及时提供易地搬迁劳动力的基本信息,人社部门定期开展就业情况调查,掌握易地搬迁劳动力就业失业情况和参加职业技能培训情况,在全省公共就业服务信息系统"农村劳动力资源信息库"中对易地搬迁劳动力信息进行标识,同时将其信息录入农村贫困劳动力就业信息平台,实现动态更新,为开展精准培训、就业帮扶提供依据。三是组织开展劳务输出。根据易地搬迁劳动力意愿和能力,提供针对性就业指导和岗位推送服务,组织易地搬迁人口县外城镇就业。通过协调省内、外优质人力资源服务机构和大型用工企业,到易地搬迁集中安置社区设立"劳务服务工作站"。对能出去、可远行的易地搬迁劳动力,有针对性地提供省外优质岗位信息,开展"一对一"宣传动员,落实鼓励组织劳务输出补贴政策,鼓励其参加有组织转移就业。加强输出后的跟踪管理服务、劳动权益保障,对符合条件外出务工、稳定就业3个月以上的易地搬迁劳动力给予一次性交通补贴。

总的来看,进入后续扶持阶段易地搬迁政策更加凸显就业政策的内容,进一步增加了易地搬迁人口县外城镇就业状况的信息掌握、组织输出、服务保障和就业跟踪等内容,广西、贵州、云南石漠化片区省区也对易地搬迁人口县外就业帮扶进行了创新治理,如广西推进实施的"三来三往"易地搬迁人口县外城镇就业模式,贵州省创新建立易地搬迁人口就业大数据平台等。

<h1 style="text-align:center">第二节 易地搬迁人口县外城镇
就业的治理策略</h1>

就业是最直接最有效的脱贫方式,是促进易地搬迁人口脱贫的重要方式。国家发展和改革委员会制定实施的《全国"十三五"易地扶贫搬迁规划》把就业帮扶作为促进易地搬迁人口脱贫的核心路径。在易地搬迁工作进入后续扶持巩固拓展脱贫攻坚成果阶段后,政府将实现易地搬迁人口"有就业"作为易地搬迁后续扶持政策的核心目标。[①] 县外城镇就业是滇桂黔石漠化片区易地搬迁劳动力就业选择的主要方式。对广西隆安县、靖西市、田东县、大化县、都安县等石漠化片区县城镇化集中安置社区调查数据显示,都安县八仙安置社区易地搬迁人口县外城镇就业比例最高,达到了 67.77%,最低的隆安县震东集中安置区也达到了 47.69%。

一、易地搬迁人口县外城镇就业的理论基础

刘易斯二元经济模型和托达罗模型是解释农村劳动力转移就业的经典理论。刘易斯认为,发展中国家普遍存在"二元经济结构",即存在两个性质差异很大的结构,农业部门存在大量剩余劳动力且劳动力生产率很低,属于传统部门,而城镇工商业和服务业部门存在大量资本和充分就业,属于现代部门。[②] 传统农业部门人口众多,土地资源贫乏,"隐蔽"失业问题严重,劳动边际生产率很低或为零,劳动收入仅够维持生存。城镇现代部门可以用较低的

---

① 《关于切实做好易地扶贫搬迁后续扶持工作巩固拓展脱贫攻坚成果的指导意见》(发改振兴〔2021〕524 号)。

② 〔美〕阿瑟·刘易斯:《二元经济论》,施炜等译,北京经济学院出版社 1989 年版。

工资报酬从传统农业部门雇佣劳动力进行扩大生产。传统农业部门劳动力会持续向城镇现代部门转移,直到传统农业部门劳动力出现短缺,劳动力工资水平提高为止。托达罗模型从微观个体决策视角分析农村劳动力向城镇流动就业,认为城镇收入与农村农业收入的预期收入差别是农村劳动力做出向城镇流动就业决策的重要依据,农村转移劳动力(实际的和潜在的)把他们在一定时期内城镇就业的预期收入(迁移的收益和费用之间的差额)与以前农村的平均收入进行比较,如果城镇就业预期收入高于农村农业平均收入,那么他们会决定向城镇流动获取就业机会。① 托达罗进一步认为,城镇现代部门存在正规部门和非正规部门的"二元结构"。② 在城镇存在失业的情况下,农村转移劳动力并不是直接进入城镇的正规部门就业,而是在城镇非正规部门从事小摊贩、修理工等非正规就业。城镇非正规部门进入门槛低,经营规模小,具有一定的竞争优势,因而也往往成为农村劳动力进入城镇正规部门就业的过渡方式,扮演了"蓄水池"的角色。

易地搬迁劳动力县外城镇就业,在客观上表现为安置地县城就业收益与县外城镇就业收益差距,以及安置地就业容量有限,存在一定的"隐蔽"失业;在主观上表现为易地搬迁劳动力判定县外城镇就业预期收入高于县内城镇就业预期收入。另外,微观层面的家庭特征也是易地搬迁劳动力县外城镇就业的重要影响因素,如就业技能不足、缺少外出就业机会、有家庭照料任务等,都会成为易地搬迁劳动力向县外流动就业的阻力。

二、易地搬迁人口县外城镇就业的治理举措

易地搬迁人口县外城镇就业的治理是通过一定的治理举措,引导和帮助

---

① M. P. Todaro,"A Model of Labor Migration and Urban Unemployment in Less Development Countries",*The American Economic Review*,1969, Vol. 59,No. 1.

② J. Harris, M. P. Todaro,"Migration,Unemployment and Development:A Two-Sectors Analysis",*The American Economic Review*,1970, Vol. 60,No. 1, pp.126-142.

易地搬迁劳动力有能力、有意愿向县外有序流动获取就业收益较高的就业岗位,实现稳定就业和增收。易地搬迁人口县外城镇就业的治理逻辑如下:首先,精准提升易地搬迁劳动力就业技能是促进移民县外城镇就业的基础。政府在精准掌握易地搬迁劳动力技能提升需求的基础上,通过整合职业技能培训资源、创新技能培训方式,提高易地搬迁劳动力技能培训的针对性和实用性,加大易地搬迁劳动力通用技能培训力度。其次,把实现劳动力与就业岗位精准衔接作为易地搬迁劳动力县外城镇就业治理的关键。建立易地搬迁劳动力就业信息服务大数据平台,系统采集劳务信息及县外就业岗位信息并录入大数据平台。通过大数据分析助推易地搬迁劳动力与就业岗位精准匹配,向易地搬迁劳动力精准发送就业岗位信息,利用大数据平台技术做好就业跟踪服务。最后,把多渠道精准输送易地搬迁劳动力作为促进移民县外城镇就业的前提。可通过劳务输出地与输入地建立起来的"点对点"方式输送易地搬迁劳动力到县外城镇就业。通过购买服务方式由社会力量组织输送易地搬迁劳动力到县外城镇就业,以及通过向县外城镇就业的移民农户发放交通补贴促进易地搬迁劳动力稳定就业。图2-1为易地搬迁人口县外城镇就业治理的结构图。

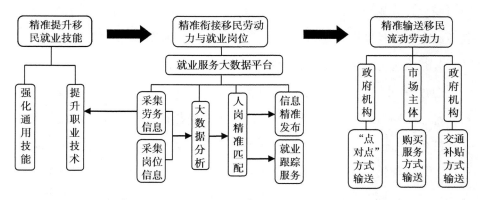

图2-1　易地搬迁人口县外城镇就业治理结构图

（一）强化易地搬迁劳动力职业就业技能培训

就业技能是滇桂黔石漠化片区易地搬迁劳动力实现县外城镇就业的基础。缺少就业技能,易地搬迁劳动力即使获得了县外城镇就业岗位,也无法胜任工作岗位,进而难以实现在县外稳定就业。可以根据易地搬迁劳动力就业意愿和用工需求积极开展职业技能培训,创新培训形式,提高培训的针对性和实用性,提升培训质量。如委托企业开展"师带徒"等方式提升易地搬迁劳动力就业技能,通过项目制方式购买职业技能培训项目,为易地搬迁劳动力提供职业技能培训,对参加职业培训的易地搬迁劳动力在培训期间给予生活补助等。另外,滇桂黔石漠化片区易地搬迁劳动力多为少数民族人口,在对其加强职业技能培训的同时,也要重视对其开展普通话等通用技能培训。

（二）建立易地搬迁人口劳务协作衔接机制

易地搬迁人口劳务供需对接是促进移民县外城镇就业的关键。随着信息技术的发展,互联网和大数据系统使得就业帮扶中的人岗精准匹配成为可能。大数据平台利用其数据庞大、信息对称、追踪及时等优势,能够显著提升滇桂黔石漠化片区易地搬迁人口就业帮扶的精准性,从而有效拓展易地搬迁人口就业的空间。易地搬迁人口劳务与就业信息衔接机制包括三项子机制。

1. 建立劳务与就业信息采集机制

通过省、市、县、乡、安置点/村五级就业信息服务平台,通过社区干部、驻村干部、帮扶责任人等力量系统收集滇桂黔石漠化片区易地搬迁劳动力情况,包括姓名、性别、年龄、文化程度、技能水平、健康状况、联系电话、接受培训、就业需求等方面情况,将相关信息录入就业信息采集系统。建立已就业和未就业人员电子化动态台账。通过东西部协作机制,采集东部地区企业用工需求等就业信息。建立易地搬迁人口劳务数据和就业岗位信息数据库。如广西建立"区、市、县、乡镇、村"五级联通的村级就业服务平台,收集包括易地搬迁劳动力在内的建档立卡劳动力劳务信息。

2. 建立易地搬迁人口就业大数据分析机制

易地搬迁人口就业大数据分析将各部门、各单位收集的易地搬迁人口劳务数据以及就业岗位数据进行清洗入库,开发人岗匹配大数据模块,结合易地搬迁劳动力属性、意愿、收入等指标,对就业岗位和易地搬迁劳动力进行精准划分,将易地搬迁劳动力与就业岗位进行精准匹配。如贵州围绕促进易地搬迁劳动力等人口就业,建立了劳务扶贫大数据平台促进人岗精准匹配;广西建立了公共就业服务信息平台,精准掌握易地搬迁人口劳务和就业信息。

3. 建立就业信息发布与服务机制

通过信息采集机制、大数据分析机制实现易地搬迁人口劳务与就业信息精准匹配后,就需要将就业信息精准传递至易地搬迁劳动者并协助其获得实现城镇就业。通过安置点/村级就业信息服务平台、微信公众号、微信群、QQ群等方式向易地搬迁劳动力精准传递就业信息,确保易地搬迁劳动力能获得所需的就业信息。另外,可利用互联网技术在线上开展就业服务、线上培训、远程面试等,促进易地搬迁劳动力获得县外城镇就业机会。例如,新冠疫情期间,外出务工受阻,广西柳州市开展了线上就业面试等。[①]

（三）多渠道输送易地搬迁劳动力县外城镇就业

易地搬迁人口向安置地县外流动是实现县外城镇就业的前提。强化易地搬迁劳动力的组织化输出主要有三种方式。第一,借助东西部协作机制、对口支援机制、省内结对帮扶机制,建立输出地和输入地之间、人力资源和社会保障部门之间的协作共享机制。由安置地政府把有意愿前往援助地就业的易地搬迁劳动力组织起来,通过"就业专车"方式向援助地区开展"点对点"输送。如广西大化县、隆安县等滇桂黔石漠化片区地方政府将"点对点"劳务组织化

---

① 朱柳融、黄恋:《广西柳州推出掌上视频面试平台　帮助贫困人口务工脱贫》,2020 年 3 月 26 日,见 http://www.chinanews.com/cj/2020/03-26/9138784.shtml。

输出常态化,集中用于输送易地搬迁劳动力县外城镇就业。第二,安置地政府与市场主体或社会主体合作,通过购买服务、给予补贴等方式,由人力资源服务机构、劳务经纪人等专业化的劳务输出主体负责开展易地搬迁劳动力县外城镇就业的组织化输出。第三,科学制定交通补贴政策,对自主外出的易地搬迁劳动力给予一次性交通补贴。

第三节 易地搬迁人口县外城镇
就业的实践创新

县外城镇就业是易地搬迁劳动力以发展生计为目的的再次流动。在滇桂黔石漠化片区易地搬迁人口县外城镇就业实践中,政府组织、市场主体、社会力量等积极帮助易地搬迁劳动力获取就业岗位信息,实现县外稳定就业。下面将从易地搬迁人口县外就业大数据管理平台、"三来三往"粤桂劳务协作、市场与社会协助易地搬迁人口县外就业三个维度阐述滇桂黔石漠化片区易地搬迁人口县外城镇就业的实践探索。

一、易地搬迁人口县外就业大数据管理

2020 年,贵州省为应对突如其来的新冠疫情所导致的企业增量下降、投资下滑、消费乏力等规模性失业风险,特别是要保障易地搬迁劳动力稳定就业,积极整合部门资源,发挥政策优势,建立了劳务就业扶贫大数据平台,充分发挥了大数据在劳动力供给和需求之间的对接匹配作用,推动易地搬迁人口就业人岗精准配对。贵州劳务扶贫大数据平台按照"1+1+2"总体架构建设,即 1 个就业服务监测系统、1 个指挥决策分析系统、2 个基础数据库(劳动力数据库、岗位数据库)。同时,建立了"1+3+N"工作模式,即依托 1 个平台,建设 3 个终端(政府部门管理端、劳务公司匹配端、劳务经纪人服务端),依靠"N"种就业服务措施或应用模块,如就业推荐、动态监测、培训服务等,实现易

地搬迁劳动力稳定就业。贵州劳务扶贫大数据平台将易地搬迁劳动力与劳务就业岗位精准匹配,建立劳动力就业愿望和岗位需求之间的联系,形成"线上匹配、线下推荐、跟踪监测、动态服务"的全流程工作服务机制,实现易地搬迁劳动力就业的信息化、动态化和精准化管理。①

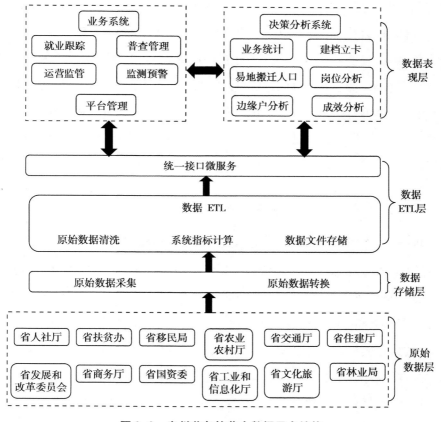

图 2-2　贵州劳务扶贫大数据平台结构

（一）劳务扶贫大数据平台使用对象

贵州劳务扶贫大数据平台使用对象为"四类五级"。"四类",即人社部门

---

①　贵州省信息中心:《贵州省劳务就业大数据平台》,2021 年 8 月 30 日,见 http://dsj. guizhou.gov.cn/ztzl/jdal/202108/t20210830_69812008.html。

(人社中心)、其他政府部门、劳务公司(合作社)、数据采集员四类使用主体。"五级"指省、市、县、乡、村五个层级。人社部门拥有统计查询、监测预警、决策指挥、岗位录入(更新)、用户管理等权限。各级人社部门负责本级政府有关部门、劳务公司和下级人社部门的用户审核管理和权限分配。其他政府部门按照所属层级拥有岗位录入(更新)、统计查询、监测预警等权限;各级劳务公司(合作社)负责数据采集员的用户审核管理和权限分配,拥有劳动力信息录入(更新)、岗位录入(更新)、统计查询、工作监测、决策分析、用户管理等权限;劳务数据的采集可以由劳务公司与村支"两委"、社区网格员、包村干部等合作承担,也可以由建立利益联结机制的劳务经纪人承担,拥有劳动力信息录入(更新)、岗位录入(更新)、统计查询、预警跟踪等权限。

(二) 易地搬迁人口劳务数据架构

贵州劳务扶贫大数据平台的数据流向分为原始数据层、数据存储层、数据 ETL 层以及数据表现层四个层级。各层级的功能如下:原始数据层将交通、人社、住建、发改、商务、国资委、工业和信息化、文化旅游、林业、水利、移民、农业农村局等省级部门结构化或非结构化的数据按照相关的业务逻辑进行分类、汇集;数据存储层对原始数据进行采集、转换、存储;数据 ETL 层对存储的原始数据进行清洗、加工、标准化,同时进行整个系统的指标运算(实时计算和离线计算),是整个系统数据流的核心层级;数据表现层对 ETL 后的数据按照相关业务需求进行呈现。

(三) 易地搬迁人口就业应用平台

贵州劳务扶贫大数据平台的业务应用包括运营监测系统、普查管理系统、监测预警系统、消息推送系统、就业追踪系统、平台管理系统等平台。

1.运营监测系统

运营监测系统提供各行政区划的就业成效监测,包括推荐岗位数、上门服务数、平台推荐就业人数、已动态追踪人数等。对劳务公司/劳务经纪人监测是根据不同行政区划,监测该地区劳务公司数、劳务经纪人数、岗位开发数、岗位推荐人数、已上门服务数、已推荐就业人数(线上和线下)、已跟踪服务人数等。部门监测主要是监测当前层级政府部门岗位录入、岗位推荐、岗位就业(劳务公司匹配就业人数、行业部门匹配就业人数)总数及各部门数。可以实施零就业监测,查询指定时间存在的零就业家庭情况。相应的监测指标包括建档立卡零就业家庭、易地搬迁零就业家庭等。其中,易地搬迁零就业家庭按照省市县安置点穿透查询出户类别。相关的指标包括户编号、详细地址、劳动力人数、已就业人数、有就业意愿人数、产生时间、消除时间,同时点击可查看人员画像。

2.普查管理系统

普查监测系统提供按任务指派行政区划、外出务工地行政区划、扶贫办户号、移民局户号、身份证号、姓名、文化程度、开始年龄(含)、结束年龄(含)、是否易地搬迁人口、脱贫状态、普查状态、近期是否有就业意愿、无就业意愿原因、就业意向、意向外出务工地、是否有组织外出务工、退出劳动力市场原因、是否接受过就业服务、是否在政府开发的各类岗位、政府开发岗位类别、是否接受过免费培训、是否有培训意愿、是否近期外出后又返乡人员、返乡原因等一些指标进行综合查询,供各类各项指标的组合查询,统计各类各项指标组合查询的人员列表及总数。

3.监测预警系统

监测预警系统提供对零就业家庭的未销账数和累计预警户数、失业人员未销账数和累计预警人数等指标的动态预警。可以按照扶贫行政区划、移民行政区划等不同维度进行查询和统计。预警监测系统对易地搬迁劳动力就业时间、就业路径、就业技能培训、就业收入等情况进行实时动态监测,对出现零就业家庭、劳动力失业等情形进行跟踪预警,并实时向各级人力资源和社会保障部门推送预警信息。各级人力资源和社会保障部门对预警信息进行核实后,纳入预警台账,实时向劳务公司(合作社)进行推送,并督促销账。各级劳务公司(合作社)接到预警推送后,在 1 天内动员数据采集员向有关劳动力开展跟踪服务,针对易地搬迁失业劳动力开展岗位匹配和岗位推荐服务。

4. 消息推送系统

消息推送系统对系统内的零就业家庭、易地搬迁劳动力失业情况等进行实时监控和推送。当出现易地搬迁人口中有零就业家庭、失业等情况时,通过系统进行查询与筛选,以消息形式进行实时的推送。消息推送系统实行动态预警触发自动消息推送。

5. 就业追踪系统

就业追踪系统中展示的内容包括易地搬迁劳动力画像和就业岗位画像。易地搬迁劳动力画像展示易地搬迁劳动力的基本信息与重要标签、劳动力模型分析、人员就业上门服务登记与信息、人员动态跟踪回访信息查询与呈现。就业岗位画像展示的是就业岗位基本信息、岗位画像模型、岗位关联信息图谱、岗位就业动态与岗位人员分布地图等。就业追踪系统可实现人岗匹配追踪。根据易地搬迁劳动力的基本情况、人员属性、求职意向等匹配适合的岗位进行易地搬迁劳动力人岗匹配的优先展示(自动推进),或者根据自定义的年龄要求、岗位工种、就业地点、收入意愿等进行易地搬迁劳动力就业的人匹配岗位(手动搜索推荐)。就业追踪系统还可以实行上门服务追踪。同时,对未就业人员进行列表化管理,根据人岗匹配模型实现易地搬迁劳动力的就业岗位匹配与就业岗位推荐。

6. 平台管理系统

平台管理系统提供了岗位管理、人员管理、普查管理、企业吸纳等管理服务。岗位管理包括各政府部门、劳务公司可进行岗位开发、上/下架、编辑、查询等管理。人社局可搜索用工单位/岗位名称,通过行政区划、岗位创建单位、岗位类别、岗位状态、岗位是否招满等条件查询筛选岗位及统计信息,查看岗位的详情;人员管理可由各人社局、劳务公司搜索姓名/身份证号、易地搬迁安置点名称,通过行政区划、是否零就业家庭、人员类别、未就业原因等条件查询,筛选易地搬迁劳动力及相关统计信息,查看易地搬迁劳动力的详情;普查管理用于对普查的任务指派。通过行政区划数据划分的形式把普查人员划分到对应的区县,然后由县级人社部门管理员对人员进行指派。各个区县提供自己管理人员的普查状态查询服务;企业吸纳展示各个地区企业吸纳易地搬迁劳动力的名单,提供易地搬迁劳动力等条件筛选。

(四) 易地搬迁人口就业帮扶指挥决策平台

贵州劳务扶贫大数据管理平台的指挥决策平台包括建档立卡系统、易地搬迁人口系统、岗位分析系统、成效分析系统、外地务工系统、边缘户管理系统等。建档立卡系统具备建档立卡劳动力未就业、已就业人员动态分析功能,对未就业、已就业两种状态的人员进行个性化指标分析。易地搬迁人口系统展示贵州省内项目的扶贫搬迁农户及随迁户家中劳动力就业情况,通过切换"已就业/未就业"展示易地搬迁劳动力就业务工统计数据。岗位分析系统提供对平台岗位建设情况、分布情况、任务情况等的分析统计,为领导和部门决策提供针对于岗位的专题分析。岗位分析主要分析指标包括岗位总数、公益性岗位数、社会性岗位数、已就业岗位数、剩余岗位数、岗位缺口、政府和劳务公司的开发占比、岗位薪酬结构、岗位详情等。成效分析系统展现平台总体成效的概览分析,对开发岗位、已就业人员、推荐就业人员及岗位需求信息进行个性化指标分析。外地务工系统展示所有外地务工的劳动力就业情况。可通过切换"外地务工劳动力/返乡回流劳动力"以及"省内/省外",展示各类劳动力的就业务工统计数据。边缘户管理系统展示未就业指标分析,包含人员分布分析、人员类型分析、关键指标分析、"9+3"专项分析①。人员分布分析统计未就业的边缘户劳动力总人数,根据地区筛选统计贵州省内市、县未就业边缘户劳动力人数。人员类型分析统计未就业的边缘户中劳动力人数及日增减量、不稳定户劳动力人数及日增减量。关键指标分析是分析未就业人员类型中的零就业家庭户数、有就业意愿未就业人数、无意愿未就业人数、其他原因未就业人数以及日增减量,分析各类未就业劳动力的人数及占比,分析未就业原因类型及比例,分析未就业人员区域排行等。"9+3"专项分析是对"9+3"专项人员实行全部指标的联动分析,包括人员分布统计、人员类型分析、关键指标分析、区域分布等。

(五) 易地搬迁人口劳务就业 App

贵州劳务扶贫大数据平台的劳务就业 App 包括求职人员端、劳务经纪人端、普查人员端三个端口。App 求职人员端支持易地搬迁劳动力查看平台内所有发布岗位并对岗位进行收藏、申请。App 劳务经纪人端支持劳务公司、劳务经纪人对平台内录入易地搬迁劳动力进行工作推荐、上门沟通、确认就业、回访跟踪等操作。App 普查人员端支持对易地搬迁劳动力进行就业普查信息填报。

(六) 贵州劳务扶贫大数据平台成效

贵州劳务扶贫大数据平台利用大数据、云计算、人工智能等新型信息技术,实现了线上线下一体化易地搬迁劳动力就业服务,解决了易地搬迁人口外出就业帮扶存在的数据更新困难、人岗匹配不精准等问题,有效促进了易地搬

---

① "9+3"县区指在脱贫攻坚战取得全面胜利前,贵州省未脱贫摘帽的 9 个县(区)和 3 个剩余贫困人口超过 1 万人的县(区)。9 个未摘帽的深度贫困县包括威宁县、纳雍县、紫云县、榕江县、从江县、赫章县、沿河县、望谟县、晴隆县;3 个剩余贫困人口超过 1 万人的县(区)包括织金县、水城县、七星关区。

迁劳动力精准就业。截至 2021 年 8 月底,贵州劳务扶贫大数据系统已经录入贵州省易地搬迁劳动力 96 万人、建档立卡贫困劳动力 432 万人、边缘户劳动力 10 万人,收录就业岗位 186 万个,为 44.1 万人次匹配推荐就业岗位、促进贫困劳动力实现就业 28.9 万人。贵州劳务扶贫大数据平台通过"一中心、三库、三流程、四画像"系统模块实现乡村振兴局、公安、卫计、水库移民、民政、人社、水利、国土等省级部门的数据融通,实现易地搬迁人口就业"人找岗位、岗位找人"的双向互动。

二、"三来三往"粤桂劳务协作机制

(一)粤桂扶贫与劳务协作

东西部协作是东部沿海省份率先发展起来后,践行邓小平"两个大局"战略构想的重要体现。1996 年 7 月,国务院扶贫开发领导小组印发《关于组织经济比较发达地区与经济欠发达地区开展扶贫协作的报告》,明确北京、上海、天津、辽宁等 9 个省市和大连、深圳等 4 个计划单列市与西部 10 个省区结成对子开展协作,拉开以东部地区帮扶西部欠发达地区发展的序幕。广东广西山同脉,水同系,古时同属岭南。以岭南山中段为界,岭东为广南东路,为"广东",岭西为广南西路,为"广西"。无论是左江右江,还是红水河邕江,最后均汇入西江和珠江,哺育了生机勃勃的南粤大地。在开展东西部扶贫协作初期,广东省便与广西壮族自治区结成帮扶对子,围绕广西脱贫任务开展协作。由于广东简称粤,广西简称桂,广东结对帮扶广西简称为粤桂协作。

之后,东西部协作的结对关系经历了多次扩展和调整,但广东结对帮扶广西始终没有变化。党的十八大以来,东西部协作成为推动区域协调发展、协同发展、共同发展的大战略,以及打赢脱贫攻坚战和实现共同富裕的大举措。2016 年 12 月,中共中央办公厅、国务院办公厅印发《关于进一步加强东西部扶贫协作工作的指导意见》,确定了东西部协作的主要任务包括产业合作、劳务协作、人才支援、资金支持、组织社会参与五个方面。其中组织劳务协作要求帮扶双方建立劳务输出精准对接,提高劳务输出的组织化程度。受帮扶地区要摸清劳动力底数,准确掌握包括易地搬迁劳动力在内的建档立卡劳动力中有就业意愿和能力的未就业人口情况,以及已在外地就业人员的基本情况,因人因需提供就业服务,与东部援助地区开展劳务协作对接。开展职业教育东西部协作计划和技能脱贫"千校行动",组织建档立卡户的家庭子女前往援助省份的职业技术学校开展就业技能培训。东部援助省份把解决受援地区易地搬迁劳动力等建档立卡劳动力就业作为劳务协作的重点工作,动员东部省份企业参与劳务协作,汇集就业岗位信息,为受援地区易地搬迁劳动力外出就业提供更多就业机会,促进易地搬迁劳动力外出就业实现人岗匹配,并保障易地搬迁劳动力在东部援助省份稳定就业。

就业是城镇化易地搬迁人口在安置地实现稳定居住和迈向脱贫的关键。东西部协作劳务协作也被国家易地搬迁政策列为促进易地搬迁人口稳定与发展的重要方式。2019 年 6 月,国家发展改革委联合国务院扶贫办等 10 部门印发《关于印发〈关于进一步加大易地扶贫搬迁后续扶持力度的指导意见〉的通知》,强调要加大劳务输出力度,根据易地搬迁劳动力意愿和能力,强化针对性信息服务,提高易地搬迁劳动力组织化输出程度,扩大易地搬迁劳动力跨省流动就业规模,东部援助省份积极开展劳务协作,为易地搬迁劳动力提供岗位信息,强化后续跟踪管理服务、劳动权益保障。2021 年 4 月,国家发展改革委、国家乡村振兴局等 20 个部门联合印发《关于切实做好易地扶贫搬迁后续扶持工作巩固拓展脱贫攻坚成果的指导意见》,要求积极发挥东西部协作、对口支援、定点帮扶等机制作用,搭建平台、畅通渠道,精准对接用工需求,提高易地搬迁人口县外就业的组织化、精细化程度。

(二)"三来三往"粤桂劳务协作创新

"三来三往"是粤桂劳务协作为促进易地搬迁人口等建档立卡人口外出

就业进行的实践创新。2016 年起,根据中央决策部署和广东、广西安排,由深圳市牵头负责,重点对口帮扶广西百色市和河池市 2 个地级市的 17 个滇桂黔石漠化片区的县市区开展对口帮扶。广西百色、河池市利用与深圳市建立对口帮扶契机,签订两地劳务协作合作框架协议,建立百色市、河池市的滇桂黔石漠化片区易地搬迁劳动力等建档立卡劳动力向深圳就业的精准对接机制和工作协调联系机制,探索"三来三往"劳动力县外流动组织化输出模式。"三来三往",即百色市、河池市开展易地搬迁劳动力等建档立卡劳动力转移就业情况摸底调查,制作"求职需求清单"并提供给深圳市。由深圳市政府相关部门根据"求职需求清单"定向开发就业岗位,制作"岗位供给清单"并提供给百色市和河池市。百色市、河池市根据易地搬迁劳动力等建档立卡劳动力务工需求情况进行岗位对应匹配。深圳市组织企业到百色市、河池市开展专场招聘,精准输送移民劳动力到深圳地区企业就业。

"三来三往"劳务协作中实施了"四个精准"。一是由百色市、河池市组织开展易地搬迁劳动力转移就业情况精准调查。每年 11 月,以扶贫信息系统数据为基础,通过入户访问、电话咨询等方式,在易地搬迁劳动力和建档立卡劳动力中开展 1 次已转移就业和有转移就业意向劳动力摸底调查。如 2016 年河池市完成 59838 名建档立卡劳动力转移就业情况摸底调查。二是开展易地搬迁劳动力与深圳地区企业岗位精准匹配。百色市、河池市根据调查掌握有意愿到深圳就业的易地搬迁劳动力信息,制作"求职需求清单"并提供给深圳市人力资源保障局等对口协作部门。深圳市对口协作部门根据百色市、河池市提供的易地搬迁劳动力"求职需求清单",组织发动相关企业重点对劳动密集型加工制造业、建筑业、家庭服务业、餐饮业及物业管理等行业进行岗位开发,将供求"清单"进行岗位精准匹配。三是易地搬迁劳动力与企业精准对接。深圳市人力资源保障部门组织企业前往百色市、河池市进行现场招聘。在现场招聘中,求职易地搬迁劳动力 1 人 1 证(参会证)1 表(求职表),实施易地搬迁劳动力选择企业、企业选人实现精准对接。如 2017 年河池市和深圳市举办 11 场易地搬迁劳动力和建档立卡劳动力转移就业专场招聘会,深圳 171 家企业提供 7 万个就业岗位,累计有 5472 名易地搬迁劳动力和建档立卡劳动力进场求职,达成就业意向 1550 人。四是易地搬迁劳动力输出精准交接。易地搬迁劳动力应聘企业后,百色市、河池市政府相关部门组织易地搬迁劳动力统一免费体检,通过"专车"方式集中送达深圳地区的企业,实现易地搬迁劳动力外出就业的精准衔接。百色市、河池市与深圳探索出的劳务输出"三来三往"新模式很快在广西全面推广,而粤桂协作的各结对市县也设立了劳务协作分支机构,对接粤桂劳务输出和输入。

对口支援的广东、广西还合作实施了职业技能培训及技工教育的协作。深圳市根据"求职需求清单"和"岗位供给清单",积极组织就业技能培训机构开展订单式职业技能培训。深圳市人力资源保障局指导当地企业开展岗前适应性培训,强化易地搬迁劳动力的融入意识、安全意识和纪律意识。深圳市政府积极引导本地技工院校与百色市、河池市的技工院校联合办学,结合易地搬迁劳动力就业需求设置专业,协助易地搬迁劳动力前往深圳稳定就业。

三、市场与社会协助易地搬迁人口县外城镇就业

改革开放以来,伴随全球化浪潮深入推进,我国日益融入世界经济发展大潮之中,经济实现持续高速增长。与此同时,我国也步入了人口大规模、跨区域流动的大流动时代。在大流动时代,脱贫地区农民纷纷自发外出务工,"一方水土养不起一方人"的地理贫困"陷阱"被打破。

(一) 市场化流动的易地搬迁人口就业

改革开放之后,我国转入以经济建设为中心,实行"一部分地区、一部分人先富起来"的区域非均衡发展战略。东部沿海地区借助已有工业基础、地理区位优势、国家政策扶持,实现了经济快速发展,中西部地区特别是脱贫地区与东部地区的发展差距日益拉大。20 世纪 90 年代中期,国家区域发展转

向协调发展战略,实施了西部大开发、中部地区崛起、振兴东北老工业基地等区域协调发展战略。东部沿海地区在我国加入 WTO 并加快融入国际产业体系分工后,出口导向型经济蓬勃发展,对劳动力需求规模不断扩大,也加大了中西部地区特别是脱贫地区与东部沿海地区的工资水平差距。这就为脱贫地区易地搬迁劳动力向县外流动就业提供了强大拉力。进入 21 世纪后,户籍制度等人口跨区域流动壁垒得以消除,全国统一的劳动力市场不断发展。

易地搬迁迁出区自然条件差、发展资源匮乏、农业收入很低。"一方水土养不起一方人"地区无家庭照料负担的易地搬迁劳动力在搬迁前便借助全国统一劳动力市场向县外流动就业,以获取远高于农业的务工收入。搬迁前的易地搬迁人口跨县就业的目的是赚钱,把赚来的钱用于在村上建楼房、娶媳妇等,县外流动就业是为了在村里获得更体面的生活。[①] 易地搬迁人口在搬迁前逐渐形成了"以代际分工为基础的半工半耕"的生计模式。即家庭中年轻劳动力县外城镇就业,年老父母在迁出区的农村老家务农。[②] 迁移到城镇集中安置社区后,有一些易地搬迁劳动力在安置地就业收入水平下降,易地搬迁劳动力以生计为目的的市场流动就业再次发生。易地搬迁人口依据原来的市场化流动就业路径,继续到县外就业,特别是到东部沿海地区就业。不同的是,搬迁前易地搬迁劳动力县外城镇就业是为了获得在迁出地区的体面生活,搬迁后的易地搬迁劳动力县外城镇就业则是为了获得在安置地的体面生活。

　　W 农户的户主为滇桂黔石漠化片区的广西脱贫县 DH 县的易地搬迁人口,家庭人口 5 人。户主 49 岁,初中文化;户主的妻子 43 岁,初中文化;户主的母亲 86 岁。家庭中,两个小孩一个在念高中,另一个在上幼儿园。搬迁前,W 易地搬迁人员居住在距离 DH 县城 60 公里的山村,车程约 1 个多小时。W 在原住村庄耕地人均不足 1 亩,主要种植玉米、水稻,用于满足家庭消费。搬迁前,丈夫在广东东莞

①　贺雪峰:《农民工返乡创业的逻辑与风险》,《求索》2020 年第 2 期。
②　夏柱智、贺雪峰:《半工半耕与中国渐进城镇化模式》,《中国社会科学》2017 年第 12 期。

的电子厂打工,包吃住,按计件发工资,每月收入 3000 元左右。妻子在家务农和照看小孩和老人。2018 年搬迁到 DH 县的 GJ 县城集中安置社区后,两个孩子在 GJ 集中安置社区附近的学校就读。丈夫继续到广东东莞打工,但工作的企业已有变化,仍然是包吃住、按计件发工资,但每个月获得的工资接近 4000 元。每年国庆节、春节,丈夫从广东东莞返回 GJ 县城集中安置社区过节。妻子留在 GJ 县城安置社区照顾子女上学,同时在 GJ 县城集中安置社区附近的扶贫车间灵活就业,工作不稳定,月工资 700 元至 1000 元。(广西 DH 县城镇安 GJ 集中安置社区 W 易地搬迁农户访谈整理—20210610)

X 农户为滇桂黔石漠化片区的广西脱贫县 LA 县易地搬迁家庭,家庭人口 4 人。户主 48 岁,初中文化;户主的妻子 43 岁,初中文化。两个女儿中,大女儿 17 岁在 LA 县读技校,小女儿 12 岁在 LA 县 ZD 县城集中安置社区配套的小学念书。X 从原住村庄到 ZD 集中安置社区的车程约 1 小时。X 在原住村庄的耕地有 2 亩多,人均不足 1 亩,主要种植玉米等粮食作物。搬迁到 LA 县 ZD 县城集中安置社区前,妻子在家务农并照料小孩上学,丈夫跟着熟人到广西南宁市下辖的县打工,工资采取计件方式,包吃住,月平均工资接近 3000 元,但工作不稳定。2019 年搬迁到 LA 县 ZD 县城集中安置社区后,丈夫自行前往南宁市武鸣县打工,工资仍旧采取计件方式,包吃包住,月工资 3000 元至 4000 元。妻子则留在 ZD 县城集中安置社区居住,照顾两个女儿上学,同时在县城一所职业技术学校做宿舍管理员(三班倒),月工资 1800 元,工作比较辛苦但比较稳定。(广西 LA 县城集中安置 ZD 社区易地搬迁农户 X 访谈整理—20210608)

党的十八大以来,我国区域协调发展战略取得新进展,中西部地区城镇就业工资水平与东部沿海地区的差距缩小。从东部沿海地区回流中西部地区和脱贫地区的农村流动人口增多。如 2018 年全国外出务工农民工约 1.73 亿人,其中跨省流动占比44.0%,省内流动占56.0%①,省内流动人口超过了跨省流动人口,而2015年流动人口动态监测流出地调查数据显示,返迁人口占比12.1%,西部地区返迁人口占该区域人口比重最高,为27.2%。②东部地区劳动密集型企业曾一度出现了"用工荒"。为了缓解"用工荒"和获得充足的工人,东部地区的一些劳动密集型企业通过企业员工返回家乡带出符合要求的劳动力来企业打工。企业按照相应的标准给予劳务经纪人报酬,如1个符合要求的劳动力给予200元酬劳。返乡找劳动力的企业员工逐渐演变为劳务经纪人,往返于东部企业与中西部的城镇化易地搬迁安置社区之间。

　　农户R是滇桂黔石漠化片区的广西脱贫县TD县城镇化安置的易地搬迁家庭,家里有4人。户主53岁,小学文化程度;户主的妻子38岁,小学文化程度;大儿子20岁,初中文化程度;小儿子14岁,在安置县城中学读初二。R在迁出地农村有旱地约7亩,主要种植甘蔗。2018年,R农户响应政府易地搬迁号召迁移到TD县集中安置点SL社区居住。搬迁后,农村老家的土地留给了未搬迁的弟弟耕种。户主搬迁前跟熟人到外地做建筑工人,搬迁后因身体有病、年龄偏大等原因无法外出就业,留在家里照顾二儿子上学。搬迁入住1年后,有外出务工的易地搬迁劳动力来到集中安置点SL社区找人去东莞打工。妻子和大儿子跟着来到东莞市的一家五金企业,并与企业签订劳务合同,企业为每人购买了100元工伤保险,包吃住,工资按照计件算,每天平均工作10—11小时。妻子每月收入4500元(实发),大儿子按15元/小时计算工资,每月工资约4800元(实发)。根据户主的妻子和大儿子介绍,目前在集中安置点SL社区有

---

① 国家统计局:《2018年国民经济和社会发展统计公报》,2019年2月2日,见http://www.stats.gov.cn/tjsj/zxfb/201902/t20190228_1651265.html。

② 国家卫生健康委员会:《中国流动人口发展报告·2018》,中国人口出版社2018年版,第153—156页。

许多外出务工的移民成为劳务经纪人,他们经常往返于安置地和广东东莞、深圳之间,每带 1 名劳动力给广东的企业,企业会支付他们至少 200 元的报酬。(广西 TD 县城集中安置 SL 社区易地搬迁农户 R 访谈整理—20210927)

(二) 社会网络中的移民县外非正规就业

非正规经济广泛存在于全球的发展中国家之中。① 国际劳工组织(ILO)给出的非正规部门定义是:"发展中国家城镇地区那些低薪酬、低收入、无组织、无结构的很小生产规模的生产或服务单位。"②劳动力市场分割理论或二元劳动力市场理论认为,劳动力市场上的非竞争因素将劳动力市场分成两个不同特征、不同运行规则的市场,即主要劳动力市场和次要劳动力市场。③ 主要劳动力市场提供有劳动合同、雇佣关系稳定、工资福利和社会保障程度高的正规就业,次级劳动力市场提供缺少劳动合同、雇佣关系不稳定、工资待遇低、社会保障不足的非正规就业。④ 除了政府和市场体系外,社会也为农村劳动力转移就业提供重要资源,农村劳动力转移就业与其社会网络的规模、社会网络中关系的强度、关系网络内的资源异质性等密切相关。⑤ 在我国的情境中,血缘、地缘等原初社会关系对农村转移劳动力外流从事非正规就业具有重要

① 黄宗智等:《中国非正规经济(上)》,《开放时代》2011 年第 1 期。

② C. R. Akowski, *Convergence and Divergence in the Informal Sector Debate*, *A Focus On Lain America 1984-1992*, 1994, 12(4): 501-616.

③ 何芸:《二元分割与行业收入不平等——基于二元劳动力市场分割理论的分析》,《经济问题探索》2015 年第 1 期。

④ M. J. Piore, *The Dual Labor Market*: *Theory and Implications*, D. B., Grusky, *Social Stratification*: *Class, Race, and Gender in Sociological Perspective*, Colorado: Westview Press, 2001, pp. 435-438.

⑤ 胡金华:《社会网络对农村劳动力外出就业的影响》,《中共福建省委党校学报》2010 年第 12 期。

影响。① 非正规就业的农村转移劳动力社会资本更狭隘,工作初期投入更少。② 随着市场化水平日益提高,农村转移劳动力对在迁入地通过社会关系网络形成的"地缘聚集"依赖程度逐渐下降。③ 文化程度低、年纪偏大且无家庭照料负担的易地搬迁劳动力倾向于到县外从事建筑、装潢、跑运输等非正规就业。因在主要劳动力市场上缺乏竞争力,这些易地搬迁劳动力外出就业受到亲戚、朋友、老乡等原初社会关系网络牵引,主要从事次级劳动力市场连接的非正规就业。

农户 B 是滇桂黔石漠化片区广西脱贫县 TD 县城镇化安置点 SL 社区的易地搬迁家庭,家庭人口 5 人。户主 38 岁,初中文化程度;户主的妻子 30 岁,初中文化程度。户主父母都是 70 岁以上的老人,户主的儿子 7 岁。没有搬迁前,户主和妻子一起前往广东打工。2014 年儿子出生后,户主的妻子留在农村老家照顾小孩和老人,户主继续前往广东等地打工。2019 年 B 农户在政府的支持下从农村老家搬迁到 TD 县城镇化安置点 SL 社区居住,两位老人则留在农村老家生活。搬迁后,小孩上学等导致家庭开支增大,户主在同村好友支持下,跟其一起到广东佛山做司机帮助老板拉货。每个月收入约 8000 元,不包吃不包住。妻子则在 SL 集中安置社区获得了 1 个公益岗位工作,每个月 1360 元,能够兼顾接送孩子上下学。(广西 TD 县城集中安置 SL 社区易地搬迁农户 B 访谈整理—20210606)

农户 T 为滇桂黔石漠化片区的广西脱贫县 DH 县城镇化集中安置点 GJ 社区的易地搬迁家庭,家庭人口 6 人。户主 46 岁,初中文化

---

① 韩叙、夏显力:《社会资本、非正规就业与乡城流动人口家庭迁移》,《华中农业大学学报(社会科学版)》2019 年第 3 期。

② 胡凤霞、姚先国:《农民工非正规就业选择研究》,《人口与经济》2011 年第 3 期。

③ 王春超、王聪:《市场化、社会网络与城市农民工地缘集聚》,《经济社会体制比较》2016 年第 1 期。

程度;户主的妻子 44 岁,初中文化程度。家中有 4 个女儿,大女儿 23 岁,在柳州市医院工作;二女儿 17 岁,在广西南宁市商贸学校读中专;三女儿 11 岁,在 DH 县读小学五年级;四女儿 10 岁,在 DH 县小学读三年级。T 户主在原住地农村有旱地 1 亩多。户主与妻子结婚后,一起到广东等地务工,每人月工资约 2000 元。小孩出生后,丈夫和妻子带着孩子继续外出务工。2014 年丈夫和妻子在广东江门市打工的时候认识了一个开汽修厂的朋友,便跟这个朋友打工,每月工资提高到每人 3500 元。2018 年 DH 县政府组织"一方水土养不起一方人"的贫困乡村易地搬迁。T 户搬迁到了 DH 县城的城镇集中安置点 GJ 社区。搬迁到 GJ 社区后,妻子回到安置点 GJ 社区专职照顾孩子上学。丈夫继续在江门跟之前的老板打工,但是不到一年时间老板不愿意做了,让农户 T 户主接盘。T 户主在该厂打工了几年也积累了技术和资金,便决定包下老板放弃的汽修厂,成为新的老板。由于经营有方,户主在广东江门市的每年经营纯收入 10 多万元,除必须参加的红白喜事外,每年回家 1—2 趟。收入增加后,T 户主也购买了小汽车。(广西 DH 县城镇安 GJ 集中安置社区 T 易地搬迁农户访谈整理—20210610)

第三章　易地搬迁人口安置地就业的治理策略与实践创新

　　实现易地搬迁人口在安置地稳定就业是巩固易地搬迁脱贫成果的重点任务。2021年4月15日,国家发展改革委、国家乡村振兴局等20部委联合发布《关于切实做好易地扶贫搬迁后续扶持工作巩固拓展脱贫攻坚成果的指导意见》,强调拓宽就地就近就业渠道,千方百计促进易地搬迁人口更充分更稳定就业。新型城镇化背景下,滇桂黔石漠化片区易地搬迁以城镇化集中安置为主,本章中的"安置地城镇就业"的"安置地"即为易地搬迁集中安置点所在的县城或乡镇、集镇,不包括安置点所在城镇的农村区域。本书中的"易地搬迁人口安置地城镇就业",如没有特别说明均指的是易地搬迁人口城镇化安置后在安置点所在县城或乡镇/集镇就业。易地搬迁劳动力安置地城镇就业,既受安置地经济基础薄弱、易地搬迁劳动力素质差异大等不利因素影响,也存在东部产业向中西部转移、外出务工劳动力回流增多等有利因素。促进易地搬迁人口安置地城镇就业的举措日益多样化。如通过壮大安置地特色产业带动易地搬迁人口就近就业,开发公益性岗位易地搬迁弱劳动力就业,扶持易地搬迁人口创业带动就业等。

第一节 易地搬迁人口安置地城镇就业

经过脱贫攻坚战,滇桂黔石漠化片区城镇基础设施条件得到改善,东部等地区的劳动密集型产业因劳动力短缺或成本上升等原因向滇桂黔石漠化片区城镇转移,带动了安置地城镇就业岗位的增加,易地搬迁劳动力因家庭照料等非经济原因回流安置地照料家庭并在安置社区周边就业。

一、外出易地搬迁人口回流安置地就业

改革开放拉开了农村劳动力向城镇转移就业的序幕。农民从在农闲时间到附近城镇就业"离土不离乡",逐渐转变为"离土又离乡"的长期外出务工。进入 21 世纪,中西部欠发达地区农村劳动力向东部沿海发达地区转移规模持续扩大。然而,随着我国区域协调发展的深入推进,中西部地区农村转移劳动力回流的现象①日益普遍。2013 年,西部地区农村劳动力跨省流动就业的占比 54.10%,在省内流动就业的农村劳动力占比 45.90%,在省内流动就业的农村劳动力明显少于跨省流动就业的农村劳动力。到 2018 年,西部地区农村劳动力跨省流动就业的占比下降到 50.40%,而在省内流动就业的农村劳动力占比则增加到 49.60%。到 2020 年,西部农村劳动力中,跨省流动就业的比例进一步下降到 46.60%,而在省内流动就业的农村劳动力比例则进一步提高到 53.40%,西部农村劳动力在省内流动就业的规模已超过跨省流动就业的规模。农村劳动力回流本区域就业逐年增加。在中部地区农民工省内流动占比尽管没有超过跨省流动,但回流的趋势也十分明显。2013 年,中部地区跨省流动就业农民工占比 62.50%,本省流动农民工占比 37.50%。到 2018 年,跨省流动农民工占比下降到 60.60%,本省流动农民工占比上升到

---

① 劳动力回流不仅是指农村劳动力从城市回流到农村,还指的是农村外出务工劳动力从东部沿海地区的原工作城市回到家乡或户籍所在地城市就业。

39.40%。到 2020 年,跨省流动农民工占比加速下降到 57.90%,本省流动农民工占比加速上升到 42.10%。(见表 3-1)

表 3-1　中西部地区跨省流动和本省流动农民工

流动类型	2013 年		2018 年		2020 年	
	西部地区	中部地区	西部地区	中部地区	西部地区	中部地区
跨省流动(%)	54.10	62.50	49.60	60.60	46.60	57.90
省内流动(%)	45.90	37.50	50.40	39.40	53.40	42.10

注:数据由作者根据国家统计局官网发布的《全国农民工监测调查报告》数据整理得出,见 http:// www.stats.gov.cn/sj/。

回流省内的农村劳动力集中在小城镇实现就业。国家统计局公布的数据显示,2013 年,全国省内流动农民工中有 3.30%在直辖市就业,21.50%在省会城市就业,28.10%在省内地级市就业,47.10%在省内的小城镇就业。有接近一半的农民工在小城镇实现就业。2015 年,全国省内流动农民工中有 3.00%在直辖市就业,22.50%在省会城市就业,29.10%在省内地级市就业,45.40%在省内的小城镇就业。尽管在小城镇就业的农民工比例有所缩小,但是地级市和小城镇就业占比之和仍超过了七成(2013 年为 75.20%,2015 年为 74.50%)。农村转移劳动力回流更多的是选择距离乡村(家乡)更近的小城镇和地级市城镇就业。(见表 3-2)

表 3-2　农民工省内流动就业分布情况

就业区域	2013 年	2014 年	2015 年
直辖市就业(%)	3.30	2.80	3.00
省会城市就业(%)	21.50	22.20	22.50
地级市就业(%)	28.10	28.90	29.10
小城镇就业(%)	47.10	46.10	45.40

注:数据由作者根据国家统计局官网发布的《全国农民工监测调查报告》数据整理得出,见 http:// www.stats.gov.cn/sj/。

　　滇桂黔石漠化片区属于西部地区,且城镇规模多为小县城。在中西部劳动力回流的大背景下,易地搬迁劳动力返回滇桂黔石漠化片区安置点所在城镇就业的比例也比较高。笔者 2021 年 6 月和 9 月两次前往广西靖西市康城社区、隆安县震东社区、大化县古江社区、都安县仙垌社区等 5 个广西区域内的滇桂黔石漠化片区城镇化集中安置社区调研,获取的易地搬迁劳动力稳定就业的数据显示,滇桂黔石漠化片区城镇化安置社区易地搬迁劳动力回流就业的比例在增加,且回流安置地城镇就业的比例也比较高。(见表 3-3)安置地城镇就业最高的是隆安县震东社区,2021 年 6 月回流安置地城镇稳定就业占稳定就业总人数的 77.32%,9 月回流安置地城镇稳定就业占比进一步提高到 79.86%。其次是都安县的仙垌社区,2021 年 6 月回流易地搬迁劳动力安置地城镇就业占稳定就业总人数的比例为 73.65%,9 月回流安置地城镇就业的占比进一步提高到 75.34%。靖西市康城社区易地搬迁劳动力在安置地就业的比例在 4 个安置社区中的比例最低,2021 年 6 月回流易地搬迁劳动力安置地城镇就业占易地搬迁人口就业总人数的比例为 57.29%,9 月回流易地搬迁劳动力安置地城镇就业占易地搬迁人口稳定就业总人数比例提高到 58.16%。

表 3-3　2021 年滇桂黔石漠化片区易地搬迁人口安置地城镇就业

就业情况	单位	康城社区		震东社区		古江社区		仙垌社区	
		6 月	9 月	6 月	9 月	6 月	9 月	6 月	9 月
稳定就业总人数	人	9467	9547	11761	13433	4597	4620	8350	7757
安置地城镇就业	人	5424	5553	9094	10727	3153	3180	6150	5844
	%	57.29	58.16	77.32	79.86	68.59	68.83	73.65	75.34

　　滇桂黔石漠化片区外出易地搬迁劳动力回流安置地城镇就业有以下特点:

一是外出易地搬迁劳动力回流安置地城镇就业以女性为主。通过实地调查发现,多数滇桂黔石漠化片区易地搬迁安置社区配套产业为生产服装、雨伞、耳机、纸花、数据线、玩具等企业。这些企业对工人技能要求低,回流的易地搬迁劳动力在这些企业中就业以妇女为主。如笔者对滇桂黔石漠化片区广西大化县的安置区周边企业大化旺成玩具有限公司进行调研发现,该企业有易地搬迁劳动力等本地劳动力就业员工150人,其中女性员工比例超过80%;都安县集中安置配套产业园区的都安祥云电子厂有易地搬迁劳动力等本地劳动力就业员工300人,其中女性员工比例超过90%;隆安县集中安置配套产业园区的三礼电子厂有易地搬迁劳动力等本地就业员工900人,其中女性员工比例超过70%。

二是外出易地搬迁劳动力回流滇桂黔石漠化片区安置地城镇就业工资水平较低、工作稳定性较差。由于滇桂黔石漠化片区县的安置社区周边的企业以"来料加工"的小微企业为主,企业主要依靠获得国内外的加工订单来组织生产。这些企业绝大多数享受了当地政府的帮扶车间政策,因而成为吸纳回流易地搬迁劳动力的主要企业,但是企业利润不高,支付给回流易地搬迁劳动力的工资水平比较低。因企业获得订单的不稳定,使得回流易地搬迁劳动力在这些企业就业的稳定性也比较差。如2018年7月笔者前往贵州省的滇桂黔石漠化片区县黔南布依族苗族自治州龙里县调查了解到,城镇安置易地搬迁劳动力回流到安置区周边的帮扶车间就业,因企业获得的加工订单不稳定,易地搬迁劳动力在帮扶车间的工作时间不连续,工作岗位少、工资水平比较低。2019年3月笔者前往广西的滇桂黔石漠化片区县都安县调查了解到,回流安置社区周边的服装厂、耳机组装、电摩配套产业等帮扶车间就业的易地搬迁劳动力就业岗位工资水平低,工资较高的电摩配套产业帮扶车间岗位工资1800元/月,且形成比较严格的工人管理制度(如1个月内旷工3天按自动离职处理,自动离职后扣发工资待遇等),工资低的耳机加工实行计件工资制,熟练工人每天约30元,且因订单少工作时间并不连续。

二、外出易地搬迁人口回流安置地就业原因

关于农村转移劳动力的回流现象,学术界存在产业转移说、非经济因素影响说等多种解释。

持产业转移促进农村转移劳动力回流的学者认为,经过多年的发展,东部沿海地区劳动密集型企业成本上升,企业难以与成本低廉的中西部劳动密集型企业竞争,而纷纷转移到中西部地区和脱贫地区落户发展。劳动密集型企业逐渐由东部沿海地区向广袤的中西部地区转移,农村转移劳动力在东部沿海地区就业机会减少,而在中西部地区就业机会增加,引发了农村转移劳动力向中西部城镇回流。如辜胜阻等(2013)认为,产业转移是区域产业分工进一步优化的内在要求,东部沿海地区是产业的"头雁",中西部地区是"尾雁",东部地区土地和能源资源的制约不断增强,劳动力成本上升,劳动密集型企业的生存空间进一步缩小,以及中西部地区资源丰富、要素成本优势等使得区域产业具备了"雁阵式"产业及要素转移的条件,而中西部农村转移劳动力回流是在市场比较利益变化之后农民理性选择的结果,政府要因势利导推进产业转移和劳动力回流相互促进。[1]

持非经济因素促进农村转移劳动力回流的学者认为,尽管东西部地区的收入差距仍在扩大,但是随着中西部地区农村居民收入水平提高,经济因素促进农村劳动力转移的作用减弱,生活质量、兼顾家庭等非经济因素影响增加,进而促使农村转移劳动力回流。如陈午晴(2013)认为,中西部农村女性转移劳动力回流家乡就近就业主因是期望能兼顾个人发展与家庭生活,体现了产业向中西部地区转移背景下农村转移劳动力回流是一种兼容工作合理性和价

---

[1]　辜胜阻、孙祥栋、刘江日:《推进产业和劳动力"双转移"的战略思考》,《人口研究》2013年第3期。

值合理性的理性选择。① 古恒宇等(2019)基于国家卫计委 2016 年流动人口动态监测数据(CMDS)对城市流动人口回流意愿的考察发现,东部地区流动人口回流意愿最高,绝大多数流动人口回流去向是原住地,流动人口的家庭情感、社会关系、房屋及收入水平(高收入的城市流动人口更倾向于返乡)成为影响其回流的主要因素。②

滇桂黔易地搬迁劳动力回流是一个复杂的过程,是宏观的东部等地区产业向滇桂黔石漠化地区产业转移与微观的易地搬迁劳动力非经济因素共同作用的结果。一是东部等地区劳动密集型企业向滇桂黔石漠化片区城镇转移为易地搬迁劳动力回流安置地城镇就业提供了机会。滇桂黔石漠化片区经济发展长期滞后,产业基础薄弱,产业聚集程度较低。滇桂黔石漠化片区地方政府按照易地搬迁政策要求,在安置社区周边配套建设产业园,完善产业园的道路、厂房等配套基础设施,并通过帮扶车间扶持政策等吸引东部地区的劳动密集型企业入驻产业园,带动易地搬迁劳动力在安置地就业。如滇桂黔石漠化片区县的广西东兰县为吸引外地劳动密集型企业入驻,出台了《东兰县帮扶车间优惠政策》,其内容为"一减免二补助三奖励"。"一减免"指政府提供土地并使用财政资金建设好厂房,免费提供企业使用三年;"二补助"指企业在搬迁、物流以及装修中所产生的费用,一半都由政府补助,从东兰县向外地运输产品所产生的费用政府补助 40%;"三奖励"包括创汇奖励(外贸型企业,生产的产品玩具等产品出口欧美地区)、发展奖励和培训奖励,入驻集中安置社区周边产业园的企业每安排 1 名易地搬迁劳动力就业,东兰县人力资源局将为企业补贴员工社保缴纳的 60%。根据笔者调查了解到,劳动密集型企业向滇桂黔石漠化片区转移,除了县级政府各项优惠政策外,主要是获取低工资水

---

① 陈午晴:《产业转移与返乡务工人员的择业理性——以中原地区某县返乡打工妹为例》,《学术研究》2013 年第 11 期。

② 古恒宇、覃小玲、沈体雁:《中国城市流动人口回流意愿的空间分异及影响因素》,《地理研究》2019 年第 8 期。

平的充足劳动力。入驻滇桂黔石漠化片区城镇安置区的企业多为服装生产、电子厂等来料加工劳动密集型企业。这些企业对劳动力技能要求不高,能进行简单的劳动就行,招工的门槛较低,支付给工人的工资也较低。东部等地区劳动力技能水平比较高,工资水平也比较高,来料加工型密集型企业很难在东部地区获取充足的劳动力。因而,在滇桂黔石漠化片区地方政府政策的引导下,东部等地区的劳动密集型企业纷纷向易地搬迁集中安置区周边产业园区转移。

二是易地搬迁劳动力因家庭或个人因素回流滇桂黔石漠化片区安置地城镇就业。从微观层面看,易地搬迁劳动力既是理性的个体,也是感性的个人。他们当然会从经济理性角度考虑外出务工以能获取更多的经济收入,然而,当遇到家庭照料任务等问题时,他们则更多地从感性角度考虑选择回流安置地照料家庭并在安置地兼顾就业。根据对广西、贵州、云南等省区的滇桂黔石漠化片区县易地搬迁安置地城镇就业调查发现,在安置地城镇就业以妇女为主,她们除了在安置地城镇就业外,往往要兼顾家庭照料任务,如接送小孩上学、照顾生病的孩子和老人。而滇桂黔石漠化片区安置社区周边的许多帮扶车间为了方便易地搬迁妇女劳动力照料家庭成员,调整了员工工作制度,如帮扶车间把下午下班时间由 6 点调整为 5 点,或者是采取灵活工作方式,让员工把加工材料拿回家进行生产。

总体而言,滇桂黔石漠化片区易地搬迁劳动力回流,既有东部等地区劳动密集型企业为了获取充足劳动力向滇桂黔石漠化片区易地搬迁城镇安置地转移并为移民劳动力提供就业的因素,也有易地搬迁劳动力基于家庭照料等原因返回移民安置地照料家庭兼顾就业等非经济因素。由于易地搬迁人口的收入水平不高,易地搬迁劳动力解除家庭照料任务后,为获得更高的收入水平仍然会向安置地之外的地区进行流动,以获得更高工资的就业机会。从这个角度看,滇桂黔石漠化片区易地搬迁劳动力回流是不稳定的,回流劳动力也可能因为经济的或非经济的因素而再次向东部沿海发达地区转移。

第二节　易地搬迁人口安置地就业的治理策略

滇桂黔石漠化片区城镇的产业化水平比较低,决定了多数在安置地城镇就业的易地搬迁劳动力主要从事非正规就业。易地搬迁人口在安置地实现非正规就业是政府、市场、社会协同推进的结果。安置地政府扶持和发展安置地劳动密集型企业,开发公益性岗位,为无法在企业就业的易地搬迁劳动力提供就业岗位。市场主体在政府的引导和扶持下到安置社区周边投资兴业,雇用易地搬迁劳动力进行生产。工会、共青团、妇联等社会组织发挥社会资源优势,促进易地搬迁劳动力在安置地就业与创业。

一、非正规就业与易地搬迁人口安置地就业治理逻辑

ILO 把非正规就业形式分成以帮工形式工作的家庭工人、没有雇佣关系的自我雇佣者、一些非正规部门的雇主和雇员。农村劳动力从事非正规就业既有正规就业门槛高难进入的原因,也存在劳动者基于自身优势自愿选择非正规就业的原因。黄宗智等认为,国际劳工组织对非正规就业定义背后的含义是那些没有受到法律保护和社会安全网保障的在城市传统部门就业的从业人员。[1] 非正规就业的基本特征:一是雇佣关系的非正规性,如没有签订劳务合同、就业短期性、工资待遇缺少正规依据等;二是非正规就业的非监管性,政府很难对非正规就业实施有效的监管;三是非正规就业的低社会声望,非正规就业工资待遇不高,岗位的社会声望不高,往往被归类为低层次就业。[2] 非正规就业是城镇劳动力市场的重要形式,比正规就业提供的生产和服务更为便宜,是对正规就业的有效补充。随着社会主义市场经济体制完善和城镇化的

---

[1]　黄宗智等:《中国非正规经济(上)》,《开放时代》2011 年第 1 期。
[2]　万向东:《农民工非正式就业研究的回顾与展望》,《中山大学学报(社会科学版)》2009 年第 1 期。

加快推进,我国已形成了农业就业、乡镇企业就业、城市正规部门就业和城市非正规部门就业四个并存的就业系统①,快速发展的非正规就业是城镇新增就业和农村劳动力转移就业的主要方式。非正规就业的低准入门槛和就业成本为农村妇女等农村转移劳动力提供众多的就业机会。对于需要承担家庭劳动的留守妇女而言,具有在地化(距离短)、灵活性(劳动管理的去制度化)与互助性(熟人社会的保护机制)的非正规就业,与妇女家庭角色具有内在耦合性,农村留守劳动力嵌入到本地非正规就业部门,既能确保完成家庭事务,也可兼顾获得工资性收入补贴家用。②

非正规部门发展为农村转移劳动力提供了大量就业机会。农村转移劳动力进入城镇后主要在批发零售、餐饮、居民服务、制造业等行业从事非正规就业。非正规就业既有效缓解了新型城镇化的就业压力,也有效实现了农村转移劳动力脱贫。③ 滇桂黔石漠化片区城镇经济基础薄弱,正规就业部门发展滞后,正规部门提供的就业岗位少,城镇居民主要从事非正规就业。例如广西东兰县地处滇桂黔石漠化片区,位于广西西北部,云贵高原南缘,距广西省会南宁308公里,距河池市金城江区108公里,由于地理位置偏远,地处大石山区,农业发展资源不足,工业基础薄弱。2021年全县地区生产总值49.8亿元,第一产业产值13.02亿元,占比26.14%,第二产业产值5.22亿元,占比10.48%,第三产业产值31.56亿元,占比63.37%。东兰县第二产业产值低,服务业占比高但水平低,正规就业部门较少,县城居民多数从事非正规就业。

帮助易地搬迁劳动力在城镇获得就业机会成为滇桂黔石漠化片区城镇化易地搬迁人口实现"稳得住、可致富"的首要任务。在城镇安置地实现稳定就

---

① 胡鞍钢、马伟:《现代中国经济社会转型:从二元结构到四元结构(1949—2009)》,《清华大学学报(哲学社会科学版)》2012年第1期。

② 卢青青:《半工半家:农村妇女非正规就业的解释》,《农林经济管理学报》2021年第3期。

③ 都阳、万广华:《城市劳动力市场上的非正规就业及其在减贫中的作用》,《经济学动态》2014年第9期。

业既是易地搬迁人口在城镇安置地稳定居住的前提,也是易地搬迁人口搬迁后逐步致富的重要基础。易地搬迁把大量农村贫困劳动力搬迁到县城后,进一步增加了城镇就业的压力,非正规就业自然成为易地搬迁劳动力在安置地城镇就业的主要方式。而非正规就业的在地化、灵活性和互助性与城镇化安置移民社区"留守"或"回流"劳动力家庭事务优先的要求,具有内在耦合性。

　　滇桂黔石漠化片区一些大型的易地搬迁安置社区人口众多,少则上千人,多则上万人,易地搬迁人口家庭禀赋差异大,就业需求多,依靠安置地原有的产业基础和就业空间很难实现易地搬迁人口充分就业。通过实地调查发现,滇桂黔石漠化片区脱贫县政府结合本地实际情况,积极动员各种社会力量参与易地搬迁后续扶持,通过发展劳动力产业吸纳就业、发展帮扶车间吸纳就业、扶持移民自主创业和自主就业、开发公益性岗位兜底就业等方式,帮助易地搬迁劳动力在安置地城镇获得就近就业岗位。尽管非正规就业是易地搬迁人口就业的主要方式,但是在政府的扶持下,易地搬迁人口在安置地也获得了公益性岗位就业等其他就业方式。

　　滇桂黔石漠化片区易地搬迁人口在安置地就业治理是地方政府、市场主体、社会组织、移民安置社区组织、易地搬迁家庭多元主体复杂互动的过程。其治理逻辑集中体现为三项治理机制,即"政府+市场主体"移民就近就业治理机制、"政府+社区"移民就近就业治理机制、"政府+社会组织"移民就近就业治理机制。

　　如图3-1所示,滇桂黔石漠化片区易地搬迁人口在安置地就业治理逻辑表现为,安置地政府在上级的支持下积极建设产业园区的水、电、路、网、厂房等配套设施,出台扶持发展帮扶车间优惠政策措施,依靠东西部协作、定点帮扶等机制引导各东部地区劳动密集型企业到安置地投资兴业,促进安置地二三产业发展,为留守或返回安置地就业的易地搬迁劳动力提供以非正规就业为主的就业机会;安置地政府以地方财政为主要来源,支持易地搬迁安置社区开发保安、保洁等公益性岗位并聘请易地搬迁劳动力,实现易地搬迁劳动力就

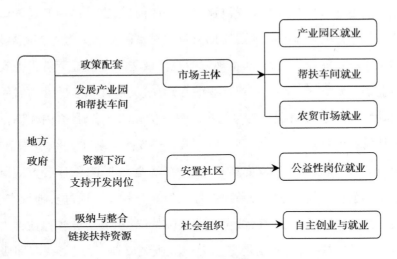

图 3-1　易地搬迁人口安置地城镇就业治理举措

业;安置地政府与工会、共青团、妇联等社会组织合作,通过社会组织的组织优势,动员社会力量支持有就业和创业意愿的易地搬迁人口在安置地实现自主创业和稳定就业。

二、"政府+市场主体"易地搬迁人口安置地就业治理

产业是就业的支撑。滇桂黔石漠化片区安置地经济基础薄弱,产业发展滞后,产业带动促进易地搬迁人口实现就业的能力较弱。政府与市场主体合作推进安置地产业发展,能为易地搬迁劳动力就近就业提供重要支撑。滇桂黔石漠化片区市场主体能力较弱,可通过东西部协作引导东部发达地区市场主体到安置地投资发展产业。2019 年,国家发展改革委等 10 部门联合印发《关于进一步加大易地扶贫搬迁后续扶持力度的指导意见》,强调东部协作省份地方政府要动员各类企业特别是劳动密集型企业和拟向海外转移的企业到对口援助地投资兴业,受援助地区政府要积极改善本地营商环境,加强安置区周边产业配套服务,加快从东西部对口帮扶地区定向引进企业发展安置地产业,带动易地搬迁劳动力就近就业。

劳动密集型产业是东部地区产业转移的主要产业类型,也符合西部脱贫地区易地搬迁安置地的产业发展需求。国家发展改革委等 20 部委联合印发的《关于切实做好易地扶贫搬迁后续扶持工作巩固拓展脱贫攻坚成果的指导意见》明确指出,要做大做强安置地优势产业,安置地政府要将易地搬迁安置点产业发展纳入"十四五"特色产业发展规划,支持城镇大中型易地搬迁安置区提升、新建一批配套产业园区,借助东西部协作和对口支援机制,引导安置地以多种方式与东部地区合作建设产业园。鼓励龙头企业在易地搬迁配套产业园投资兴业,引导企业参与推动配套产业园发展。

地方政府政策层面主要从产业园区建设上促进易地搬迁劳动力就近就业。如 2020 年 2 月中共广西壮族自治区委员会、广西壮族自治区人民政府印发的《关于进一步强化易地扶贫搬迁后续扶持工作的意见》强调,以县为单位制定易地搬迁安置区后续产业发展实施方案,明确产业发展的重点与实施路径,对城镇化安置易地搬迁人口要依托安置地各类产业园区、工业园区推动发展的文化体验、健康养生等新业态。2019 年 11 月,贵州省委、省人民政府印发《关于加强和完善易地扶贫搬迁后续工作的意见》提出,围绕脱贫地区的工业园区、产业园区等挖掘就业岗位,促进易地搬迁劳动力就近就业。2021 年 5 月,贵州省发布《关于高质量推进易地扶贫搬迁后续扶持工作的意见》提出,大力发展安置区产业,统筹县域资源发展适合易地搬迁人口就业的特色产业,投入各类政策资金推动安置地后续扶持产业融合发展,促进易地搬迁人口就近就业。云南省乡村振兴局印发《2021 年度巩固拓展易地扶贫搬迁脱贫成果工作要点》提出,要借助东西部协作和对口支援机制,帮助安置地引入实力较强的龙头企业,促进易地搬迁安置区后续产业发展,鼓励龙头企业在安置区附近建厂兴业、承接相关产业园区的开发、建设和运营。

发展帮扶车间是政府与市场主体协同帮扶易地搬迁人口就近就业的重要方式。安置地政府在承接东部劳动密集型产业的过程中,多数采用帮扶车间的产业发展方式。2019 年 10 月,国家发展改革委等 10 部委联合印发《关于进一步加大易地扶贫搬迁群众后续扶持工作力度的指导意见》提出,要通过东西部协作、对口支援形成的产业向脱贫地区易地搬迁安置区转移机遇创办就业帮扶车间。2020 年 2 月,国家发展改革委等 12 部委联合印发《关于印发 2020 年易地扶贫搬迁后续扶持若干政策措施的通知》强调,通过东西部协作、定点帮扶等机制引导东部地区企业聚焦大型易地搬迁集中安置区,在集中安置区周边对口援建劳动密集型、生态友好型扶贫车间。2021 年 4 月,国家发展改革委等 20 部委联合印发的《关于切实做好易地扶贫搬迁后续扶持工作巩固拓展脱贫攻坚成果的指导意见》要求,延续支持安置点配套扶贫车间的优惠政策,推动帮扶车间可持续发展。

滇桂黔石漠化片区相关省区结合本地实际,积极落实国家发展扶贫车间政策要求,细化帮扶车间发展政策内容。广西壮族自治区印发《关于进一步强化易地扶贫搬迁后续扶持工作的意见》提出,依托职业教育和东西部协作对口帮扶资源,预留场地扶持创业就业,创办就业扶贫车间。贵州省印发《关于加强和完善易地扶贫搬迁后续工作的意见》提出,开办扶贫车间和就业扶贫基地,开发弹性工作制就业岗位,重点促进留守妇女和老年人家门口就业。广西田阳为鼓励支持企业、社会组织和个人在易地搬迁安置区建设就业扶贫车间,帮助易地搬迁劳动力实现就近就业,实施了系列优惠政策,包括场地租金补贴、自建车间补助、规模车间奖励、稳定运营奖补、岗前培训补助、贷款贴息补助、带动企业奖补、带动就业奖补、社会保险补贴、基础设施服务等多项政策内容。

总体来看,从中央政策到地方政策均强调要引导市场主体(企业)来推动滇桂黔石漠化片区易地搬迁县份的产业发展,通过产业发展来带动易地搬迁人口在安置地城镇就业。中央政策着力点在于借助东西部协作和对口支援等政策设计在东部发达地区政府与滇桂黔石漠化片区政府之间建立产业协作的"桥梁",要求东部发达地区或中央定点单位推动本地区转移的劳动密集型企业到滇桂黔石漠化片区投资兴业,促进滇桂黔石漠化地区产业发展。作为东西部协作和对口帮扶的受援地区,滇桂黔石漠化片区地方政府政策着力点在于改善本地营商环境,从贷款、土地、配套基础设施等方面给予东部转移企业优惠政策,吸引东部发达地区劳动密集型企业入驻本地产业园,为易地搬迁劳动力安置地城镇就业提供岗位。可见,滇桂黔石漠化片区"政府+市场主体"的安置地就业治理中的"政府"包含中央政府、东部发达地区政府和滇桂黔石漠化片区政府多个层级的政府。政府间协作为东部发达地区劳动密集型产业向滇桂黔石漠化片区转移提供了重要推动力。这与经济学的产业梯度转移理论具有明显的不同。那么政府间协作推动的劳动密集型产业转移是否符合产业发展的规律呢?

从产业可持续发展来看,东西部协作、定点帮扶单位引导东部发达地区劳动密集型企业向滇桂黔石漠化片区转移是符合产业发展规律的。因为东部发达地区正在进行产业升级,且企业生产的人力资本、环保成本在逐年提高,这就迫使一些小型的劳动密集型企业要转移出东部发达地区,形成了东部发达地区劳动密集型企业向西部转移的"推力"。而滇桂黔石漠化片区人力资本水平大幅度地低于东部发达地区且具有较为丰富的廉价劳动力资源,加上滇桂黔石漠化片区出台了各项优惠政策,形成了东部发达地区劳动密集型企业向滇桂黔石漠化片区转移的"拉力"。东部发达地区劳动密集型企业向滇桂黔石漠化片区进行产业转移"推—拉"力作用也为"政府+市场主体"易地搬迁安置地就业政策提供了基础动力和保障。那是否就可以认为"政府+市场主体"易地搬迁安置地就业治理是非常稳固的一种扶贫生计创新的方式呢?转移到滇桂黔石漠化片区的劳动密集型企业往往以小微企业为主(往往以帮扶车间形式得到政府的扶持),企业产品的原料市场和消费市场均不在滇桂黔石漠化片区。产业的"两头在外"使得转移到滇桂黔石漠化片区的劳动密集型企业的稳定性不足,也会增加易地搬迁人口在安置地稳定就业的不确定性。

三、"政府+安置社区"易地搬迁人口安置地就业治理

政府依托安置社区促进易地搬迁人口在安置地就业主要包括两项内容，政府依靠安置社区组织向易地搬迁人口提供精准性、精细化的就近城镇就业服务，以及政府依靠安置社区为移民提供公益性岗位，促进移民在安置社区实现稳定就业。

党的十八届三中全会把"推进国家治理体系和治理能力现代化"作为全面深化改革的重要目标。2019 年 10 月，党的十九届四中全会通过的《中共中央关于坚持和完善中国特色社会主义制度　推进国家治理体系和治理能力现代化若干重大问题的决定》强调，要推进社会治理和服务重心下移基层，既要将资源下沉基层，也要促进基层治理的精准化和精细化。治理重心下移成为推进国家治理体系和治理能力现代化的一项基本要求。精准扶贫强调扶贫政策措施必须瞄准贫困人口发展需求，强调扶贫资源要到村到户。精准扶贫工作的目标任务加速了滇桂黔石漠化片区地方政府治理重心下移基层和社区。从就业扶持来看，滇桂黔石漠化片区的地方政府需要将治理重心和资源下沉到安置社区，全面掌握搬迁人口差异化的家庭情况和就业需求，并提供精细化的就业服务。

基层治理是国家治理的基石。安置地政府将治理重心和治理资源下移扶贫安置社区，由安置社区向移民提供精细化就业服务。2019 年 5 月，人力资源和社会保障部等 4 部委联合印发《关于做好易地扶贫搬迁就业帮扶工作的通知》，强调建立安置社区岗位信息常态化推送机制，依托社区治理体系向搬迁劳动力精准推荐就业岗位和职业培训信息；在大型城镇化安置社区设立公共就业服务站或服务窗口为易地搬迁人口提供综合性服务。2021 年 5 月，人力资源和社会保障部等 5 部委联合印发《关于切实加强就业帮扶巩固拓展脱贫攻坚成果助力乡村振兴的指导意见》，强调对易地搬迁人口就业状态分类实施动态监测，推进各类就业服务体系向基层和社区延展，将促进包括易地搬迁人口在内的脱贫劳动力就业作为村级综合服务平台的重要功能。

公益性岗位是兜底保障性就业扶贫措施。易地搬迁人口入住安置区后，部分移民弱劳动力无法依靠市场机制实现就业，通过开发安置社区公益性岗位能促进这部分移民实现就业。2018 年 8 月，人力资源和社会保障部与财政部联合印发《关于进一步加大就业扶贫政策支持力度着力提高劳务组织化程度的通知》，提出通过公益性岗位托底安置贫困人口就近就业，脱贫县按相关政策和资金管理规定，统筹利用各类资金开发保洁员、绿化员、护路员、护林员、治安协管员、留守儿童看护员等公益性岗位。2020 年 6 月，人力资源和社会保障部等 7 部委联合印发《关于进一步用好公益性岗位发挥就业保障作用的通知》，强调把公益性岗位作为稳定和扩大就业的重要举措，根据就业援助对象特点和需求设计服务路径和扶持举措，实施精准分类扶持。脱贫攻坚战全面胜利后，2021 年 5 月，人力资源和社会保障部等 5 部委联合印发《关于切实加强就业帮扶巩固拓展脱贫攻坚成果助力乡村振兴的指导意见》，强调公益性岗位的规模要保持总体稳定，强化公益性岗位的统筹使用，优先向符合条件的易地搬迁劳动力等脱贫劳动力尤其是弱劳动力、半劳动力倾斜，根据实际情况及时调整公益性岗位对象的条件，保持同一区域内类似岗位间聘任标准、待遇保障水平等基本统一，促进公益性岗位管理更加规范。

易地搬迁劳动力是公益性岗位开发的重点对象。2019 年 7 月，国家发展改革委等 10 部委联合印发《关于进一步加大易地扶贫搬迁后续扶持力度的指导意见的通知》，强调对易地搬迁劳动力中确实难以通过市场就业的劳动力，通过公益性岗位托底安置。2021 年 4 月，国家发展改革委等 20 部委联合印发《关于切实做好易地扶贫搬迁后续扶持工作巩固拓展脱贫攻坚成果的指导意见》，提出完善易地搬迁人口安置点就近按比例安排就业机制，基层社会管理和公共服务项目要安排一定比例的岗位用于帮助易地搬迁劳动力实现就近就业。滇桂黔石漠化片区的省份在公益性岗位就业托底上也强调要瞄准难以通过市场机制实现就业的易地搬迁劳动力。2020 年 2 月，广西壮族自治区出台《关于进一步强化易地扶贫搬迁后续扶持工作的意见》，强调要拓展易地搬迁劳动力的就业渠道,加强对易地搬迁劳动力进行托底安置就业,统筹开发保洁员、绿化员、护路员、护林员、治安协管员、留守儿童看护员等公益性岗位,促进易地搬迁劳动力在安置地就业。2020 年 12 月,贵州省出台《中共贵州省委办公厅、贵州省人民政府办公厅关于高质量推进易地扶贫搬迁后续扶持工作的意见》,强调新增或调剂公益性岗位要优先安置通过市场机制难以就业的易地搬迁劳动力。

总体来看,"政府+安置社区"易地搬迁劳动力安置地就业治理是在国家治理重心下移基层和社区之后形成的易地搬迁安置地就业治理。一是政府把易地搬迁人口安置地就业治理"下移"易地搬迁安置社区,提高易地搬迁劳动力安置地就业帮扶的效益。人力资源和社会保障部门把治理重心下沉到易地搬迁安置社区,在安置社区建立就业服务站,由社区干部、易地搬迁群众担任安置社区服务站工作人员,设置企业用工、灵活就业、技能培训等服务窗口。借助安置社区就业服务站及社区网格化治理收集易地搬迁劳动力多样化的就业需求、技能培训需求,以及向易地搬迁劳动力传递相关就业政策和就业资源通告,如就业服务政策咨询、发布用工需求、技能培训信息等。在安置社区设置就业服务站增加易地搬迁人口安置地就业治理的组织力量,能有效提高易地搬迁人口安置地就业治理的行动效率。二是政府把易地搬迁人口安置地就业治理"下移"易地搬迁安置社区,实现了政府组织与社区网格化治理体系的有机衔接,推进了易地搬迁人口安置地就业帮扶的精细化治理。城镇化易地搬迁安置社区居住人口规模大、流动性强。不论是收集易地搬迁家庭劳动力就业信息、技能培训信息,还是向易地搬迁劳动力发布就业岗位信息、就业培训信息都需要依靠安置社区的网格化治理体系和组织力量,如社区干部、网格员、楼栋长(单元长)。将政府易地搬迁人口安置地就业治理"下移"到安置社区,充分赋权安置社区和社区就业服务站开展就业治理工作,可以有效衔接安置社区的网格化治理体系,借助社区的组织体系和组织力量,不仅能较好地完成仅靠政府部门无法完成的就业治理任务,也能有效推进易地搬迁人口安置地就业的精细化治理。

公益性岗位是就业帮扶的重要组成部分,是实现低就业能力脱贫人口稳定就业的兜底保障举措,应发挥公益性岗位"兜底线、救急难"作用。公益性岗位就业的对象是难以通过市场机制获取就业机会的易地搬迁人口中低就业能力的人口。滇桂黔石漠化片区政府在城镇安置社区开发公益性岗位帮助易地搬迁弱劳动力就业,一方面能让一些年龄偏大、体能下降、缺乏劳动力技能的低就业能力易地搬迁人口在力所能及的范围内通过简单劳动获得相应报酬,增加其家庭收入;另一方面,开发公益性岗位让易地搬迁人口参与安置社区治理,增进易地搬迁人口对社区的了解,提高其社区的认同感。更重要的是,开发安置社区公益性岗位能有效地解决安置社区在保洁、保安、弱势群体照料等社区服务供给中人手不足的问题,促进安置社区实现有效的服务供给。从实践来看,开发公益性岗位帮扶易地搬迁弱劳动力实现安置地就业的过程中,也出现了一些政策偏离的问题。如在脱贫攻坚时期,一些地方政府为了快速增加易地搬迁人口的收入,将不符合条件的易地搬迁劳动力(如丧失劳动能力的易地搬迁劳动力)安排到公益性岗位进行变相发钱,或者是对 1 名易地搬迁劳动力安排了多个岗位等问题。一些安置社区在开展公益性岗位招聘的过程中出现了优亲厚友、轮流坐庄等问题。因而,2021 年 5 月,人力资源和社会保障部等 5 部委联合印发的《关于切实加强就业帮扶巩固拓展脱贫攻坚成果助力乡村振兴的指导意见》强调,促进公益性岗位管理更加规范,严格开展公益性岗位安置人员身份核实认定,确保依法依规安置符合条件的易地搬迁劳动力,加强在岗人员履职情况监管,定期开展考核评价,重点放在考核工作成效、遵守规章制度和工作纪律情况,及时纠正查处不符合条件人员、优亲厚友、轮流坐庄、资金补贴一发了之、变相发钱等违法违规行为。

四、"政府+社会组织"易地搬迁人口安置地就业治理

社会组织是社会帮扶的核心主体,发挥了政府帮扶的有效补充作用。在

国家层面,中央政府强调动员群团组织(工会、共青团、妇联)、社会组织参与易地搬迁安置社区治理和促进易地搬迁劳动力就业。2021 年 5 月,人力资源和社会保障部等 5 部委联合印发的《关于切实加强就业帮扶巩固拓展脱贫攻坚成果助力乡村振兴的指导意见》强调,注重发挥工会、共青团、妇联等群团组织及其他社会组织作用,引导各类社会力量参与移民安置社区治理,提升安置社区治理整体水平,引导和扶持易地搬迁劳动力创业就业。

滇桂黔石漠化片区省份在落实中央政策要求时,注重从安置社区组织体系建设上吸纳群团组织及其他社会组织来完善易地搬迁安置社区治理。2020年 2 月,广西壮族自治区发布《关于进一步强化易地扶贫搬迁后续扶持工作的意见》,强调易地搬迁安置社区同步建立健全基层党组织、易地搬迁安置社区自治组织、社区群团组织、社会组织、经济组织,完善工作机制,形成以党组织为核心、易地搬迁安置社区自治组织为基础、社区群团组织和各类社会服务组织为纽带、经济组织为支撑的安置地基层组织体系。2020 年,贵州省印发《中共贵州省委办公厅关于印发〈贵州省工青妇组织实施"新市民·追梦桥"工程方案〉的通知》,要求工会、共青团、妇联等组织协调各类社会力量共同参与"新市民·追梦桥"工程和落实"五个体系"建设,即基本公共服务体系、培训和就业服务体系、文化服务体系、社区治理体系、基层党建体系。云南省乡村振兴局印发的《2021 年度巩固拓展易地扶贫搬迁脱贫成果工作要点》强调,推进社区、社会组织、社会工作"三社联动",支持引导社会组织、专业社会工作者参与社区服务,特别是要凸显出共青团特色,贴近易地搬迁青年实际需求,为易地搬迁青年劳动力提供订单式服务,帮助其解决收入、教育、医疗等方面的困难和问题,扶持易地搬迁青年劳动力创业。

相较于其他治理主体,社会组织参与易地搬迁人口安置地城镇就业治理具有专业性、精准性和灵活性等特点。具体而言,社会组织成员大多具有一技之长,可根据自身的特点和专业优势为易地搬迁人口实现安置地城镇就业链接发展资源,同时还可以通过专业优势引导易地搬迁人口积极参与,增强内生发展能力。社会组织参与帮扶以满足易地搬迁人口的发展需求为导向,并且通过参与式方法准确把握易地搬迁人口的就业能力和岗位需求,使得易地搬迁人口实现城镇就业过程中逐步提高发展的信心,体现出社会组织帮扶的精准性。社会组织决策过程相对简单,运作起来更加灵活,能够灵活调整帮扶策略和帮扶措施,为易地搬迁人口寻求更为契合的就业帮扶资源。从实践上看,滇桂黔石漠化片区县份社会发展程度比较低,本土社会组织数量很少,政府购买社会组织服务的制度和运行机制也不健全,真正参与到易地搬迁人口安置地就业治理的社会组织主要是具有政府背景的工、青、妇等群团组织。由于群团组织往往将某一类人群作为服务对象,因而滇桂黔石漠化片区"政府+社会组织"易地搬迁人口安置地城镇就业治理也具有"专项"特点,即针对某一类易地搬迁人口城镇就业的治理与帮扶。如妇联组织倾向于与民政部门合作,针对女性易地搬迁劳动力安置地城镇就业开展合作治理;共青团组织借助自身资源优势帮助青年易地搬迁劳动力实现安置地城镇就业。

第三节　易地搬迁人口安置地就业的实践创新

安置地城镇就业是易地搬迁劳动力迁移至安置地发展生计的主要方式。滇桂黔石漠化片区易地搬迁劳动力在政府、市场主体、社会力量等多元主体的帮扶下提升就业能力,获取安置地就业信息,实现稳定就业。下面将从产业园区就业、帮扶车间就业、农贸市场就业、公益性岗位就业、安置地创业等就业方式呈现滇桂黔石漠化片区易地搬迁人口安置地城镇就业的实践情况。

一、易地搬迁人口产业园区非正规就业

（一）广西隆安县易地搬迁人口产业园区就业实践

隆安县位于广西西南部,隶属于广西省会南宁市。"十三五"时期,隆安

县是国家级贫困县、滇桂黔石漠化片区贫困县。"十四五"时期,隆安县是广西壮族自治区乡村振兴重点帮扶县。隆安县地处桂西南岩溶山地,丘陵地貌占比48.29%,喀斯特地貌占比31.5%。"十三五"期间,隆安县列入石漠化片区范围的9个乡镇有建档立卡贫困人口18831户71602人。基于石漠化片区群众走出大山到县城、产业园生活的愿望和需求强烈,隆安县政府大力实施城镇化易地搬迁人口安置,在县城周边建设震东集中安置区,安置来自9个乡镇的易地搬迁人口5847户24423人。

为解决易地搬迁人口在安置地的就业问题,隆安县通过政策融资、争取上级专项补助资金、地方配套投资、争取粤桂帮扶资金等多渠道筹措易地扶贫搬迁资金,建设符合易地搬迁人口就近就业的劳动密集型产业园。隆安县政府积极推进产业园水电路气基础设施建设,通过政府统建、开发商自建、企业独立建立等多种方式建设标准厂房,通过东西部协作积极引导外地企业落户产业园。隆安县易地搬迁安置配套产业园共引入了开富时利、三礼电子厂等57家企业入园发展,带动易地搬迁人口就近就业。2018年至2020年,隆安县发放技术改造补助、租赁厂房补助等各类补助资金7347.05万元。

1. 易地搬迁人口三礼电子厂就业

三礼电子厂是隆安县震东集中安置区农民创业园引入的一家企业,主要生产各类电子元器件。2019年,三礼电子厂项目开工建设,厂区建设面积约15万平方米,规划提供就业岗位1200个。2020年10月开始投入试运营,企业招收工人400余人,其中相当一部分员工为居住在震东集中安置社区的易地搬迁劳动力。经过1年多的经营,三礼电子厂产能进一步提升,截至2021年9月,三礼电子厂招入本地工人900余人。在三礼电子厂务工的易地搬迁劳动力实行计件工资制度,保底月工资3500元(其中有政府的就业补助1000元),加上计件增加的部分,企业的工人最高月工资可达到7000元。三礼电子厂工人以30岁至50岁的女性劳动力为主,她们工作时间从早上8点到晚上8点,中午吃饭休息1小时,晚上吃饭休息半小时。有接送小孩上学任务的易地搬迁工人可向企业请假 1 个小时去接小孩放学,不扣工资。

2. 易地搬迁人口富利时公司就业

广东富利时公司是隆安县依托粤桂协作引入震东集中安置区配套产业园的一家劳动密集型企业。该企业主要生产儿童地垫、运动场地垫。2017 年,广东富利时公司在南宁·茂名招商引资推介会上签约落户隆安县易地搬迁震东集中安置区产城融合区。广东富利时企业的厂区占地 90.7 亩,项目建设投资 1.8 亿元,总建筑面积 5 万平方米。项目建设了生产车间、材料大楼、技术研发中心等,建设 8 条生产线,其中传统生产工艺 5 条,新生产工艺 3 条,年产 900 万套各类儿童地垫及运动场地塑胶地垫,年产值约 1.8 亿元,年纳税金约 300 万元,可为当地提供就业岗位 800 个。截至 2021 年 9 月,广东富利时公司共吸纳易地搬迁劳动力 306 人。工人工作时间从早上 8 点到下午 6 点,工作时间 9 小时。工人工资采取计件方式计算,工人月工资在 3000 元左右。上班时到了小孩放学时间,也可以申请外出接送小孩。为引进广东富利时公司落户产业园区,隆安县政府出台的扶持措施包括:全程代办各项前期工作;按园区工业用地基准地价(8.9 万元/亩)的 70%供地;按南宁市标准厂房补助标准给予 200 元/平方米扶持轻钢结构厂房建设;根据就业人员工资水平和工作时长,支付企业培训易地搬迁劳动力培训补贴费费用,按培训 1000 元/人标准;每安排 1 名易地搬迁劳动力稳定就业,一次性给企业 5000 元带动易地搬迁人口就业奖补。

(二) 广西田阳区易地搬迁人口产业园区就业实践

田阳区位于广西西部,隶属广西百色市。脱贫攻坚时期,田阳区是滇桂黔石漠化片县(区)、广西壮族自治区省级贫困县(区)。根据地形地貌划分,田阳区分为三大区域,南部石山区为喀斯特地貌,占总面积的 59.83%,属典型石漠化地区,区内石山峰林立,生态环境脆弱、资源匮乏、土地贫瘠;北部土山区为砂岩地貌,占总面积的 24.2%,区内土山连绵,植被茂盛;中部为右江河谷平原,占总面积的 15.97%,土质肥沃,水利条件好。田阳区地理地貌特征差异明显,贫困人口主要集中在喀斯特地貌特征的南部石山区,南部石山区建档立卡脱贫人口占田阳全区脱贫人口的 84.27%。

"十三五"时期,田阳区将易地搬迁作为打赢脱贫攻坚战的重要抓手。在位于中部河谷地区的县城附近建立了老乡家园易地搬迁集中安置点,将南部石山地区农村贫困人口大规模搬迁安置在老乡家园安置点。田阳区老乡家园易地搬迁工程 2014 年开始建设老乡家园第一期,2015 年建设老乡家园第二期,2017 年建设老乡家园第三期,共安置来自南部石山区 7 个乡镇的易地搬迁人口 5612 户 22456 人。易地搬迁人口安置后,田阳区立足区位优势和资源优势,以"两园一区"[新山铝产业示范园、深百(南田)众创产业园、综合工业园区]为平台,借助东西部协作机制加大招商引资力度,积极发展园区产业,带动易地搬迁人口在安置地就业。

1. 易地搬迁人口深百(南田)众创产业园就业

田阳区借助深圳市对口帮扶百色市契机,争取深圳帮扶资金建立了深百(南田)众创产业园。产业园位于田阳区老乡家园旁边,占地面积约 1 万亩,总建筑面积 294 万平方米,分为劳动密集型产业集中区和高新技术产业集中区两大板块。自建立以来,深百(南田)众创产业园引入了农副产品精深加工、现代仓储物流、高新轻工业加工等产业的企业进驻。同时,园区内也建设了标准厂房、孵化基地、就业培训基地、轻工加工产业生产基地等。产业园一期面积 1000 亩,总投资约 6.68 亿元,建设钢架结构标准厂房 9 栋、中型厂房 4 栋、大型厂房 3 栋,4 栋产品综合展厅,以及园区道路、供排水、供电、网络和绿化等基础设施。项目建成后安排了 30—50 家中小微企业入驻园区,可为本地提供约 2000 个就业岗位,实际在产业园区就业的易地搬迁劳动力占比约五分之一。易地搬迁劳动力在产业园区就业每天工作时间为 8—10 小时,工资按照计件计算,工人工资一般是 2000 元至 3000 元。

2. 易地搬迁人口综合工业园区就业

田阳综合工业园区总体规划面积 2251.59 公顷,实行"一区二片区"的开发管理模式,按照片区所在区域分为城东轻工业片区、红岭坡工业片区。城东轻工业片区以农副产品物流及本地资源型农副产品加工业为主,内有综合小商品批发市场等。城东工业片区位于田阳城区东部,有广西福民食品有限公司、田阳嘉佳食品有限公司、广西田阳冠誉包装制品有限公司、百色壮乡河谷农业科技有限公司等 25 家企业,可安排本地劳动力就业 2000 多人,易地搬迁劳动力就业占比约五分之一。红岭坡工业片区位于田阳区右江河上游,南至那坡镇尚兴村新村,北到头塘镇二塘村。红岭坡工业片区规划面积 867.85 公顷。片区发展定位以原糖加工及造纸、建材、矿产品加工为主,包括纸品生产、制糖产业、冶炼产业、建材加工、矿产加工等。工业片区已有制糖、造纸、建材、石材、水泥、冶炼等一批支柱产业企业,是田阳区规模以上工业企业的聚集地。红岭坡工业片区内入驻南华糖业公司、南华纸业公司等 25 家企业,安排了本地劳动力就业 3000 多人,其中易地搬迁劳动力占比约六分之一。

（三）广西大化县易地搬迁人口产业园区就业实践

大化县位于广西中部,隶属广西河池市。大化县是滇桂黔石漠化片区县、原国家级贫困县,脱贫摘帽后也是国家级乡村振兴重点帮扶县。全县石山面积占比 90%,其中石漠化土地面积占比 50.93%,人均耕地面积不足 0.8 亩,局部地区在 0.3 亩以下。"十三五"期间,大化县农村深度贫困人口主要分布在县内严重石漠化山区和耕地匮乏的库区。这些区域交通闭塞、自然条件差、生态脆弱,生产力水平低,农民贫困程度深,脱贫难度很大。为此,大化县将易地搬迁作为打赢脱贫攻坚战的重要举措,向县城和城镇搬迁安置农村建档立卡贫困人口 6480 户 29382 人。其中,2203 户 10002 人建档立卡贫困人口搬迁安置于县城内的古江安置社区,3070 户 13917 人建档立卡贫困人口搬迁安置在县城周边的拿银集中安置社区。为促进易地搬迁人口在安置地稳定就业,大化县政府在县城安置社区周边配套建设产业园区,通过东西部协作引入劳动密集型企业进驻产业园区,为易地搬迁人口提供就业岗位。

1. 易地搬迁人口拿银就业创业基地就业

拿银就业创业基地位于拿银集中安置区附近,属于拿银安置区后续配套产业项目之一。拿银就业创业基地规划占地7亩,总投资约401万元,建成钢结构标准厂房约4000平方米及其他配套基础设施。拿银就业创业基地建成后进驻了大化旺成玩具有限公司等多家劳动密集型企业。大化旺成玩具有限公司2019年8月进驻拿银就业创业基地。公司主打生产塑胶玩具、电动玩具、糖果玩具、工艺品等系列玩具品牌,产品远销俄罗斯、加拿大、日本、欧美等国家和地区。大化旺成玩具有限公司厂区配套新型注塑机13台,移印机20台,喷油机20台,喷油拉5条、装配拉3条、无尘装配1套等,设喷油车间、画油车间、移印车间、装配车间、包装车间,年生产规模达1000万元以上,招聘工人150多人,其中易地搬迁劳动力约50人。工人月保底工资1920元,熟练工人正常月工资达3000—4000元。公司结合易地搬迁劳动力特点设置了8小时和10小时不同工作时段。8小时工作时段,能方便有接送小孩任务的易地搬迁工人兼顾家庭照料与就业。10小时工作制可以满足为增加收入而需要加班的易地搬迁劳动力。易地搬迁劳动力进厂就业在试用期内实行月保底工资待遇和免费培训制度,试用期和培训期为1个月,特殊原因可延长至3个月。企业放宽了招工条件,招聘易地搬迁劳动力不限学历和年龄,只要眼神好、手脚灵便,都可以到厂内务工就业。

2. 易地搬迁人口农民工创业园就业

大化县整合县城区优质资源建设了农民工创业园。大化县农民工创业园占地800亩,计划投资5.71亿元,创业园建筑面积26.8万平方米。农民工创业园内建设了创业孵化区,占地达到200亩,建筑面积3.5万平方米,设立创业就业服务中心、创业孵化基地、创业就业培训中心和电子商务中心;建设了仓储物流园区和劳动密集型产业厂房区,占地600亩,建筑面积23.3万平方米,重点引入电子商务、物流、旅游服务等商贸服务企业和毛织制衣、鞋帽加工、电子玩具、礼品生产、竹藤编织、奇石精装、竹木根雕、食品、农副产品加工等无污染劳动密集型产业企业,配套工商、税务、就业社保等"一站式、一条龙"服务。农民工创业园可提供就业岗位10000个以上。截至2021年9月,农民工创业园已经引进45家小微劳动密集型企业入园置业,正式开工投产42家,园区内就业人数482人,其中吸纳易地搬迁劳动力384人。另外,园区内一些企业向各乡镇发包订单带动1423人就业,易地搬迁人口在创业园区就业月收入1800元至4500元。

（四）小结

在建设易地搬迁安置区的同时配套建设产业园区,通过东西部协作机制等引导区域外企业入驻产业园发展劳动密集型产业,带动易地搬迁人口安置地城镇就业,是脱贫攻坚期间城镇化安置易地搬迁后续扶持的重要实践探索。从滇桂黔石漠化片区易地搬迁配套产业园区就业的案例来看,政府在产业园区建设上投入了大量的资金,引入的劳动密集型企业的规模也比较大,企业在产业园区的稳定性也比较强,多数企业入驻产业园区的时间达到或超过3年。产业园区和入园企业不仅为易地搬迁劳动力安置地城镇就业提供了较大规模、较为稳定的就业岗位,而且有效促进了滇桂黔石漠化片区县第二产业发展和经济增长,增加了当地政府的财政收入。

在实地调查中发现,产业园区企业工人中易地搬迁劳动力的比例还不够高,多数企业的员工大部分是非易地搬迁劳动力。究其原因有以下四个方面。一是产业园区劳动力密集型企业支付的员工工资比较低且工作时间比较长。企业支付给员工的月工资一般都不超过3000元。绝大多数企业采取计件工资制度,员工要想获得更高的工资报酬就必须工作更长的时间。调研发现,一些易地搬迁劳动力在产业园区就业工作时间甚至可长达12小时/天。二是企业对员工考勤和管理比较规范和严格。入驻配套产业园区的企业规模较大、生产订单也比较多,为了不耽误订单生产,企业对员工采取了比较严格的管理制度,不会轻易让员工请假,缺勤也会被扣钱。三是易地搬迁劳动力比较难以遵从园区企业的考勤和管理制度。易地搬迁人口长期生活在农村,传统观念比较浓厚。尽管他们搬迁到了城镇安置社区,但他们对传统习俗看得比较重,农村老家亲戚朋友的红白喜事、传统节日或习俗他们都是要回去参加的。这就与园区企业严格的考勤和管理制度相冲突。四是易地搬迁人口兼顾迁出地农业生产,很难长期持续在园区企业务工。滇桂黔石漠化片区易地搬迁人口长期生活在农村,特别是年长一些的易地搬迁人口对乡村土地有着独特的情感。他们搬迁到城镇安置社区后,多数易地搬迁人口仍继续兼顾耕种老家的土地。易地搬迁人口季节性地返回农村老家从事农业生产,也与配套产业园区内企业对员工管理和考核产生了冲突。总而言之,滇桂黔石漠化片区城镇化安置点配套产业园区就业工资水平比较低、工作时间长,易地搬迁人口传统观念浓厚、重土情结等多方面原因使易地搬迁人口没有将在产业园区就业视为非常重要的生计方式。相应地,产业园区入驻企业的员工中易地搬迁员工的比例较低。

二、易地搬迁人口安置地帮扶车间就业

帮扶车间是经山东省菏泽市甄城县首创并在全国范围推广的一种创新扶贫模式。帮扶车间是以扶贫为目的,以妇女、老人等为主要对象,以农产品初加工、手工业、来料加工经营等为主要业务,设在乡、村的加工车间。扶贫车间的特点是劳动密集型、技术要求低,农村劳动力能在家门口就业,尽管收入水平较低(每天20—100元不等),但是工作比较灵活,劳动力可以较好地兼顾家庭照料。

2015年11月,山东省菏泽市甄城县董口镇党委书记到代堂村走访,受村民自建的发制品加工点"小窝棚"启发,探索建设帮扶车间。之后,菏泽市出台政策,通过财政扶持、援建捐建等方式,把"小窝棚"升级改造成"帮扶车

间"。2016年9月,菏泽市承接了全国产业精准扶贫现场观摩会,积极推广菏泽市发展帮扶车间的经验。2017年2月,帮扶车间成为中央政治局第39次集体学习时的12个精准扶贫案例之一。2017年9月,国务院扶贫办将全国帮扶车间现场会移到菏泽召开。2017年12月,中西部22个省份建立帮扶车间2万多个,吸纳贫困人口14.9万人。帮扶车间也成为帮助易地搬迁人口在安置地的家门口就近就业的重要举措,在全国各地全面铺开。下面将结合国家关于帮扶车间政策,论述广西滇桂黔石漠化片区县帮扶车间促进易地搬迁劳动力在安置地城镇就业的实践探索。

(一)帮扶车间促进易地搬迁人口就业的政策举措

2016年12月,人力资源和社会保障部、财政部、国家乡村振兴局联合印发《关于切实做好就业扶贫工作的指导意见》,首次提出将发展帮扶车间作为促进贫困人口就近就业的举措,强调要支持企业在乡镇(村)创建帮扶车间,积极组织贫困劳动力从事居家就业和灵活就业。2018年6月发布的《中共中央　国务院关于打赢脱贫攻坚战三年行动的指导意见》明确提出,通过吸纳建档立卡贫困人口就业补贴、帮扶车间场地租赁补贴、贷款优惠等方式,支持市场主体积极发展帮扶车间,促进贫困劳动力就近就业。2019年6月,国家发展改革委联合国家乡村振兴局等10部门印发《关于印发〈关于进一步加大易地扶贫搬迁后续扶持力度的指导意见〉的通知》,提出动员东部地区劳动密集型企业到脱贫地区创办帮扶车间,拓宽易地搬迁人口就近就业渠道。2020年,国家发展改革委联合12部委印发《关于印发2020年易地扶贫搬迁后续扶持若干政策措施的通知》,强调引导东部地区企业聚焦大型集中安置区发展劳动密集型、生态友好型帮扶车间。2021年,国家发展改革委等20部委联合印发的《关于切实做好易地扶贫搬迁后续扶持工作巩固拓展脱贫攻坚成果的指导意见》要求,各地要延续支持安置点配套帮扶车间的优惠政策,推动帮扶车间可持续发展。

广西围绕发展帮扶车间促进就近就业出台了《广西壮族自治区人力资源和社会保障厅 广西壮族自治区财政厅 广西壮族自治区扶贫开发办公室关于做好就业扶贫车间建设吸纳贫困劳动力就业的通知》《广西壮族自治区人民政府办公厅关于印发进一步加快全区就业扶贫车间建设工作实施方案的通知》等多个文件,对就业帮扶车间的认定、扶持政策、奖补资金申请拨付程序、建设规划、规范管理、工作要求等进行了详细规定。把建设和认定帮扶车间分为工厂式就业帮扶车间、居家式就业帮扶车间、种养式就业帮扶车间、贸易流通式就业帮扶车间和乡村旅游式就业帮扶车间 5 种类型。在扶持政策上分为3 类,即扶持经营主体、扶持就业帮扶车间建设和扶持易地搬迁人口等贫困人口务工。

扶持经营主体的政策措施包括:就业帮扶车间租用村集体场地进行经营,给予60%的实际场地租金补助,但每月不超过 1 万元;就业帮扶车间帮助易地搬迁人口解决就业问题并签订劳务协议,给予帮扶车间企业 1000 元/人的带动就业补贴;就业帮扶车间吸纳易地搬迁劳动力等建档立卡贫困劳动力就业后,需要对其进行岗前培训的,按照培训的实际支出给予补贴,但人均不超过1000 元;雇佣易地搬迁劳动力持续 6 个月且签订超过 1 年用工合同的就业帮扶车间为易地搬迁劳动力缴纳社会保险,政府给予社会保险补贴。补贴发放不超过 3 年,补贴费用不包括易地搬迁劳动力个人应缴纳的社会保险费用;对带动易地搬迁劳动力发展特色产业的经营主体贷款给予优惠政策,符合条件的经营主体申请贷款给予全额或一定比例的财政贴息补助,扶贫项目贷款在规定限额内不能高于同期中国人民银行贷款基准利率,财政贴息补助不超过3 年。其中对在滇桂黔石漠化片区县注册成立且直接带动易地搬迁人口发展产业的经营主体,按每年每家扶贫龙头企业最高不超过 1000 万元、其他经营主体最高不超过 100 万元的贷款额度给予全额贷款贴息补助;对提高货物周转率以及降低物流成本的经营主体实行产品流通补助,包括对租赁托盘补助(2 年期),对达到标准要求的现代商贸流通供应链补助投资总额的 30%,但总额不得超过 200 万元。

扶持就业帮扶车间建设的政策举措包括:给自行建立并持续运转 6 个月以上的就业帮扶车间发放一次性建设补助 3 万元,要求是吸纳易地搬迁劳动力等劳动力数量 30 人以上且吸纳的劳动力持续时间 6 个月以上获得的工资不低于 6000 元/人;为就业服务车间建设建立装电和用电的"绿色通道";对投资援建就业帮扶车间的主体给予表扬等奖励,鼓励其投入更多资源建设就业帮扶车间;开展就业帮扶车间星级评比活动,制定相应的评比标准。

扶持易地搬迁人口就近就业政策措施包括:对在家里参与就业帮扶车间产品生产的易地搬迁人口进行补贴。补贴易地搬迁人口自行采购相应的生产设备,每户补贴的金额不超过 1 万元;县级政府根据易地搬迁人口就业意愿、就业能力以及就业帮扶车间的用工需求,按照"雨露计划"短期培训的要求,将易地搬迁人口纳入"雨露计划"短期技能培训补助范围,组织开展培训;降低易地搬迁人口等扶贫对象的网费和电话费,降低易地搬迁人口参与就业帮扶车间产品生产的成本。

(二) 广西田阳区易地搬迁人口帮扶车间就业实践

广西壮族自治区出台发展就业帮扶车间带动易地搬迁劳动力等贫困劳动力就近就业政策之后,广西百色市田阳区制定了《田阳区人民政府办公室关于印发〈田阳区推进就业扶贫车间发展实施方案〉的通知》《田阳区人民政府办公室关于印发〈田阳区进一步加快就业扶贫车间建设工作实施方案〉的通知》《田阳区人民政府办公室关于印发田阳区脱贫攻坚三年行动期间(2018—2020 年)创办就业扶贫车间十五条优惠政策的通知》等多个文件,严格按照中央和广西壮族自治区的要求扶持和发展田阳境内的就业帮扶车间。截至2019 年底,田阳区已建成就业帮扶车间 35 家,涵盖电子产品加工、服装加工、伞类加工、皮具加工、风扇加工、木材加工、塑料筐制作、纸箱印刷等多个行业,其中已认定并运转的就业帮扶车间有 20 多家,带动建档立卡贫困劳动力就业

415 人,其中易地搬迁劳动力占比 80.96%,政府向就业帮扶车间发放补贴 12.6 万元。如百色市彩宏伞类制造有限公司是一家集生产、加工、经销批发于一体的综合型雨伞生产企业,总公司位于广东深圳,经田阳区人民政府招商引资于 2019 年 3 月正式在田阳易地搬迁安置点老乡家园三期内落户投产,创建就业帮扶车间。该帮扶车间有专业的小伞流水线,大伞流水线以及帐篷生产线等多条正规化生产线。该帮扶车间招到员工 80 人,其中易地搬迁劳动力 30 人。工人工资采取计件制方式支付,员工根据劳动能力强弱,月工资收入在 1800—3000 元。

为满足老年群众居有所安、居有所依、居有所乐,增进感情、睦邻和谐、融入生活,2020 年 8 月,广西隆安县震东集中安置社区在社区旁创立了"夕阳红幸福工坊"(帮扶车间)。工坊面积约 400 平方米,与安置区内的老年人日间照料中心相连,兼具手工技能培训、产品外发、休闲娱乐等综合功能。工坊内主要进行手工插花技能培训、生产加工等,每天有近 40 名易地搬迁老年劳动力在工作坊就业,另外还外发手工产品覆盖易地搬迁劳动力约 470 人,方便易地搬迁老年群众"楼上居住、楼下劳动",易地搬迁劳动力务工收入 10—30 元。依托工坊就业,易地搬迁老年人既能兼顾接送小孩上学放学、做家务,又可灵活参与劳作增加收入,获得"感情上有交流、心理上有依托、经济上有收入"多层收获。

(三) 云南广南县易地搬迁人口帮扶车间就业实践

广南县隶属云南省文山壮族苗族自治州,属于滇桂黔石漠化片区县。广南县莲城镇建设的圆梦安置社区居住着来自全县 18 个乡(镇)70 个行政村的易地搬迁人口,共计 1596 户 8034 人。圆梦安置社区居住着壮族、汉族、苗族、瑶族、彝族等 10 个民族的易地搬迁人口,少数民族占 66.9%。圆梦安置社区共有 3800 多个劳动力。搬迁安置后,广南县政府高度重视易地搬迁人口安置地就业,多方筹集资金,在圆梦社区安置点建立 2500 平方米的扶贫车间,引进了广南行致远鞋业有限公司、广南荣达源服装有限公司、圆梦园稳岗就业帮扶实训基地、助残手工坊等多个就业扶贫车间。其中广南行致远鞋业有限公司共投放60台机械设备生产鞋子,销往广东、广西等地,年产值达300万元,带动圆梦社区20多名易地搬迁人口实现就业,工资2000—4000元。广南荣达源服装有限公司以生产服装为主,投放全套先进针车设备50台,可解决100余人就业,带动圆梦社区30名易地搬迁劳动力实现就业,月平均工资3500元左右。

(四) 小结

总体来看,帮扶车间就业方式缘起于村庄内部的手工小作坊。由于其就业方式的灵活性,很适合弱劳动力就业,很快便成为重要的扶贫方式。帮扶车间的类型也从手工品小作坊衍生出工厂式帮扶车间、居家就业帮扶车间、种养式就业帮扶车间、贸易流通式帮扶车间、乡村旅游式就业帮扶车间等多种类型。帮扶车间也从手工品生产拓展到种养产业、旅游产业、贸易流通等多个领域。城镇化安置的易地搬迁安置社区聚集了大量的老人等弱劳动力。帮扶车间就业灵活、技能要求低,在相关政策的扶持下,滇桂黔石漠化片区城镇安置社区周边帮扶车间数量不断增多,帮扶车间很快便成为促进易地搬迁人口家门口就业的重要方式。由于帮扶车间的认定条件比较宽松,在一些滇桂黔石漠化片区县份只要带动5名易地搬迁劳动力或其他脱贫劳动力稳定就业(就业时间超过半年)的企业就可以认定为就业帮扶车间。因而越来越多入驻易地搬迁安置区配套产业园区的企业申请认定成为就业帮扶车间。然而多数就业帮扶车间的规模比较小,属于小微企业类型。它们往往缺少稳定的市场销售(订单)网络,生产和投入的波动性比较大。可能在一个月内来了大量的生产订单,也可能几个月下来也没几个订单。因而,就业扶贫车间赋予了员工比较灵活的方式(如可将产品带回家生产),同时也带来了较差的就业稳定性。小微企业的就业扶贫车间规模小、产值低、利润少、生命周期短,按照计件工资方式支付员工的报酬也比较低。实地调查发现,一些易地搬迁弱劳动力(如老人、残疾人等)在安置点周边的就业帮扶车间务工,拿到的酬劳多数是 20—30 元/天。相比在报酬比较低、稳定性比较差的就业帮扶车间务工,相当部分的易地搬迁劳动力更愿意返回迁出地发展农业生计。

三、易地搬迁人口农贸市场就业

农贸市场就业涉及农产品的简易加工、运送、装卸等工作,劳动力需求较多,农贸市场就业是非正规就业的重要方式。在县城安置的易地搬迁人口可依托县城各类农贸市场获得一定的就业机会。下面结合广西田阳区等滇桂黔石漠化片区县介绍城镇化易地搬迁人口农贸市场就业的情况。

(一) 广西田阳区易地搬迁人口农贸市场就业实践

广西田阳区中部河谷地区,尽管面积占比较低,但是土壤肥沃,光热充足,水利条件好。依靠独特的河谷平原和独特的气候优势,田阳种植芒果、小番茄(圣女果)等特色果蔬历史悠久、面积广。2018 年种植芒果 39.7 万亩,产值 13 亿元,种植茄果类蔬菜 22.4 万亩,产值 12 亿元。田阳是中国第一个"芒果之乡"、全国蔬果名县区、"南菜北运"基地,每年农产品远销北京、上海、广州等国内 200 多个大中城市及越南等国家和地区。田阳蔬果销往全国及国外,除了逐步建立了现代物流体系外,也与田阳的完善农贸市场体系有关。田阳在 20 世纪 90 年代就建立了西南地区最大的农副产品产地批发市场,脱贫攻坚期间又建立了广西田阳城东果蔬菜批发市场、三雷农贸批发市场等多个农贸市场,成立了三雷老韦物流、壮乡河谷公司、中国—东盟现代农业物流园等具有大规模冷链的物流企业。田阳的芒果、番茄产业已形成了完整的"种植—收购—包装—运输"链条。

芒果上市用工为每年的 5 月至 8 月,番茄等果蔬上市用工时间为每年 10 月至次年的 2 月。田阳区芒果、番茄等蔬果农贸批发全年用工时长为 9 个月。

根据田阳区政府测算,田阳芒果产业链(城区附近的芒果采摘、选果、包装、运输等)能提供6万多个工作岗位,其中易地搬迁人口等贫困农户参与芒果产业用工5000多人。田阳番茄产业链(城区附近的番茄采摘、选果、包装、运输等)提供了11.8万人次的用工量,其中易地搬迁人口等脱贫群众参与产业用工3.2万人次。田阳农副产品综合批发市场等农贸市场距离老乡家园等易地搬迁安置区不远,易地搬迁人口可以通过到城区农副产品批发市场务工,到城区附近的番茄、芒果产业园务工获得工资性收入。根据田阳区政府的统计,每年约7000名易地搬迁劳动力到老乡家园周边的三雷农贸批发市场、古鼎香农贸批发市场务工。以广西田阳农副产品综合批发市场为例,一个劳动力通过选果、装卸等工作,一天收入可达120元左右,一个月收入3000元左右,一年用工平均3个月,一个劳动力一年通过番茄产业务工可创收9000元。

(二) 小结

农贸市场就业是城镇化安置易地搬迁人口在安置地就业的重要方式。易地搬迁人口在农贸市场就业具有以下特点:一是工作时间具有较强的季节性。农贸市场需要劳动力往往是在有农产品需要装箱和运送的时候,因而易地搬迁人口农贸市场就业具有很强的季节性。在没有农产品的季节,易地搬迁劳动力就无法在农贸市场就业。二是工作比较辛苦。笔者在田阳区的老乡家园安置点入户调查访谈的1户农户表示,他在农贸市场的工作时间基本是在下半夜,凌晨3点就要赶到农贸市场进行水果的装车工作,因为车辆装载完毕需要在早上7—8点发货。三是工作的稳定性较差。除了工作具有季节性外,农贸市场就业的稳定性也比较差,在农产品丰收的季节,也不是每天都有工作。在一个批发店铺进行选果、装车等工作几天就结束了,自己还要再去找其他的批发店铺询问是否需要工人。四是工资比较高。在广西田阳区调查了解到,在农贸市场做装卸工人每天工资达到200元,选果、洗果等轻体力活每天工资120元。

易地搬迁人口农贸市场就业方式也有其局限。滇桂黔石漠化片区农业产业水平普遍比较低,很多县份缺少规模化的农业支柱产业,在县城也缺少像样儿的农产品批发市场,农贸市场能为易地搬迁人口安置地就业提供的岗位很少。广西田阳区属于滇桂黔石漠化片区县份中比较特殊的县份。田阳区的河谷地带可以大规模种植番茄等蔬菜,土山地区可以大规模种植芒果。加上田阳区的区位优势,交通便捷,很早就成为区域内比较有名的农副产品产地批发市场,具有多个大型的农贸批发市场。

四、易地搬迁人口公益性岗位就业

公益性岗位扶贫理念源于印度经济学家阿玛蒂亚·森的福利经济学观点,强调帮扶对象的可行能力,以工作获取福利并实现能力提升,既帮助贫困对象增收脱贫,也能增加本地的公共服务供给。[1] 公益性岗位扶贫是我国脱贫攻坚探索的创新扶贫方式。公益性岗位帮扶指在贫困乡村开发"公益岗位",通过财政资金购买帮扶对象服务并给予其现金或实物补贴。[2] 公益性岗位帮扶具有福利性,它所瞄准的帮扶对象包括弱劳动力特征的贫困劳动力,如年龄偏大、体能下降、缺乏劳动技能、受家庭拖累较重等处于无业可扶的困境之中。[3] 公益性岗位帮扶的实质是政府集体购买具有公益性质的就业岗位,按一定的标准供给帮扶对象,一方面解决相关公共领域的发展和管理问题,另一方面增加帮扶对象的就业收入。易地搬迁解决了移民家庭的住房和公共服务问题,但在移民生计发展上仍面临较大挑战。可见,公益性岗位就业为易地搬迁弱劳动力提供就业机会,是解决移民生计问题的一种有效方式。

---

① 左停、王琳瑛、旷宗仁:《工作换福利与贫困社区治理:公益性岗位扶贫的双重效应——以秦巴山区一个行动研究项目为例》,《贵州财经大学学报》2018年第3期。

② 左停:《积极扩展公益岗位扶贫政策的思考》,《中国国情国力》2017年第11期。

③ 胡振通、王亚华:《公益岗位互助扶贫模式助力脱贫攻坚战:基于山东乐陵的实地调研》,《农业经济问题》2019年第10期。

（一）贵州石阡县易地搬迁人口公益性岗位就业

石阡县隶属贵州省铜仁市。石阡县以岩溶地貌为主,岩溶面积占比65.75%,山高坡陡,土地贫瘠,地质灾害频发,严重制约了县域内农民农业发展。另外,石阡县位于长江二级支流乌江的中上游,境内有1个国家级自然保护区、1个国家级湿地公园,生态保护也对农民通过开发资源实现脱贫致富形成较大的限制。为此,石阡县把易地搬迁作为打赢脱贫攻坚战的"一号工程",积极推进易地搬迁与新型城镇化结合,积极实施以城镇化安置为主的易地搬迁工程。"十三五"期间,石阡县共搬迁安置易地搬迁人口6663户29860人,其中建档立卡易地搬迁人口5464户23747人,易地搬迁人口在建档立卡人口中占比21.85%。搬迁范围涉及19个乡镇、办事处。石阡县易地搬迁坚持以城镇集中安置为主,建设易地搬迁集中安置点14个,其中县城集中安置点2个及2个开发区,安置移民9628人,乡镇集中安置点12个,安置移民10232人。

进入后续扶持阶段,石阡县把开发公益性岗位作为促进易地搬迁人口实现安置地就业的重要方式,统筹开发保洁保绿、卫生防疫、护河护路等公益性岗位,制定实施了《石阡县公益性岗位开发管理实施细则》,强调以易地搬迁劳动力等作为岗位重点安置对象,岗位补贴按照石阡县最低工资标准执行。其中60%从就业补助资金中列支,40%以上由用人单位承担;对用人单位为城镇公益性岗位人员实际缴纳的养老保险、医疗保险、失业保险和工伤保险进行补贴,为安置到乡村公益性岗位的人员购买意外伤害商业保险,意外伤害商业保险所需资金从就业补助资金中列支。易地搬迁后续扶持通过就业引导服务、岗位推介、技能培训后仍未就业的"零就业"移民劳动力,可通过安置公益性岗位实现"零就业"家庭至少实现1人就业。石阡县通过公益性岗位共安置建档立卡劳动力2842人,其中在14个安置点用公益性岗位解决450名易地搬迁劳动力就业问题。

（二）广西田阳区易地搬迁人口公益性岗位就业

广西田阳区易地搬迁以城区集中安置为主,搬迁规模庞大,相应的公共服务需求也有较大的开发潜力。脱贫攻坚以来,田阳区委、区政府将公益性岗位就业作为促进易地搬迁人口生计发展和脱贫的重要路径,积极开拓公益性岗位,安排易地搬迁劳动力在安置点就近就业。田阳区在城镇化安置社区开发公益性岗位帮助 225 名易地搬迁劳动力实现就业,其中男性劳动力 151 人,女性劳动力 104 人,劳动力平均年龄为 45 岁。易地搬迁劳动力在安置点及周边获得的公益性岗位就业类型和人数具体如下:多功能室保洁员 4 名、就业信息平台协管员 4 名、居务协理 6 名、老乡家园书吧协管员 2 名、留守老人儿童看护员 18 名、人力资源和社会保障协理 4 名、市场协管员 4 名、网络巡查员 9 名、展示厅保洁员 3 名、治安协管员 31 人。

（三）小结

公益性岗位帮扶是脱贫攻坚期间精准扶贫探索的重要扶贫方式。滇桂黔石漠化片区易地搬迁安置社区开发公益性岗位,一方面能够解决易地搬迁弱劳动力就业和增收的问题,另一方面能够解决安置社区治理和服务的人手短缺问题。从实践来看,易地搬迁人口公益性岗位就业取得了积极的成效,达到了政策实施的目标。同时,也需要看到公益性岗位就业存在着一些局限。一是公益性岗位的持续性问题。安置社区公益性岗位是以政府购买服务方式开展的。移民从事公益性岗位获得的补贴由县级政府支付。随着安置社区公益性岗位数量的增加也给地方政府带来一定的财政负担。一些地方政府在打赢脱贫攻坚战之后,大幅减少了公益性岗位的数量。易地搬迁人口公益性岗位就业的持续性没有得到很好的保障。二是公益性岗位的稳定性差。公益性岗位实行一年一签。一些安置社区在公益性岗位的认定上也不够规范。一些易地搬迁人口今年获得了公益性岗位,很可能在明年的重新认定中就会失去公益性岗位。一些安置社区甚至是采取轮流坐庄的方式安排易地搬迁人口从事公益性岗位。这就造成了易地搬迁人口公益性岗位就业缺乏稳定性。三是公益性岗位工资水平较低。易地搬迁安置区开发了保安、保洁、留守老人儿童看护员等多种类型的公益性岗位。不同公益性岗位的工资差异比较大,保洁、留守老人儿童看护员等公益性岗位工资比较低,大多数易地搬迁安置区保洁、留守老人儿童看护员公益性岗位补贴不超过 1000 元/月。

五、易地搬迁人口安置地创业就业

以创业实现就业是易地搬迁人口获得非正规就业的方式之一。城镇化安置后,人口聚集的城镇(特别是县城)为易地搬迁人口在安置地创业提供了机会。下面结合贵州省铜仁市石阡县城镇化安置易地搬迁人口创业实践案例阐述政府与群团组织合力促进易地搬迁人口以创业带动就业的实践探索。

(一)石阡县"1+3+X"易地搬迁人口创业就业推进机制

1.易地搬迁人口"新市民·追梦桥"工程

贵州省大部分地区属于滇桂黔石漠化片区。"十三五"时期,贵州省易地搬迁的农村人口达到 188 万人,是全国大规模开展易地搬迁的省份之一。在易地搬迁后续扶持中,贵州省推进实施了易地搬迁后续扶持"五个体系"建设工程,促进易地搬迁人口发展转型,实现农民向市民的转变。"新市民·追梦桥"工程强调,充分发挥工会、共青团、妇联等群团组织在政府与易地搬迁人口之间的桥梁和纽带作用,聚焦易地搬迁人口所急、党政所需、工青妇所能,整合资源促进易地搬迁人口实现稳定脱贫、全面融入城市。

"新市民·追梦桥"工程的重点工作是搭"五桥"、建"五家",即搭建易地搬迁人口思想引领"感恩桥",创建奋进之家;搭建易地搬迁人口创业就业"致富桥",创建幸福之家;搭建易地搬迁人口排忧解难"连心桥",创建温暖之家;搭建易地搬迁人口权益维护"平安桥",创建和谐之家;搭建易地搬迁人口市民意识培养"融合桥",创建文明之家。易地搬迁人口创业就业举措包括:加强易地搬迁人口就业技能培训,结合易地搬迁人口就业需求开展职业技能培训,如实施"锦绣女""家政女"等培训;向易地搬迁人口推荐就业岗位,发挥工会、共青团、妇联的组织优势,协调组织企业在安置点开展就业招聘活动等;引导扶持易地搬迁人口创业,实施"留雁"工程,鼓励和在政策范围内给予易地搬迁人口创业贴息等金融扶持;培育发展产业,加强安置点就业扶贫车间、就业扶贫基地载体建设,实施"巾帼企业带帮计划",引导和推荐青年企业家、妇女企业家在安置点开办劳动密集型企业,引导易地搬迁劳动力进入企业就业。

2. 石阡县"1+3+X"易地搬迁人口创业就业机制

进入后续扶持阶段,石阡县按照贵州省委、省政府及铜仁市委、市政府要求,实施"新市民·追梦桥"工程,搭"五桥"、建"五家",以工青妇组织为纽带,形成促进各类组织协同参与的"1+3+X"易地搬迁人口创业就业机制。"1"是强调党对各项工作的全面领导,"3"是强调以工会、团委、妇联作为具体实施的主体,"X"是指以工青妇组织为纽带链接起来的其他的组织(社会组织、市场组织)及资源。

一是突出加强党的领导。石阡县成立了"新市民·追梦桥"工程专班,工青妇等24家县直单位成为责任单位。建立了县乡分管联系领导挂点包保制度,县城安置点由县级领导包保,集镇安置点、村级安置点由所在乡镇(街道)班子成员包保。乡(镇、街道)整合乡(镇、街道)和安置点力量成立安置点工程专班,建立联席会议制度,挂点包保领导为第一召集人,党组织书记为召集人,工青妇负责人为主体责任人,其他各类组织、社会、市场力量负责人为成员。联席会议下设办公室在服务中心,每周召开一次联席会议。安置点以党组织建设为基础,合理设置党(工)委、党总支、党支部及党小组。

二是强化联合夯实主体责任。推动组织联建,发挥"党建带工(会)建、团

(委)建、妇(联)建"功能,统筹推动党建引领其他各类群团组织建设。形成以工青妇组织为主体,以残联、关工委等其他群团组织和各类社会服务组织为纽带,以经济组织为支撑的安置社区基层组织体系。推动阵地联建,县乡党委和政府聚集整合工青妇等项目资源,在安置点成立"新市民•追梦桥"服务中心,统一建立"有组织机构、有办公场地、有工程计划、有工作制度、有经费保障"的"五有"联合服务阵地。建设标准化、规范化的服务大厅,设立工青妇等组织便民服务窗口。推进服务联合,服务中心设立代言代书代办咨询服务台,解决易地搬迁人口创业就业等方面的困难和问题。以联合服务行动为载体,以"功劳簿"为影像,联合开展各项促进易地搬迁人口创业就业的服务活动。

三是汇聚力量促进落实。工会、共青团和妇联发挥链接社会资源的组织优势,联系劳动密集型企业落户安置地,协助政府相关部门为落户企业开展帮扶车间、"帮扶微工厂"认定。工会、共青团和妇联发挥项目资源优势,通过购买服务将本单位的部分服务类事务交给本地社会组织承担,促进社会组织发挥专业优势帮扶易地搬迁人口实现本地创业就业。另外,工会、共青团和妇联借助与本地市场的联系,依托市场力量盘活安置点周边的就业资源,帮助易地搬迁人口实现灵活就业。

(二) 政府与群团组织合力促进移民创业就业行动

石阡县建立"1+3+X"易地搬迁人口创业就业推进机制后,在所有易地搬迁安置社区建设就业创业服务中心,安置1名符合条件的就业困难人员(一般为安置社区的易地搬迁劳动力),专门从事安置社区的就业创业服务工作。在解决服务易地搬迁人口就业创业工作有人干的同时,兼顾解决部分易地搬迁人口的创业就业增收问题。石阡县促进易地搬迁劳动力在安置地创业就业的实践如下。

1. 以"留雁行动"引导易地搬迁劳动力安置地创业就业

工青妇等群团组织协助县人力资源和社会保障局等部门积极开展"留雁行动"。实行 1 名干部联系 1 家企业、1 家企业负责 1 个或多个村、社区（易地搬迁安置社区）的"1+1+N"劳务帮扶机制。对有创业就业意愿但未明确实施的易地搬迁劳动力,组织安置社区就业创业服务中心人员通过电话、微信等方式推送岗位信息。引导易地搬迁劳动力关注铜仁市、石阡县岗位信息发布平台（网站、微信公众号、小程序等）,做好企业和求职人员之间的工作引导。多渠道、多形式发布岗位信息,收集本地企业（项目）用工信息,在政府门户网站、微信公众号等网络媒介实时发布,运用快手、抖音等新媒体发布就近就业动态。引导企业、易地搬迁人口通过电话或微信视频等简单、快捷、方便的线上招聘渠道开展面对面对接。通过发送短信提示等引导易地搬迁劳动力参加网上自主择业。易地搬迁劳动力创办个体户或小微企业经营时间超过 1 年且带动了其他易地搬迁劳动力稳定就业的,给予一次性创业补贴 5000 元。租用符合规划、安全及环境要求的经营场地创业,且未享受场地租赁费用减免的,给予易地搬迁劳动力每月 500 元场地租赁补贴。

2. 扶持和引导易地搬迁妇女创业就业

石阡县妇联加大就业创业引领力度,整合资源开展妇女创业就业培训,提升其就业技能。将培训资源向易地搬迁人口倾斜,依托"桃源铜仁·锦绣计划"发展妇女手工产业。开展"巾帼企业帮带计划",石阡县妇联主动对接乡村振兴局、人社等部门,对易地搬迁妇女开展创业就业培训服务。立足当地资源优势、产业布局、市场前景等因素,县妇联重点围绕"留雁人员"进行个性化、精准化、定向化的谋产业、谋项目服务。县妇联与人社部门对接,实施符合条件的易地搬迁妇女应贷尽贷,支持易地搬迁妇女创业。

3. 鼓励支持易地搬迁青年劳动力创业就业

石阡县团委,根据易地搬迁劳动力创业就业需求,联合安置社区创业导师服务团积极开展送政策、送技能、送岗位"三送"活动。通过"请进来""走出去"等方式对易地搬迁安置社区创业青年进行扶持,帮助创业青年找准创业路子和方向。拓宽青年创业投融资渠道,通过"青扶贷"帮助易地搬迁青年创业解决资金问题。积极向上级争取创业项目资金支持,协调社会组织参与风险投资,为易地搬迁青年创业提供资金保障。实施"留雁行动",重点对安置点创业青年开展学习培训、考察交流等帮扶。帮助易地搬迁青年创办的成长型企业争取"贵州创在青春创业投资基金",解决创业青年融资难问题。在县城集中安置的平阳社区,将石阡县宏信服饰有限公司建立为县级就业创业示范基地,为易地搬迁青年群体提供就业创业场地。就业创业基地成立以来,为易地搬迁青年提供就业、见习岗位340余个,帮助30名学生实习见习。

(三) 小结

滇桂黔石漠化片区经济发展滞后,社会发展程度比较低,不仅缺少大型的社会组织,而且草根型的社会组织也很少。滇桂黔石漠化片区易地搬迁人口安置地创业就业的主要社会力量是具有官方背景的群团组织(亦称为官办社会组织)。石阡县工青妇等群团组织帮扶易地搬迁人口安置地创业就业实践表明,群团组织在帮扶易地搬迁人口创业就业上具有的最大优势是链接各类资源。如工青妇等群团组织获得政府充分信任,它们不仅能获取到政府资源来帮扶易地搬迁人口安置地创业就业,借助其"官办"的背景从而在与市场组织、民间组织的合作中具有政府"权威",所以这两类组织都会积极配合群团组织实施的帮扶计划或行动。尽管如此,群团组织与政府合作开展易地搬迁人口安置地创业就业帮扶也存在以下方面的局限:一是群团组织缺少资源和专业技能员工,无法依靠自身力量开展精细化的帮扶。为此,群团组织只能依靠链接资源这一优势协调专业性的市场组织或社会组织开展易地搬迁人口安置地就业创业的帮扶。如石阡县团委帮助易地搬迁青年创办的成长型企业争取"贵州创在青春创业投资基金",解决创业青年融资难问题;在易地搬迁人口创业就业的技能培训方面,群团组织依靠专业性的市场组织或社会组织进行技术培训。二是帮扶力量比较薄弱。群团组织自身无法筹款,尽管通过资源链接优势获得一定的帮扶资金资源,但帮扶资金资源十分有限。这也使得群团组织帮扶易地搬迁人口安置地创业就业的规模比较小,帮扶作用和效果也具有一定的局限性。

第四章 易地搬迁人口安置地农业就业的治理策略与实践创新

就业是巩固拓展城镇化安置易地搬迁脱贫攻坚成果的关键。易地搬迁弱劳动力在城镇安置后因年纪大、缺少城镇就业经验和能力等问题容易陷入进厂难、找工难的困境，成为政府后续扶持移民生计发展的难点。本章将基于易地搬迁弱劳动力长期从事农业生产、积累丰富农业劳动经验和技能的基础，阐述滇桂黔石漠化片区城镇化安置易地搬迁弱劳动力在安置地乡村农业就业的现实基础、治理逻辑，并介绍广西隆安县震东集中社区"小梁送工"易地搬迁安置地农业就业的实践案例。

第一节 易地搬迁人口安置地农业就业的现实基础

党的十八大以来，脱贫地区发生了深刻变化。一方面，通过深入实施脱贫攻坚和乡村振兴战略，脱贫地区农业发展条件显著改善，农业向现代化农业转型明显加快，农业资本化、规模化、产业化水平显著提高，农业雇工现象日益普遍；另一方面，随着国家治理现代化的深入推进，基层治理地位凸显，脱贫地区基层治理资源增多、治理日益精细化。这些都为居住在城镇的易地搬迁劳动力在安置地乡村农业就业奠定了坚实的基础。

一、脱贫地区农业资本化和规模化发展

我国地形地貌复杂,地区发展差异大。改革开放之后,东部沿海地区凭借地理区位优势、良好经济基础和国家政策扶持,实现了持续较快发展。脱贫地区往往地理位置比较偏远,经济发展滞后,基础设施薄弱,成为区域经济发展的凹地。特别是滇桂黔石漠化片区乡村自然条件较差、山多地少、人均农业资源少、土地贫瘠、交通不便,农业生产以传统农业为主,农民农业收入低下。根据刘易斯的二元结构理论,城乡二元社会结构中存在生产率低、剩余劳动力众多的传统农业部门和集中资本量大、就业充分的城镇现代部门。[1] 滇桂黔石漠化片区传统部门(乡村)收入(农业收入)显著低于现代部门(脱贫地区之外的城市就业收入),脱贫地区大量农村劳动力向城市转移就业。脱贫地区农村劳动力向地区外的城镇转移就业实现了家庭收入增长,有助于促进贫困人口摆脱贫困。[2]

脱贫地区农村劳动力向城镇转移就业是在市场机制下实现的。改革开放之后,我国劳动力资源配置由“统包统配”的政府配置逐渐向劳动力市场配置转变,市场在城乡劳动力配置中发挥了基础性作用,市场化流动逐步成为城乡劳动力配置的主渠道,就业找市场也成为社会普遍观念。[3] 市场价格机制使得滇桂黔石漠化片区乡村优质劳动力纷纷外出务工,获取远高于农业领域的劳动报酬。然而,市场竞争机制也使得文化水平较低、缺少务工技能的一部分农村劳动力被排斥在城镇就业之外,传统小农生产成为他们维系家庭再生产的重要支撑,他们也习惯于长期留在农业领域。滇桂黔石漠化片区农村劳动

---

① [美]阿瑟·刘易斯:《二元经济论》,施炜等译,北京经济学院出版社 1989 年版。

② 张桂文、王青、张荣:《中国农业劳动力转移的减贫效应研究》,《中国人口科学》2018 年第 4 期。

③ 人社部人力资源流动管理司:《在流动中汇聚起繁荣发展的人才力量——新中国人力资源流动管理工作 70 年》,《中国人力资源社会保障》2019 年第 10 期。

力大规模向城镇转移就业为资源条件较好的安置地农村推进农业规模化经营创造了条件。

2000 年 3 月,中共中央、国务院发布《关于进行农村税费改革试点工作的通知》,探讨建立规范的农村税费制度、从根本上减轻农民负担,提出取消农村和农民相关的行政事业性收费(如乡统筹、农村教育集资等收费)及政府性基金、集资,降低农业税和农业特产税等。2003 年 3 月,国务院发布《关于全面推进农业税费改革试点工作的意见》,强调全面实施农村税费改革,进一步规范农村税费制度,理顺农村分配关系,巩固改革成果,防止农民负担反弹。为强化农业基础地位,进一步调动农民的生产积极性,中央加大农村税费改革力度,从 2004 年开始逐步降低农业税税率。2006 年 10 月,国务院印发《关于做好农村综合改革工作有关问题的通知》,在全国范围内取消农业税。同时,中央和各级政府加大对农村的转移支付力度。税费改革后,国家和政府在乡村社会的关系由改革前汲取资源和管制转向为农民提供服务和资源(资源下乡)。[1] 中央和各级政府向农村持续投资并引领城市工商业资本"下乡",工商业资本"下乡"在中西部农村地区成为一种普遍的现象。[2] 工商资本"下乡"以追逐收益率最大化为目的,也客观上促进了农业经营的规模化和现代化。[3] 工商资本"下乡"加快了土地流转,促成了新型农业经营主体的兴起,加速了小农经济农业向资本化农业转变。[4] 农业企业等新型农业经营主体推动的资本化农业对农业雇工的需求,促进了劳动力从家庭农业生产中分离并汇聚成农业的"劳动力市场"。

---

[1]　韩国明、钟守松:《税费改革前后村级组织职能的转变——兼论国家与农村社会的关系》,《湖南农业大学学报(社会科学版)》2011 年第 1 期。

[2]　焦长权、周飞舟:《"资本下乡"与村庄的再造》,《中国社会科学》2016 年第 1 期。

[3]　北京天泽经济研究所《中国土地问题》课题组:《土地流转与农业现代化》,《管理世界》2010 年第 7 期;涂圣伟:《工商业资本下乡的适宜领域及其困境摆脱》,《改革》2014 年第 9 期。

[4]　陈航英:《新型农业主体的兴起与"小农经济"处境的再思考》,《开放时代》2015 年第 5 期。

新型城镇化背景下滇桂黔石漠化片区易地搬迁移民生计发展创新研究

因为县域经济发展滞后、基础设施薄弱、农业资源条件较差等原因,滇桂黔石漠化片区等脱贫地区城市工商业"下乡"在时间上要晚一些,在下乡资本的规模上也要小一些。2015 年《中共中央　国务院关于打赢脱贫攻坚战的决定》吹响了脱贫攻坚战的冲锋号,强调实施精准扶贫战略,充分发挥政府和社会两个方面力量作用,动员各方面力量坚决打赢脱贫攻坚战。一方面,政府积极推进脱贫地区乡村经济制度变革,创新实施"三权分置"等系列改革举措,加强脱贫地区基础设施投资建设,显著改善脱贫地区产业投资环境,制约城乡资源要素公平配置的藩篱逐步被打破;另一方面,通过制度化方式引导工商业资本进入脱贫地区"下乡"发展产业,助推脱贫地区农业转型升级,助力精准脱贫。如 2016 年 4 月全国工商联等 3 部委联合印发《关于推进"万企帮万村"精准扶贫行动的实施意见》,强调要在党委、政府的统一领导下,发挥工商业资本优势,通过产业帮扶、就业帮扶、公益帮扶等多种形式促进脱贫地区经济发展和脱贫人口可持续脱贫。

产业帮扶是工商业资本下乡推进脱贫地区脱贫与发展的主要形式。脱贫攻坚时期,农业企业通过"公司+基地+专业合作社+农户"等方式,促进脱贫地区农产品加工业和特色种植养殖业现代化、规模化发展;工商业资本下乡,在脱贫地区设立产业投资基金,采取市场化运作方式推进脱贫地区特色产业发展、新型城镇化建设等。商业资本下乡为脱贫地区农业农村输入了资金、技术、人才、信息以及先进的管理经验,激活农业农村生产要素,形成规模化经营,促进农业生产方式发生深刻变革。如工商业资本下乡驱动脱贫地区传统产业发生"裂变",促进三产融合发展,探索实施"资源变股权、资金变股金、农民变股民"新模式,以及脱贫地区农业园区化发展新路径。工商业资本通过产业下乡,将产业的资金、土地、技术、劳动力结合起来,将企业利益与脱贫农户利益联结,帮助脱贫群众在产业价值链提升中分享更多的收益。

随着乡村振兴战略的深入实施,农业企业等新型农业经营主体主导的资本化农业在产业振兴中的地位和作用将进一步凸显。2021 年 1 月,中共中央、国务院发布《关于全面推进乡村振兴　加快农业农村现代化的意见》,提出要开展"万企兴万村"行动,把农产品加工产业作为重点,推动脱贫地区加快建设特色优势集群,把农业现代化示范区作为抓手,不断提高脱贫地区农业产业体系、生产体系、经营体系的现代化水平。随着滇桂黔石漠化片区等脱贫地区农业产业的资本化、规模化发展,农业雇佣劳动力的规模也逐渐扩大。从就业扶持角度看,工商业资本下乡推动了农业资本化,催生了农业生产雇佣劳动力的快速增加,为向城镇移民并在城镇就业失败的易地搬迁弱劳动力提供了就业增收的机会,发挥了易地搬迁劳动力回流农业就业的"蓄水池"作用。

城镇工商业企业就业在年龄、体能等方面具有一定的要求,当易地搬迁劳动力处于青壮年时期,能轻松实现向城镇转移就业,但变为老年或者体能达不到企业要求时便出现了城镇就业难的问题。因而,工商业资本下乡推动的农业资本化、规模化发展形成的农业雇佣劳动力的"市场"在时间上具有持续性。农业生产的季节性,使得易地搬迁弱劳动力农业就业具有非正规就业特征,尽管就业时间不长,但在农村劳动力外流持续拉动下,农业就业工资水平并不低。如下文的广西隆安县案例中,震东集中安置社区易地搬迁弱劳动力的农业务工日均收入基本在 100 元以上,远高于在安置地周边扶贫车间的每天 30—50 元。

二、脱贫地区政府治理重心下移基层社区

党的十八届三中全会提出推进国家治理体系和治理能力现代化之后,治理重心下移成为全面深化改革的一项基本要求。国家治理重心下移能有效回应群众公共服务诉求,化解社会矛盾,维护社会稳定,提高社会建设效率。[①]党的十九大要求强化社区治理,积极发挥好社会组织的作用,实现政府治理和社会调节、居民自治良性互动。2019 年 10 月,党的十九届四中全会通过《中

---

① 任克强:《政府主导城市基层治理模式的现代转向》,《南京社会科学》2021 年第 3 期。

共中央关于坚持和完善中国特色社会主义制度　推进国家治理体系和治理能力现代化若干重大问题的决定》,强调构建基层社会治理新格局,推行网格化管理和服务,促进公共服务供给的精准化和精细化。①

2020 年 10 月召开的党的十九届五中全会,强调进一步向基层放权赋能,围绕基层社区管理的网格化、信息化、精细化和开放共享建构新的基层管理服务平台。② 2021 年 4 月,国家印发《中共中央　国务院关于加强基层治理体系和治理能力现代化建设的意见》,提出增强村(社区)组织动员能力,改进网格化管理服务,依托村(社区)统一划分综合网络,依托社区开展就业、养老、医疗等服务,优化村(社区)服务,加强综合服务、兜底服务能力建设,鼓励社区组织与市场和社会领域的各类主体积极开展合作,强化对困难群体和特殊群体关爱照顾。③

将治理重心下移基层社区,一方面是因为治理行动的组织单元过大难以实现有效治理,通过治理单元下沉可以促进有效治理。④ 从信息不对称的角度看,层级越低的政府在治理重要情境信息获取上越有优势。推动治理重心向基层和社区下移,把更多资源下沉到基层和社区有助于形成精准化、精细化的治理方式,提升治理效能。另一方面,政府治理资源处于悬浮状态导致治理资源投入呈现"内卷化"趋势,推进资源下沉基层和社区能实现有效治理。⑤

---

① 《中共中央关于坚持和完善中国特色社会主义制度　推进国家治理体系和治理能力现代化若干重大问题的决定》,2019 年 11 月 5 日,见 http://www.gov.cn/zhengce/2019-11/05/content_5449023.htm。

② 《中共中央关于制定国民经济和社会发展第十四个五年规划和二〇三五年远景目标的建议》,2020 年 11 月 3 日,见 http://www.gov.cn/zhengce/2020-11/03/content_5556991.htm。

③ 《中共中央　国务院关于加强基层治理体系和治理能力现代化建设的意见》,2021 年 7 月 11 日,见 http://www.gov.cn/zhengce/2021-07/11/content_5624201.htm。

④ 刘强、马光选:《基层民主治理单元的下沉——从村民自治到小社区自治》,《华中师范大学学报(人文社会科学版)》2017 年第 1 期。

⑤ 梁平:《正式资源下沉基层的网格化治理——以河北"一乡一庭"建设为例》,《法学杂志》2017 年第 5 期。

党的十八大以来,我国农村减贫治理经历了深刻的变革。2013年11月,习近平总书记在湖南省湘西十八洞村考察时首次提出"精准扶贫"重要思想。他指出,扶贫要实事求是,因地制宜。要精准扶贫,切忌喊口号,也不要定好高骛远的目标。① 2013年底,中共中央办公厅、国务院办公厅印发《关于创新机制扎实推进农村扶贫开发工作的意见》,提出今后一个时期,扶贫开发工作要进一步解放思想,开拓思想,深化改革,创新机制,并阐述了以建立精准扶贫工作机制为核心的六项扶贫改革创新机制和十项扶贫开发重点工作。② 随后,国务院扶贫办等7部委联合印发《关于印发〈建立精准扶贫工作机制实施方案〉的通知》,进一步细化精准扶贫内容,指出建立精准扶贫机制要扶贫对象识别精准、帮扶精准、管理精准和考核精准,引导各类帮扶资源聚焦贫困村和贫困户,提高政府扶贫的精准性和有效性,提高市场主体、社会组织等社会力量参与的精准性和有效性。③ 精准扶贫工作的目标任务加速了脱贫地区治理重心下移基层和社区。

易地搬迁是精准扶贫的超常规措施,是脱贫攻坚的"一号工程"。滇桂黔石漠化片区易地搬迁以城镇安置为主。移民集中安置后实现稳定就业成为易地搬迁人口"稳得住、能发展、可致富"的关键。脱贫人口就业能力弱、就业渠道少,依靠市场化流动很难实现易地搬迁弱劳动力移民稳定就业。因而,政府加强易地搬迁劳动力就业扶持,既要在劳动技能提升方面根据易地搬迁人口就业需求和技能开展针对性技能培训,也需要强化就业岗位信息收集,促进易地搬迁劳动力特别是移民弱劳动力与用工单位精准对接。随着国家治理现代

---

① 《习近平:扶贫切忌喊口号》,2013年11月3日,见 http://politics.people.com.cn/n/2013/1103/c1024-23416644.html。

② 六项扶贫改革创新机制分别是改进贫困县考核机制,建立精准扶贫工作机制,健全干部驻村帮扶机制,改革财政专项扶贫资金管理机制,完善金融服务机制,创新社会参与机制。十项扶贫开发重点工作分别是村级道路畅通工作,饮水安全工作,农村电力保障工作,危房改造工作,特色产业增收工作,乡村旅游扶贫工作,教育扶贫工作,卫生和计划生育工作,文化建设工作,贫困村信息化工作。

③ 黄承伟、覃志敏:《精准扶贫精准脱贫方略》,湖南人民出版社2018年版,第32页。

化深入推进,基层治理的地位日益凸显。由社区积极推进易地搬迁劳动力与劳务需求单位的优化配置已成为地方政府提高易地搬迁人口就业帮扶的重要方式。如人力资源和社会保障部等4部委联合印发《关于做好易地扶贫搬迁就业帮扶工作的通知》,强调建立安置社区岗位信息常态化推送机制,依托社区治理体系向易地搬迁劳动力精准推荐就业岗位和职业培训信息,在大型城镇化安置区设立公共就业服务站或服务窗口为搬迁群众提供政策咨询、业务办理等一站式服务。

第二节　易地搬迁人口安置地农业就业的治理策略

　　城镇化安置后,易地搬迁人口主要居住在城镇社区之中。易地搬迁弱劳动力在安置地实现农业就业,既要在安置地周边形成一定规模的农业雇工需求,也需要借助相应的治理机制将农业雇工需求信息精准传递给易地搬迁弱劳动力并协助其实现就近农业就业。易地搬迁弱劳动力在安置地农业就业的治理逻辑为:安置地政府以建设现代特色农业示范区(园)为引领,扶持农业企业等新型农业经营主体推动农业资本化、规模化、品牌化发展,促成传统农业向现代农业转型升级,形成了大量的农业就业岗位;城镇化安置易地搬迁社区与现代特色农业示范区(园)对接获取农业用工需求信息,把农业用工信息精准传递至易地搬迁弱劳动力并协助其在现代特色农业示范区(园)农业就业;易地搬迁弱劳动力在农业就业中实现劳动力的组织化与利益联结。易地搬迁弱劳动力农业就业是地方政府、农业新型经营主体、城镇化安置社区、易地搬迁弱劳动力等多元主体复杂互动过程,其运行的逻辑框架如图4-1所示。

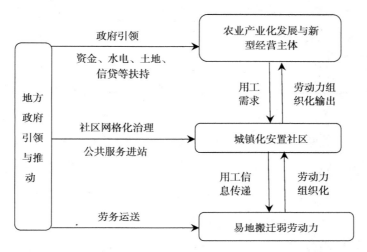

图 4-1　易地搬迁弱劳动力安置地农业就业的治理逻辑

一、地方政府引领农业产业化发展

产业帮扶是我国农村减贫的重要方式之一。产业发展是产业帮扶的基础,也是脱贫地区政府发展经济的中心工作。产业发展遵循市场发展规律,产业发展资源的配置受到市场的重要影响。与西方"大社会、小政府"社会格局中强调政府"守夜人"角色不同,地方政府积极介入产业发展是我国发展市场经济的重要特点。相关研究指出,地方政府成为经济发展的"厂商"与市场主体紧密合作,地方政府在"横向竞争"中不断完善基础设施,将扶持政策、财政资金注入本地经济发展之中,推动地方产业和经济发展。[①] 脱贫地区产业基础薄弱,脱贫地区政府推动本地产业发展具有"官场+市场"双重竞争逻辑,官场竞争促使地方政府提升本地企业的市场竞争力,市场竞争压力也约束地方官员的权力任性,迫使其与本地企业探寻最适合本地资源禀赋的产业战略,应

---

① 张军等:《中国为什么拥有了良好的基础设施?》,《经济研究》2007 年第 3 期。

对外部市场竞争。① 因而脱贫地区政府引导体制内的人力资源、政策资源等稀缺要素注入本地特色产业发展,与市场及社会多元主体合作和优势互补,合理提升本地特色产业市场竞争力。

从演进过程来看,脱贫地区政府介入乡村特色产业发展经历了不同的阶段。在税费改革前,地方政府以农民作为主要作用对象,通过行政强推的方式介入到乡村农业结构调整和产业化发展中,将号召农民发展某类农业产业作为行政任务,通过乡村干部强行要求农民进行种植;进入后税费时代,政府与农民关系发生重要变化,地方政府重构农技服务体系、强化党政服务能力、落实服务责任和基层组织动员,通过示范户带动机制将农业产业化发展的新技术、新品种向乡村扩展。同时也应看到,税费改革后政府农业治理逐渐转向项目制模式,并由于交易成本等原因,政府逐渐从扶持小农户转向扶持龙头企业等规模化经营的新型主体。脱贫地区等地方政府对乡村产业的发展干预更多通过会议机制和"抓典型"策略形成推动特色产业发展的强大动力,与重点企业(龙头企业)合作构建政府引领型农业产业市场体制。②

在实践中,地方政府形成了以产业园区化发展引领农业产业化发展的新趋势。具体而言,地方政府以产业园区作为农业产业化发展"抓典型"的重要平台,动员与整合各类项目资源,建设产业园区的基础设施,引导龙头企业等农业新型经营主体入园发展特色优势产业,在信贷、水电、土地等方面给予大力扶持,同时强调把易地搬迁弱劳动力吸纳到园区产业之中,建立稳固的利益联结,进而依靠特色产业园的示范和带动,促进本地农业产业整体实现产业化发展。

---

① 刘蓝予、周黎安:《县域特色产业崛起中的"官场+市场"互动——以洛川苹果产业为例》,《公共管理学报》2020 年第 4 期。

② 符平:《市场体制与产业优势——农业产业化地区差异形成的社会学研究》,《社会学研究》2018 年第 1 期。

二、安置社区组织易地搬迁人口农业就业

就业扶持是帮助扶持对象实现稳定就业进而获得增收和摆脱贫困的结果。就业扶持包括劳动力技能提升和劳动力资源配置两个部分。在计划经济时期,由于缺少市场主体、社会主体,就业扶持由政府实行高度集中的"统包统配"劳动力管理体制,即政府负责提升劳动力素质,同时采取计划调配方式实现劳动力就业。[①] 改革开放后,市场机制逐渐在就业扶持中发挥作用,形成了政府与市场共同推动就业的格局。20 世纪 90 年代,社会主义市场经济地位的正式确立,市场的地方分割、城乡分割壁垒逐渐被破除,全国统一的商品市场和劳动力市场逐渐形成。市场机制在劳动力配置上日益具有决定性作用。户籍制度改革打破了制约城乡人口流动的藩篱,农村人口开始大规模向城镇转移就业。市场化流动带来的就业效果,也促使政府和市场在就业扶持结构上发生了重要变化:市场在劳动力配置的基础性作用基本确立,市场化流动成为劳动力就业的主渠道。劳动力转移培训成为 21 世纪头十年我国"一体两翼"扶贫战略的重要一翼,扶贫部门实施了"雨露计划"等多个扶贫工程,投入大量资源帮助贫困人口获取就业技能和提升文化素质。

党的十八大之后,我国经济发展进入"三期叠加"的转型期,经济增长放缓,经济结构调整,以及对前期的刺激性政策的消化,使得企业招工难和劳动力找工难的情况并存。[②] 易地搬迁劳动力就业渠道少,仅依靠市场化配置实现就业难度加大。为此,政府开始加强在就业扶持中的干预,突出就业扶持的精准性和精细化。在劳动力技能提升上,要求根据扶持对象的就业需求和技能需求开展针对性的技能培训。在服务劳动力市场化配置上,提出要广泛收

[①]　惠建国、刘冠军:《新中国 70 年就业政策的创新发展与经验总结》,《财经问题研究》2020 年第 9 期。

[②]　平卫英、罗良清、张波:《我国就业扶贫的实现基础、理论逻辑与实践经验》,《管理世界》2021 年第 7 期。

集就业岗位信息,促进易地搬迁劳动力与用人单位精准对接,建立贫困人口就业信息平台、就业信息监测平台,精准掌握易地搬迁劳动力就业状况。

2006 年,全面取消农业税对国家与乡村社会的关系产生了深远的影响。农民不再成为政府财政收入的来源,税费改革和加强政府间转移支付后,国家的农民关系由"汲取型"向"服务型"转变。乡村不再是实现国家现代化的(阶段性)手段,而是与城市一样被视为社会发展整体的组成部分(城乡统筹发展)。国家通过公共财政覆盖乡村、各类支农惠农项目下乡为乡村社会输送发展资源。伴随国家权力携带资源在乡村社会的"回归",乡村治理结构和基层权力网络发生了深刻变化,县乡村三级形成了以网格化治理、村干部行政化为特征的新"乡村治理共同体"。[①] 为实现国家对乡村的有效治理和国家资源以需求为导向的精准输送,乡村基层治理在借鉴"网格化管理、组团式服务"城市社区专项服务网格化治理的基础上,推进实施以农村社区人员为主体、涵盖服务内容广泛的综合性网格化治理。通过"县—乡镇—社区/村—网格"的四级组织架构,社区网格成为政府治理向下延伸的服务窗口、政策宣传载体与信息采集终端。[②] 网格化治理实现了政府组织结构的"纵向到底",社区自治性组织成为政府的执行机构或者准执行机构。

城镇化安置社区居住着来自不同乡镇、村庄的易地搬迁人口,社区居民的结构复杂,社区融合的难度大。易地搬迁弱劳动力刚脱贫不久,仍需继续巩固拓展脱贫攻坚成果。城镇化安置易地搬迁社区的治理难度大、任务重。为解决治理挑战,城镇化易地搬迁安置社区采取社区网格化和"服务进站"的社区治理机制。城镇化安置易地搬迁社区网格化治理强调以安置社区、安置小区、楼栋划分为不同层级的网格治理单元,每个低层级网格治理单元配置相应数

---

① 景跃进:《中国农村基层治理的逻辑转换——国家与乡村社会关系的再思考》,《治理研究》2018 年第 1 期。

② 张新文、戴芬园:《权力下沉、流程再造与农村公共服务网格化供给》,《浙江社会科学》2018 年第 8 期。

量的网格员,网格员网格内的易地搬迁家庭登门入户宣传就业帮扶政策,了解易地搬迁家庭情况、收集易地搬迁弱劳动力发展需求,实现政策和资源逐级下沉至易地搬迁家庭及易地搬迁弱劳动力发展需求逐级向上汇总。乡村公共服务中心建设既回应了服务型政府的治理理念,在治理技术和方法上也打破了常规层级和职能的边界形成"纵向到底、横向到边"的公共服务治理格局。①为精准输送公共服务资源至易地搬迁弱劳动力,城镇化安置的易地搬迁安置社区均建立了社区就业服务中心(站),为易地搬迁弱劳动力农业就业提供"一站式"服务,就业服务中心提供就业培训、信息收集、用工联系服务等。并且城镇化安置易地搬迁社区就业服务中心(站)由社区"两委"成员按照政府要求实施管理与日常运行,实现社区服务站与社区网格化治理无缝对接。在城镇化安置易地搬迁社区主导下,易地搬迁弱劳动力就业服务供给采取线上与线下结合方式,社区"两委"成员、网格员实时关注线上联动,实现"预约在网上、代办在网格、服务在社区"。

依托社区网格化治理和"服务进站"机制,城镇化安置易地搬迁社区主导了易地搬迁弱劳动力农业就业过程。具体而言,易地搬迁集中安置社区在人社局、乡村振兴局等政府部门的支持下,利用社区就业服务中心(站)信息优势广泛收集周边地区的农业产业园区农业雇工需求信息,通过筛选和整理形成农业用工需求清单;安置社区通过网格化治理中的网格员、楼栋长等治理主体把农业用工需求精准传递给易地搬迁弱劳动力。易地搬迁弱劳动力结合自身技能特点选择适合的农业用工岗位,并通过线上与线下相结合的方式报给社区网格员,网格员会将易地搬迁弱劳动力选择的就业岗位情况上报社区就业服务中心(站),由就业服务中心(站)汇总整理形成易地搬迁弱劳动力农业就业务工输送清单并与周边产业园区进行农业雇工输送对接;农业就业劳务信息对接完成后,安置社区在政府部门的支持下,将易地搬迁劳动力输送到周

---

① 王雨磊、廖伟:《服务进站:农村税费取消后国家基层组织建设的新趋向》,《电子政务》2020年第3期。

边农业产业园区,实现易地搬迁弱劳动力农业就业。

三、易地搬迁人口组织化与利益联结

随着易地搬迁弱劳动力参与农业就业次数的增加,移民彼此间更加熟悉,移民在参与农业就业过程中基于劳动分工进行农业就业务工的组织化,如易地搬迁弱劳动力之间联合成各类型的农业就业务工小组。易地搬迁弱劳动力农业就业组织化具有以下好处:一是易地搬迁弱劳动力就业组织化加快了农业务工需求与供给衔接的效率。社区就业服务中心(站)获取周边农业产业园区农业用工信息后,需要在当天完成务工岗位和务工人员的配对并确定好务工输送车辆,然后在第二天清晨向农业产业园区运送易地搬迁弱劳动力。易地搬迁人口农业就业组织化后,可根据易地搬迁弱劳动力小组技能类型传递农业用工信息给移民劳动力,由农业务工小组长和社区网格员合作完成农业用工岗位与易地搬迁弱劳动力配对,提交社区就业服务中心(站)。由社区就业服务中心(站)汇总易地搬迁弱劳动力确定的农业务工清单并联系运送车辆。易地搬迁弱劳动力组织化后社区就业服务中心(站)联系的对象由原来的全体易地搬迁弱劳动力变成了少数的农业务工小组长和网格员,信息的传递和收集效率得到提升。二是易地搬迁弱劳动力组织化提高了农业务工的行动效率。农业务工需要一定的劳动协作,易地搬迁弱劳动力组织化,小组成员之间的劳动协作更为熟练,有助于提高农业劳动的效率。另外,易地搬迁弱劳动力会分批前往多个农业产业园区进行农业劳动,由小组长带队并管理易地搬迁劳动力在产业园区农业劳动,既能提高易地搬迁弱劳动力生产的自我管理能力,也解决了社区就业服务中心(站)人员不足的问题。

易地搬迁人口安置地农业就业帮扶参与主体,包括易地搬迁弱劳动力、安置社区、农业产业园、政府等多个行动主体。相关行动主体存在的利益联结包括:一是易地搬迁弱劳动力与农业产业园区的利益联结。易地搬迁弱劳动力与农业产业园的劳动力供需关系是易地搬迁弱劳动力在周边实现农业就业的基础。农业产业园区发展需要大量农业劳动者,而易地搬迁弱劳动力希望从事农业劳动获得经济收入,因而双方之间形成了基于劳动力供需的利益联结关系。二是城镇安置社区与易地搬迁弱劳动力之间的利益联结。城镇安置社区掌握着农业产业园区的农业用工需求信息,并且有责任帮助易地搬迁弱劳动力实现就业,而易地搬迁弱劳动力有农业就业技能但缺少农业就业机会。城镇安置社区作为易地搬迁弱劳动力与农业产业园区连接的"桥梁",可以帮助易地搬迁弱劳动力前往农业产业园区务农。另外,一些农业产业园区企业的财务专账来结算易地搬迁弱劳动力的农业劳动费用。农业产业园区企业将费用转给城镇安置社区就业服务中心(站),由社区就业服务中心(站)向易地搬迁弱劳动力代发农业劳动报酬。简言之,城镇安置社区与易地搬迁劳动力之间形成的是基于帮扶责任的利益联结关系。三是易地搬迁弱劳动力之间的利益联结。易地搬迁弱劳动力组织化后,他们共同参与现代特色农业示范区的农业劳动,在劳动协作中增加收入,形成了基于劳动协作的利益联结关系。

第三节　易地搬迁人口农业就业的实践创新

脱贫地区特色产业规模化发展,农业生产雇工需求增多,农业就业劳动力市场逐渐形成,为易地搬迁人口在安置地农村农业就业提供了基础。下面将以广西隆安县易地搬迁弱劳动力农业特色产业园区灵活就业为例,阐述易地搬迁人口安置地农业就业的实践探索。

一、广西现代特色农业示范区建设

党的十八大以来,广西将发展现代特色农业作为推动农业供给侧结构性改革的重要举措,以及激活乡村振兴发展动能、助推乡村产业振兴的重要载体,积极扶持发展一批要素集中、产业集聚、技术集成、经营集约的现代特色农业示范区(园),加快农业产业转型升级,促进三产融合发展。2014 年以来广西出台了《广西现代特色农业（核心）示范区创建方案》《广西现代特色农业（核心）示范区建设管理暂行办法》《广西现代特色农业示范区建设（2016—2017 年）行动方案》等多个政策文件，提出以"市场主导、政府引导、多元投入、特色兴区"为原则，积极发展一批要素集中、产业集聚、技术集成、经营集约的现代特色农业示范区，要求市县结合实际积极推动创建现代农业示范区。现代特色农业示范区核心示范区规划面积一般连片 3000 亩以上，拓展区 5000亩以上，辐射区 10000 亩以上。每个示范区至少有 1 家龙头企业入驻，至少成立有 1 个合作组织联结农户，社会资本、工商企业、金融资本成为示范区建设投资的主要来源，形成企业主体、政府引导、社会力量参与的多元投入机制。被认定为"广西现代特色农业（核心）示范区"的由广西壮族自治区农村工作领导小组颁发证书和牌匾，并给予一定的奖励补助。在基础设施建设投入上，政府采取资金扶持、技术指导和协调服务等综合举措支持示范区建设"四网"（水网、电网、路网、林网）等基础设施。经过 3 年建设，2017 年底，广西累计启动创建各类现代特色农业示范区 1730 个，其中省级现代特色农业示范区 147个、县级现代特色农业示范区 228 个、乡级现代特色农业示范园 310 个。

党的十九大提出实施乡村振兴战略。2017 年 4 月，习近平总书记视察广西时就"扎实推进现代特色农业建设"作出重要指示。为促进现代特色农业示范区建设跃上新台阶，2018 年，广西壮族自治区出台《广西现代特色农业示范区建设增点扩面提质升级（2018 — 2020）三年行动方案》（以下简称《三年行动方案》），要求市县政府围绕示范区增点、扩面、提质、升级完善示范区创建工作机制、扶持机制和建设管理运营机制，调动市场主导、主体运营、社会参与示范区建设的积极性和主动性。

《三年行动方案》提出，计划在 2020 年累计建成 300 个省级核心示范区、600 个县级示范区、3000 个乡级示范园、1.5 万个村级示范点，推进示范区建设从区、县、乡向村级延伸扩面。在资金投入上，广西壮族自治区财政每年安排 3 亿元奖补资金，整合相关部门有关资金和补贴，投向示范区建设。按照市场化方式,引导各类创新和产业基金投资农业特色企业。鼓励引导金融机构创新支持农贷款产品,开辟审批绿色通道,提高示范区经营主体的融资能力。农担机构对示范区内的农业新型经营主体实行优惠担保费率。国土、林业、电力部门优先安排示范区新增建设用地、用电指标,为示范区用地、用电开辟"绿色通道"。加大科技人才和设施装备扶持力度、招商引资力度,创新建设管理运行机制,加强对示范区建设的引领。① 2020 年《三年行动方案》建设任务顺利完成,截至 2020 年底,广西共建成 339 个省级核心示范区、873 个县级示范区、3404 个乡级示范园、15015 个村级示范点,实现县县有示范区、乡乡有示范园、村村有示范点,在产业发展上实现类型多样化、多元化、特色化,形成各级各类示范区梯次分布新格局。②

二、广西隆安现代特色农业示范区建设

隆安县位于广西西南部,辖 4 乡 6 镇,118 个行政区、15 个社区。隆安县总面积 2306 平方公里,总人口 41.94 万人,有壮族、汉族、苗族、瑶族等 13 个民族,其中壮族人口占比 94.6%。隆安县距离广西首府南宁市 80 公里,通高铁和高速,交通便利。隆安县地形以丘陵(占比 48.29%)和平原台地(占比 12.44%)为主,属于南亚热带湿润季风气候,炎热多雨,冬短夏长,发展特色农业优势明显。2019 年隆安县三次产业比为 40.6∶23.5∶35.9,农业占比显著高于二三产业。党的十九大以来,隆安县成为广西现代特色农业示范区(园)建设的重点县份。2018 年 10 月,根据广西壮族自治区建设现代特色农业示范区的要求,隆安县制定实施《隆安县现代特色农业示范区建设增点扩面提质升级(2018—2020 年)行动方案》,结合县域的火龙果、香蕉、沃柑等特色优势产业,积极争取上级资源和整合县域部门资源。建立了"政府引导、市场运

---

① 《广西现代特色农业示范区建设再升级》,2018 年 3 月 28 日,见 http://www.gov.cn/xinwen/2018-03/28/content_5277943.htm。

② 袁琳:《八桂田野风景这边独好》,《广西日报》2021 年 4 月 29 日。

作、企业主导、多元投入"运行机制,扶持发展龙头企业等新型农业经营主体共同建设各级示范区。

隆安县引领现代特色产业园发展的主要举措包括:一是示范区建设实行县长负责制。设立示范区建设工作领导小组,领导小组下设办公室,引导示范区选择主导产业、制定建设规划,组织向上级申报各级示范区,加强获批示范区的服务与管理,推动示范区提质升级。二是发挥政府在示范区创建的引领作用。通过积极争取上级资金、安排专项资金和整合涉农建设资金和补贴,持续投入示范区主导产业建设。按照"以奖代补""边建边补"方式支持重点建设领域和环节,开展公共基础设施建设。按照市场化方式,吸纳金融机构、社会资本参与设立产业基金投向示范区的农业企业。三是在用水、用地、用电、信贷、保险等扶持政策方面向示范区倾斜。优先安排新增建设用地指标用于示范区建设。四是推进示范区等级信用体系并与企业信用评级结合,提高示范区内经营主体信用贷款额度,进而提升现代特色农业示范区经营主体融资能力。农业信用担保机构在风险有效可控的前提下,降低涉农担保准入门槛,对示范区内的新型农业经营主体实行优惠担保费率。扩大主要特色农产品农业保险覆盖面,开展特色农产品价格指数、天气指数、农业巨灾等保险。

通过深入推进现代特色农业示范区(园)建设,隆安县现代农业产业发展取得积极成效。隆安县获得广西认定的乡(镇)级以上示范区共有 40 个,其中 4 个省级现代特色农业示范区(核心区规模连片 3000 亩以上)、2 个市级示范区(核心区规模连片 3000 亩以上)、4 个县级示范区(核心区面积相对连片 1000 亩以上)、30 个乡(镇)示范园区(核心区规模连片 500 亩以上)。通过示范区(园)建设的引领,隆安县农业产业层次明显提升,形成龙头带动、链条拉动、示范区支撑、机制灵活的特色农业发展方式。隆安县政府围绕现代特色农业示范区建设,通过资源整合、政策创新建构起引领型产业发展市场结构,通过园区的龙头企业等新型农业经营主体主导农业产业转型升级,推进县域农业产业标准化、规模化、集约化发展。家庭承包经营向企业经营、合作经营转变,实现农业产业链增值增效。隆安县各级示范区(园),特别是县级以上的示范区每年需要大量的农业长期用工或季节性临时用工,创造了大量农业用工岗位,为城镇化安置易地搬迁劳动力特别是无法适应城镇二三产业就业的易地搬迁弱劳动力向农业产业就业奠定了基础。如隆安县金惠香蕉产业核心示范区,香蕉种植规模达到 3000 亩以上,固定用工 1620 人,季节性用工 5060人次。

三、广西隆安县城镇化安置易地搬迁工程

隆安县既是广西的农业强县,也是广西壮族自治区乡村振兴重点帮扶县。隆安县既有利于特色农业发展的丘陵和平原台地,也有生存环境恶劣的喀斯特地形地貌(占比达到了 31.5%)。隆安县 6 个镇、4 个乡、1 个管理区,其中有 5 个镇 4 个乡属于石漠化片区。石漠化片区石头多,土地少,干旱少雨,水源匮乏,群众生产生活条件恶劣,收入以外出务工为主,"一方水土养不起一方人"。党的十八大以来,隆安县把易地搬迁作为打赢脱贫攻坚战的关键举措,落实党中央"易地搬迁脱贫一批、生态补充脱贫一批"的决策部署,大力推进以县城安置为主的城镇化易地搬迁脱贫方式。隆安县建成广西最大的城镇化易地搬迁集中安置点——震东集中安置社区,安置了农村建档立卡易地搬迁人口 5847 户 24423 人(占全县建档立卡贫困人口的 34%),易地搬迁劳动力 13004 人,55 岁以上易地搬迁弱劳动力 3241 人。

隆安县易地搬迁工程实施"三区"同步,产城融合,促进易地搬迁人口安置后可持续发展。具体而言,以易地搬迁与城镇化结合示范工程为抓手,统筹落实中央、自治区易地搬迁、生态移民、新型城镇化三种政策,探索"一个家、一个学位、一个岗位"移民安置与发展思路。在"一个家"建设中,把震东集中安置社区列入县城县区规划,选址在县城震东片区核心区域,与老县城一江之隔,离产业园仅 2 公里,和老城区融为一体,和产业园形成产城融合。安置房不仅以商品房建设为标准,而且提供必要的生活条件,易地搬迁群众只需简单

装修即可入住。震东集中安置社区的市政设施与县城市政设施一体规划,考虑安置社区、县城新区、产城融合区长远发展,配套建设"四纵(向)、七横(向)、两进(进高铁站路、进新水厂路)"共 13 条道路和供电线路、管网管线、给排水、燃气、通信等。震东集中安置社区的公共服务设施与综合服务管理有机结合,考虑安置区易地搬迁劳动力、新区住户、进城务工农户公共服务需求,建设便民利民"九个中心"服务工程:建设社区综合服务中心(站),提供"一站式"服务,以党群服务中心为总平台,推行"一站式"服务;建设新时代文明实践中心,运用图书室、广播电视全媒体信息室等载体,在社区开展宣传教育活动;建设就业社保服务中心,动态管理培训需求和就业信息,为社保参保人员服务;建设文体活动中心,满足易地搬迁人口文体休闲娱乐需求;建设老年服务中心,为老年人提供各类关爱服务;建设儿童之家,为易地搬迁儿童提供各类关爱服务;建设平价购物中心(农贸市场),为易地搬迁人口生活提供价廉物美的生活用品和副食品;建设社会治安综合治理中心,强化社会治安综合治理、矛盾调解、警务服务,为易地搬迁人口提供法律服务援助;建设物业服务中心,为易地搬迁人口生活提供管理服务。成立震东集中安置社区,建立震东社区党委、震东集中安置社区居委会,分别在震东和鑫佳园、昌泰茗城和东森悦府 3 个安置小区成立党支部,党支部接受震东集中安置社区党委的领导。配套成立社区工会、团支部、妇联等群团组织。安置区驻点工作人员有 34 人,其中社区"两委"干部 12 人、半定工干部(治保主任)1 人、第一书记 4 人、从乡镇抽调驻点工作队员 9 人、网格员 8 人。建立 78 个单元微信群,组织易地搬迁劳动力、社区干部、网格员和 3645 名帮扶干部进群,实现沟通"零距离"。

在"一个学位"建设中,隆安县建成宝塔、德润、昌泰茗城等 3 所幼儿园,可提供学位 1160 个,完全满足易地搬迁家庭子女共 827 个学前学位的需求;建成宝塔小学、粤桂小学等 2 所小学,可提供学位 5400 个,完全满足易地搬迁家庭子女共 2494 个小学学位的需求;建成配套中学(县第五中学),可提供学位 4200 个,其中初中学位 1400 个,完全满足易地搬迁家庭子女共 1383 个初中学位的需求。配强学校师资力量,2016 年至 2020 年招聘教师 1020 名,其中 229 名安排到震东集中安置社区的配套学校。

在"一个岗位"的建设中,调整产业园区发展定位,把宝塔产业园定位调整为服务易地搬迁集中安置的劳动密集型产业园,新建农民工创业园。集中完善创业园水电路气讯基础设施建设,通过政府统建、开发商自建、企业独立建厂等方式分 A、B、C 三个区建设标准厂房,承接东部产业转移,发展产城融合区。产业园区按照"1 栋安置楼配套建设 1 栋标准厂房,1 栋标准厂房引进 1 家以上企业,实现年产值 1 亿元以上"目标,招商引进劳动密集型产业,培育和建立工厂式、车间式就业扶贫车间,落户的 57 家企业已认定扶贫车间的 28 家,达产满产后可提供就业岗位 5000 个。落实落户企业优惠政策,鼓励企业吸纳易地搬迁人口务工就业。2018—2020 年,隆安县发放技术改造补助、租赁厂房补助等各类补助资金 7347.05 万元。通过在安置小区设立培训扶贫车间、布局商业网点、开发公益性岗位、组织送工等方式,为需照顾老人小孩不能到工厂坐班、年龄较大且无技能的劳动力等搬迁群众提供工作岗位。其中,震东社区与全县辖区内的 20 多家农业企业达成用工合作协议,形成"企业派单、居民点单、社区送单"的农业就业服务模式。

四、广西隆安县安置社区"小梁送工"案例

在巩固拓展脱贫攻坚成果同乡村振兴有效衔接中,作为安置区的基层组织管理单位,隆安县震东集中安置社区积极探索多渠道保障易地搬迁人口高质量稳定就业新方式,多举措盘活就业资源,拓宽增收渠道。2020 年 3 月起产生的"企业派单、居民点单、小梁送单"的"小梁送工"农业就业服务模式,是多种就业帮扶方式的典型。"小梁送工"是由震东社区居委会副主任、就业服务站站长梁佳为该服务模式具体实施主要负责人而得名,是隆安县易地搬迁后续扶持工作中帮助群众灵活就业的特色举措之一。

搬迁安置后,震东集中安置社区中绝大部分易地搬迁劳动力通过市场配

置方式实现了稳定就业。但是也有一部分 50 岁至 65 岁的易地搬迁弱劳动力长期从事农业劳动,搬迁至城镇后因为年纪比较大、文化水平低,普遍存在技能低、工厂式就业难的问题。特别是 2020 年初新冠疫情暴发后,易地搬迁弱劳动力务工就业压力进一步增大,对于年纪大、习惯于干农活、没有一技之长的易地搬迁弱劳动力而言,实现稳定就业就更加困难。为此,震东集中安置社区就业服务站及社区就业帮扶工作队对安置区周边的大型农业产业基地进行考察,发现隆安县现代特色农业示范区(园)对农业工人的需求量很大,并与各现代特色农业示范区(园)达成初步意向,由社区就业服务站组织易地搬迁弱劳动力前往现代特色农业示范区(园)开展农业就业。考察回来后,震东社区就业帮扶工作队以大龄易地搬迁弱劳动力为重点对象,通过社区服务站定点报名、社区广播、楼栋微信群、就业服务专用群等方式第一时间把现代特色农业示范区(园)的农业招工信息向易地搬迁弱劳动力发布。易地搬迁弱劳动力根据自身情况可在线上和线下报名参加务工。震东集中安置社区就业服务站根据当天报名情况对接隆安县人社局、县汽车总站租定车辆,次日清晨将实际签到人员,直接派送到现代特色农业示范区(园)务工,形成快捷、高效、精准的"点对点"送工模式。易地搬迁弱劳动力农业务工根据劳动类型不同获得的收入为 100 元至 180 元不等。工资基本是当天结算,出了地头就可以拿到工钱。少数现代特色农业示范区(园)通过走公司财务报账要 3—5 天后才能结算,这种情形一般是由震东集中安置社区就业服务站对接报账然后再发给搬迁农户。

震东集中安置社区"小梁送工"易地搬迁弱劳动力农业就业,由安置社区作为桥梁把安置社区周边的现代特色农业示范区(园)用工需求和易地搬迁劳动力就业需求有效衔接,既解决了现代特色农业示范区(园)找农业雇工难的问题,也解决了易地搬迁弱劳动力就业难的问题,受到现代特色农业示范区(园)企业和易地搬迁劳动力的欢迎。安置社区"送工"逐渐由临时性向常态化发展。从 2020 年 3 月至 2021 年 6 月,震东集中安置社区就业服务站已与隆安县相关现代特色农业示范区（园）的 30 多个农业企业签订合作协议，由震东集中安置社区在不同时节向现代特色农业示范区（园）每天稳定提供 150—400 人。同时，震东集中安置社区也逐步引导易地搬迁弱劳动力向专业化团队发展，把易地搬迁弱劳动力按不同年龄、技能和个性搭配，建立 8 个不同技能类别的农业就业团队，从每个团队中推选出带队组长、副组长，协助日常出工协调和联系。与农业企业开展用工对接、联系租车等则由震东集中安置社区就业服务站的就业帮扶工作队负责。截至 2021 年 6 月，震东集中安置社区完成输送易地搬迁弱劳动力到现代特色农业示范区（园）农业就业 400 多批次 2.9 万多人次，实现农业就业总收入约 400 万元，易地搬迁弱劳动力日均增收 100 元至 180 元不等，有效解决了城镇化安置易地搬迁人口中"五六十岁"大龄移民弱劳动力的就业难题。

第五章 易地搬迁人口资产收益生计和生态收益生计

新型城镇化背景下,滇桂黔石漠化片区易地搬迁人口安置到城镇后转向以就业为核心的生计方式。与此同时,易地搬迁人口仍拥有迁出地村庄的耕地、林地、宅基地等各类农业资源,以及在迁出地村庄的各项权益。换言之,尽管易地搬迁人口迁移到了城镇,但是他们仍跟搬迁前一样拥有在迁出地村庄的各项资源和权利。滇桂黔石漠化片区易地搬迁人口可以利用其在迁出地的各类农业资源发展资产收益生计,可利用迁出地村庄生态资源发展生态收益生计。本章着重论述滇桂黔石漠化片区易地搬迁人口城镇化安置后利用其在迁出地村庄所拥有的各类资产资源发展资产收益生计和生态收益生计,使用滇桂黔石漠化片区8县区城镇化安置易地搬迁人口收入调查数据进行实证分析易地搬迁人口资产收益生计收入、生态收益生计收入情况。

第一节 易地搬迁人口资产收益生计

资产收益扶贫是党的十八大之后我国扶贫深化改革和创新机制中的一项重要创新机制,成为精准扶贫政策和实现"十三五"脱贫目标的重要抓手。2015年11月,资产收益扶贫在《中共中央关于制定国民经济和社会发展第十三个五年规划的建议》中提出后,得到中央和地方的有效推进,成为产业扶贫的主要方式之一。

一、资产收益扶贫的减贫逻辑

资产收益扶贫是资产建设理论在我国扶贫实践的探索,通过分红为无劳动力或弱劳动力贫困人口提供了稳定收入来源,[1]实现扶贫资源与涉农资金的有效整合,以市场化方式帮助贫困农户实现"资源变资产,资产变资本",拓展贫困人口的财产性收入来源,为其稳定脱贫提供保障。[2] 资产收益扶贫将财政扶贫资金、承包土地经营权和部分农村集体资产量化贫困人口在乡村产业中的股份,使贫困人口享受分红等多种收益,建立起新型经营主体与贫困人口的利益连接。一方面资产收益扶贫使贫困人口获得稳定的资产性收益,帮助其实现稳定增收;另一方面资产收益扶贫是政府帮助穷人进行资产建设,最终实现其福利改善和抵抗风险能力提高。[3] 本书将资产收益扶贫定义为:通过一定的产业合作方式帮助贫困农户通过资产入股、租赁或托管等方式获得资产性收入进而增收脱贫的扶贫方式,这里的"资产"包括贫困村集体的土地、森林、荒山、荒地、矿产资源等集体性资产,贫困户的土地承包权、林权、房屋、圈舍等农户资产,甚至贫困户的土地、森林、荒山、荒地、水面、滩涂等物质资产,以及财政扶贫资金或涉农资金投入农业、养殖、光伏、水电、乡村旅游等项目形成的资产。

在资产收益扶贫中,贫困人口的经济收益主要包括三个部分:一是贫困人口自有资源(耕地、林地)入股或政府财政资金以贫困人口名义入股到由新型

---

[1]　汪三贵、梁晓敏:《我国资产收益扶贫的实践与机制创新》,《农业经济问题》2017 年第 9 期。

[2]　刘扬、王东宾:《资产收益扶持机制研究:理论、政策与实践》,《浙江社会科学》2017 年第 9 期。

[3]　李卓、左停:《资产收益扶贫有助于"减贫"吗? ——基于东部扶贫改革试验区 Z 市的实践探索》,《农业经济问题》2018 年第 10 期。

农业经营主体主导的产业发展之中获得的产业发展分红。二是贫困人口自有资源（耕地、林地）以出租的方式加入由新型农业经营主体主导的产业之中获得的租金收益。三是贫困人口通过土地资源和劳动力资源进行自营农业经营活动或是投入到由新型农业经营主体主导的产业发展获得的政府奖励补助，如地方政府广泛实施的以奖代补政策。

资产收益扶贫是精准扶贫、精准脱贫的新途径，为贫困人口乃至贫困地区脱贫提供了可行路径。资产收益扶贫的前提是资金和资源的资本化，通过资金变股金、资源变资本，为农村缺少生产资料的贫困人口乃至普通农户参与市场化经营赋权。资产收益扶贫在理论上的减贫逻辑是通过依托合作社规范整合农户、村集体、市场经营主体、政府等各主体的资金资源，变分散化经营为集聚化生产，一方面改变小农经营的高风险与市场不适应的问题，另一方面解决小微企业融资难等问题，通过优势互补实现双赢；通过市场化运营、折股量化、"共负盈亏、共担风险"等系列机制，农户、贫困村通过按股分红获得比入社前更多的收益，通过参与合作社管理和运营决策，实现自我发展能力的提升。也有学者认为，资产收益扶贫本质上是救济式产业帮扶，贫困人口在产业发展中往往参与不足，难以提高发展能力。[1]

二、易地搬迁人口的资产收益生计

资产收益扶贫的资产大致可以分为三类：一是自然资源，包括农村中的耕地、林地等各类自然资源；二是农户自有权益或资产和村集体资产；三是国家财政扶贫专项资金、涉农资金以及农户自有资金。新型城镇化背景下，滇桂黔石漠化片区易地搬迁人口主要安置在城镇。一部分易地搬迁人口在城镇化安置后逐渐脱离了农业生计，家庭收入以城镇就业的工资性收入为主。这部分易地搬迁人口在迁出地农村的农业资源要么有偿流转给新型农业经营主体发

---

① 林万龙、华中昱、徐娜：《产业扶贫的主要模式、实践困境与解决对策——基于河南、湖南、湖北、广西四省区若干贫困县的调研总结》，《经济纵横》2018 年第 7 期。

展农业,要么无偿给在迁出地村庄的亲戚、朋友耕种。同时,也有相当一部分易地搬迁人口特别是老年易地搬迁人口城镇化安置后,仍然选择返回迁出地农村继续耕种土地。另外,在城镇安置点的建设中,各地政府往往配套建设了相应的经营性资产(如安置点居民楼下的商铺等),这部分经营性资产在理论上也可能成为滇桂黔石漠化片区易地搬迁人口的资产收益来源。如《全国"十三五"易地扶贫搬迁规划》指出,支持安置地发展物业经济,探索建立物业合作社,将商铺、厂房、停车场等营利性物业产权量化到易地搬迁家庭或个人,增加易地搬迁人口的资产性收入。

滇桂黔石漠化片区易地搬迁人口的资产收益生计,一是易地搬迁人口将迁出地的农地有偿流转给新型农业经营主体(企业、合作社、家庭农场等)获得的资产收益。二是易地搬迁人口返回迁出地从事农业生产经营获得的政府扶持性补贴(如以奖代补)。三是安置地发展物业经济,将在安置点建设的商铺、厂房、停车场等营利性物业产权量化到易地搬迁家庭或个人,使其获得资产收益。然而,在实践中,城镇集中安置点的商铺等经营性资产全部由负责易地搬迁集中安置点投融资和建设的县属国有独资公司("平台公司")进行运营与管理,平台公司经营商铺获得的收益主要用于安置社区的物业管理等支出,并没有分红给易地搬迁人口。四是政府以易地搬迁人口名义投资发展产业量化到易地搬迁家庭获得的资产收益。

三、易地搬迁人口的资产收益分析

2022年5月,笔者与国家乡村振兴局中国扶贫发展中心联合在滇桂黔石漠化片区8县(区)开展易地搬迁家庭收入调查。调查的县(区)分别是广西壮族自治区田阳区、都安县、凤山县、南丹县、马山县、三江县和贵州省黔东南苗族侗族自治州锦屏县、云南省曲靖市会泽县。共发放调查问卷400份,有效问卷375份。(见表5-1)

表 5-1　滇桂黔石漠化片区扶贫问卷调查统计

省（自治区）	市（自治州）	县（区）	调查城镇集中安置点数量（个）	调查农户问卷数量（份）
广西壮族自治区	南宁市	马山县	4	50
	柳州市	三江县	4	47
	百色市	田阳区	3	53
	河池市	都安县	4	52
		凤山县	3	52
		南丹县	3	46
贵州省	黔东南苗族侗族自治州	锦屏县	2	33
云南省	曲靖市	会泽县	3	42
合计			26	375

（一）易地搬迁人口迁出地农业资源状况

通过问卷调查数据分析显示,广西壮族自治区的凤山县户均拥有土地最多,达到14.73亩/户,排第二的是广西三江县,户均拥有土地面积13.13亩,户均拥有土地最少的是贵州省锦屏县的易地搬迁农户,户均拥有土地面积1.95亩。（见图5-1）

在搬迁前,易地搬迁人口主要从事粮食种植业以满足家庭消费需求。问卷调查数据显示,在拥有耕地的361户易地搬迁人口中,搬迁前没有从事农业的有19户,占比5.26%;从事粮食种植的有228户,占比63.16%;从事蔬菜种植的有7户,占比1.94%;从事水果种植的有8户,占比2.22%;从事林业(油茶、八角等)的有60户,占比16.62%;从事养殖业的有39户,占比10.80%。（见图5-2）可见,搬迁前,多数易地搬迁人口主要从事粮食种植业,农业主要用于满足家庭消费需求。

（单位：亩/户）

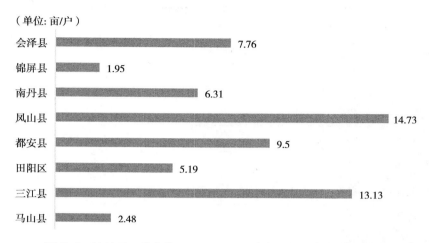

图 5-1　滇桂黔石漠化片区 8 县（区）易地搬迁人口户均土地面积

（单位：%）

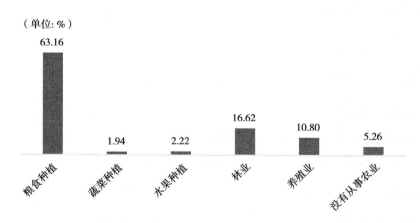

图 5-2　搬迁前易地搬迁人口主要从事的农业产业类型

调查问卷分析的结果显示,搬迁后仍然有大量的滇桂黔石漠化片区易地搬迁人口返回迁出地兼顾农业生产。搬迁后仍返回迁出地从事农业生产的有 171 户,占比 45.60%。其中广西凤山县返回迁出地经营农业的比例最高,达到了 76.92%,云南会泽县易地搬迁人口返回迁出地经营农业的比例最低,为 7.14%,广西都安县易地搬迁人口返回迁出地经营农业的比例也比较低,为 9.62%。（见表 5-2）

表 5-2　滇桂黔石漠化片区 8 县（区）易地搬迁人口返回迁出地经营农业

县（区）	总户数 （户）	返回迁出地经营农业 （户）	返回迁出地经营农业占比 （%）
马山县	50	25	50.00
三江县	47	36	76.60
田阳区	53	25	47.17
都安县	52	5	9.62
凤山县	52	40	76.92
南丹县	46	28	60.87
锦屏县	33	9	27.27
会泽县	42	3	7.14

（二）易地搬迁人口资产收益生计的收入情况

滇桂黔石漠化片区易地搬迁人口的资产收益来源,包括迁出地农地有偿流转收入、易地搬迁人口在安置地或迁出地的房屋出租收入、易地搬迁人口在迁出地的生产资料出租收入、迁出地农业生产经营的政府扶持补贴收入、政府以易地搬迁人口名义投资产业量化到易地搬迁家庭获得的资产收益收入等多个方面。本书结合实践中易地搬迁人口资产收益的情况,将易地搬迁人口财产性收入中的土地流转收益、承包地入股分红、其他生产资料租金、自有资金入股分红、光伏收益分配、其他扶贫资产分红、房屋租金七类收入作为扶贫资产收益收入。

第一,易地搬迁人口的资产收益较低,多数易地搬迁人口没有资产收益。问卷调查数据分析表明,375 户易地搬迁人口户均扶贫资产收益收入为533.32 元,超过六成的易地搬迁人口没有扶贫资产收益。在 375 份有效问卷中,只有 139 户易地搬迁人口有资产收益收入,占比 37.07%;而 236 户易地搬迁人口没有任何资产收益,占比达到63.93%。

第二,易地搬迁人口的资产收益收入集中在扶贫资产分红、土地流转和自有资金入股分红等方面。调查问卷数据分析表明,易地搬迁人口的资产收益收入主要集中在扶贫资产分红上,其中,其他扶贫资产分红户均476.77元,占比89.40%;土地流转租金户均28.00元,占比5.25%;自有资金入股分红户均23.15元,占比4.34%;承包地入股分红户均5.40元,占比1.01%;而其他生产资料租金、光伏收益、房屋租金三类扶贫资产收益的收入均为0元。可见,易地搬迁人口资产收益的收入不仅非常少,且收入集中在扶贫资产分红、土地流转收益、自有资金入股分红等方面。(见表5-3、图5-3)

表5-3　滇桂黔石漠化片区易地搬迁人口资产收益的种类与收入

资产扶贫收益类型	户均收入(元)
土地流转租金	28.00
承包地入股分红	5.40
其他生产资料租金	0
自有资金入股分红	23.15
光伏收益	0
其他扶贫资产分红	476.77
房屋租金	0
户均收入合计	533.32

第三,从横向比较来看,滇桂黔石漠化片区易地搬迁人口资产收益生计的收入在县际的差异比较大。问卷调查数据分析表明,户均易地搬迁人口资产收益户数排前三的是广西都安县、田阳区、凤山县,户均收入分别为1539.98元、1114.25元、538.69元,第四是广西三江县,易地搬迁农户户均扶贫资产收益收入为248.82元,第五为广西南丹县,易地搬迁农户户均扶贫资产收益收

（单位：%）

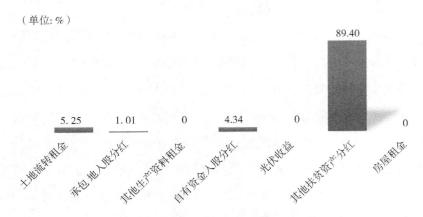

图5-3 易地搬迁人口各类资产收益收入占比情况

入为213.32元,第六为云南会泽县,易地搬迁农户户均扶贫资产收益收入为120.24元,第七为广西马山县,易地搬迁农户户均扶贫资产收益收入为90.10元,易地搬迁农户户均资产扶贫收益最少的是贵州锦屏县,户均扶贫资产收益收入为54.09元。(见表5-4)

表5-4 滇桂黔石漠化片区各县(区)易地搬迁人口资产收益收入情况

省(自治区)	县(区)	户数(户)	资产扶贫收入大于0的户数(户)	户均扶贫资产收益收入(元)
广西壮族自治区	马山县	50	4	90.10
	三江县	47	6	248.82
	田阳区	53	39	1114.25
	都安县	52	39	1539.98
	凤山县	52	14	538.69
	南丹县	46	20	213.32
贵州省	锦屏县	33	2	54.09
云南省	会泽县	42	5	120.24

第二节　易地搬迁人口生态收益生计

一、生态扶贫的减贫逻辑

生态与环境保护是人类发展的重大课题。新中国成立后,我国进入快速工业化轨道,加之人口的快速增长,产生了大规模的生态破坏和严重的生态环境问题。[①] 我国贫困地区与生态脆弱地区高度重合,生态贫困人口主要分布在西南大石山区、西北黄土高原区、秦巴贫困山区和青藏高原等地区。我国生态敏感地带人口中,74%生活在贫困县内,约占总人口 81%。[②] 生态环境脆弱背景下,生存条件差,土地生产力低,疾病增加,贫困问题与生态问题并生[③],贫困地区发展陷入"贫困—人口增长—生态退化"的恶性循环。

党的十八大以来,中央把生态文明建设作为统筹推进"五位一体"总体布局和协调推进"四个全面"战略布局的重要内容,建设美丽中国,实现中华民族永续发展。习近平总书记指出:"我们既要绿水青山,也要金山银山。宁要绿水青山,不要金山银山,而且绿水青山就是金山银山。"[④]习近平总书记的重要论述,表达了党和政府大力推进生态文明建设的鲜明态度和坚定决心。生态扶贫是精准扶贫中"五个一批"脱贫路径的重要"一批"。积极构建多元主体协同推进的生态脱贫机制,是探索绿色减贫的必由之路。[⑤]

1986 年,我国贫困研究学者王小强、白南风出版名为《富饶的贫困》著作,

[①] 赵其国、黄国勤、马艳芹:《中国生态环境状况与生态文明建设》,《生态学报》2016 年第19 期。

[②] 李周、陈若梅、高岭:《中国贫困山区开发方式和生态变化关系的研究》,山西经济出版社 1997 年版,第 1—2 页。

[③] 陈南岳:《我国农村生态贫困研究》,《中国人口·资源与环境》2003 年第 4 期。

[④] 中共中央宣传部、中华人民共和国生态环境部:《习近平生态文明思想学习纲要》,学习出版社、人民出版社 2022 年版,第 27 页。

[⑤] 韩跃民:《全球生态贫困治理与"中国方案"》,《社会科学战线》2019 年第 11 期。

论述一些贫困地区的自然资源令人惊诧地富饶,但处于极度的贫困之中。作者将这种"富饶的贫困"归结为人的素质差。① 人的因素固然重要,但是贫困地区生态的脆弱成为当地人贫困的重要原因。我国贫困地区与生态脆弱地区重合度高,贫困地区生态系统脆弱,生态价值往往很难转化为经济价值。苦守"绿水青山",无缘"金山银山",或是既无"绿水青山",也无"金山银山",或是有了"金山银山",丢了"绿水青山"。②

　　生态建设与扶贫结合是实现贫困地区绿水青山变金山银山的重要方式,生态扶贫或绿色减贫是贫困人口脱贫的重要路径。生态贫困是在特定时空情景下,人地关系地域系统中"地"维度上的剥夺及其制约"人""业"维度的发展或导致彼此不协调、不可持续发展的过程和状态。生态扶贫的贫困干预维度包括"地"层面的干预(如开发生态资本和促进贫困人口参与),"人"层面的干预(如提升贫困人口的人力资本),以及面向"业"层面的干预(如产业、就业、创业等)。③ 从类型化的角度看,生态扶贫可分为生态补偿扶贫、生态保护扶贫(把增强环境承载力为目标的生态建设工程与精准扶贫结合)和生态产业扶贫(把生态产业转型与精准扶贫结合)。生态补偿扶贫将贫困人口与生态补偿对象、扶贫地域与生态补偿地区、产业扶贫与生态补偿措施、贫困程度与生态补偿标准、扶贫政策与生态补偿需求等多方面实施衔接。④ 生态扶贫是多元主体协同参与的扶贫系统,既要强化政府主导作用,也要充分发挥贫困人口的主体作用,在完善市场和生态资产建设同步的过程中,将生态价值转变

① 王小强、白南风:《富饶的贫困》,四川人民出版社1986年版。
② 于开红、付宗平、李鑫:《深度贫困地区的"两山困境"与乡村振兴》,《农村经济》2018年第9期。
③ 冷志明、丁建军、殷强:《生态扶贫研究》,《吉首大学学报(社会科学版)》2018年第4期。
④ 刘春腊等:《精准扶贫与生态补偿的对接机制及典型途径——基于林业的案例分析》,《自然资源学报》2019年第5期。

为经济价值和脱贫效益。[1]

总体来看,生态扶贫是生态文明建设与农村贫困治理的有机结合,是以保护和建设当地生态环境带动贫困人口脱贫与发展。生态补偿扶贫、生态保护扶贫、生态产业扶贫等是生态扶贫的主要类型。生态扶贫治理强调构建政府、社会(贫困人口)、市场协同参与的结构体系。

二、易地搬迁人口生态收益生计

城镇化安置易地搬迁人口是我国"十三五"时期脱贫攻坚的重要举措。易地搬迁对于贫困人口脱贫和改善生态环境,促进区域人口、资源、环境协调发展具有积极促进作用。易地搬迁把贫困人口从生态脆弱地区搬迁到城镇,改变易地搬迁人口生产生活方式,缓解了区域人地矛盾,促进迁出区生态系统逐渐向良性循环的方向调整过渡。[2] 在"一方水土养不起一方人"的生态脆弱地区,生态资源的公共性与农户个体经济利益之间存在张力,政府引导农民向城镇转移和就业,降低了其对迁出区生态的依赖性,实现了对迁出区生态保护。[3] 质言之,城镇化安置易地搬迁人口通过人口的地理空间转移打破迁出区农村贫困陷阱的内生性结构,破解"一方水土养不起一方人"的贫困陷阱,实现贫困人口脱贫与生态环境保护的双赢。

易地搬迁人口迁移至城镇后仍保留了在迁出区的耕地承包权、林地承包权等农业生态资源。滇桂黔石漠化片区易地搬迁人口的生态收益生计主要包括两个部分:一是生态补偿扶贫形成的收益生计。易地搬迁人口可借助这些农业生态资源作为生态收益来源,通过政府开展生态补偿扶贫,获得生态收益

① 欧阳祐兰:《探索生态扶贫的实现路径》,《人民论坛》2019 年第 21 期;王晓毅:《绿色减贫:理论、政策与实践》,《兰州大学学报(社会科学版)》2018 年第 4 期。

② 宁静等:《易地扶贫搬迁减少了贫困脆弱性吗?——基于 8 省 16 县易地扶贫搬迁准实验研究的 PSM-DID 分析》,《中国人口·资源与环境》2018 年第 11 期。

③ 李聪、郭嫚嫚、李萍:《破解"一方水土养不起一方人"的发展困境?——易地扶贫搬迁农户的"福祉—生态"耦合模式分析》,《干旱区资源与环境》2019 年第 11 期。

收入如政府发放给易地搬迁人口的退耕还林、退牧还草补贴等。二是生态保护形成的收益生计。2016 年 9 月,国家林业局联合财政部、国务院扶贫办在集中连片特困地区、国家重点贫困县以及重点生态功能区转移支付补助县正式开展生态护林员选聘工作。生态护林员是政府购买服务实施的生态公益岗位,是基于习近平生态文明思想、"两山"理念,同时在生态补偿理论、中国特色反贫困理论指导下开展的生态扶贫实践。① 护林员成为易地搬迁人口统筹减贫目标与生态建设目标的重要路径,易地搬迁人口成为护林员既能帮助其增加收入,也能促进生态脆弱地区生态系统的修复与保护。

三、易地搬迁人口的生态收益分析

2022 年 5 月,笔者与国家乡村振兴局中国扶贫发展中心联合在滇桂黔石漠化片区 8 县(区)开展易地搬迁家庭收入调查。调查的县份分别是广西壮族自治区田阳区、都安县、凤山县、南丹县、马山县、三江县和贵州省黔东南苗族侗族自治州锦屏县、云南省曲靖市会泽县。共发放调查问卷 400 份,有效问卷 375 份。(见表 5-1)下面将根据调查数据对滇桂黔石漠化片区易地搬迁人口生态收益的收入情况进行分析。滇桂黔石漠化片区易地搬迁人口居住在城镇以从事城镇就业为主,且距离迁出区有一定的距离,易地搬迁农户很少从事生态护林员公益性岗位。滇桂黔石漠化片区易地搬迁人口生态收益生计主要体现在退耕还林、退牧还草等生态补偿补助,以及政府对易地搬迁人口在迁出地种植生态农业的补贴。

(一) 易地搬迁人口生态补偿的收入情况

易地搬迁人口生态补偿收益主要为移民在迁出区的退耕还林、退牧还草等生态补偿补贴。问卷调查数据分析显示,在 375 份有效作答的易地搬迁农

---

① 贾天宇、王一凡、赵荣:《中国生态护林员政策实施机制、成效及动态调整》,《世界林业研究》2022 年第 6 期。

户中,有 228 户农户表示没有生态补偿补贴,占比 60.80%,有 147 户表示有生态补偿补贴,占比 39.20%,易地搬迁农户户均获得生态补偿补贴 211.17 元。可见,相当多的易地搬迁农户没有生态补偿补贴,易地搬迁人口生态补偿补贴的收益也比较低,户均生态补偿补贴在 200 元左右。

从县域角度来看,不同县份的易地搬迁人口获得的生态补偿补贴也有差异。其中云南会泽县的生态补偿补贴数额最高,户均补贴为 423.24 元,获得生态补偿补贴的易地搬迁人口占比 80.95%;广西都安县易地搬迁人口的生态补偿补贴排在第二位,户均补贴为 408.14 元,获得生态补偿补贴的易地搬迁人口占比 51.92%;广西三江县的生态补偿补贴最少,为户均补贴 29.17 元,获得生态补偿补贴的易地搬迁人口占比 14.89%。(见表 5-5)

表 5-5 易地搬迁人口生态补偿收益的收入情况

调查省 (自治区)	调查县 (区)	户均生态补偿收入 (元)	获生态补偿易地搬迁人口 占比(%)
广西壮族 自治区	马山县	263.26	36.00
	三江县	29.17	14.89
	田阳区	160.90	30.08
	都安县	408.14	51.92
	凤山县	215.56	44.23
	南丹县	79.42	1.43
贵州省	锦屏县	67.88	54.55
云南省	会泽县	423.24	80.95

(二)易地搬迁人口生态农业补助的收入情况

滇桂黔石漠化片区易地搬迁人口城镇化安置后,由于城镇生活开支增加、老年劳动力、弱劳动力无法实现城镇就业等原因,相当一部分易地搬迁人口选择兼顾迁出区的农业生产,通过小农生产获得农业产品降低家庭消费支出。滇桂黔石漠化片区地方政府也支持易地搬迁人口在保护生态的前提下合理开发迁出区的农业资源,并且给予农业补贴。易地搬迁人口生态农业补助即为政府支持易地搬迁人口在迁出区从事农业生产的所发放的农业补贴。

易地搬迁人口生态农业补贴收入主要包括良种补贴等农业补贴收入。问卷调查数据分析显示,在375份有效作答的易地搬迁农户中,有255户农户表示返回迁出区从事农业生产并获得了政府发放的生态农业补贴,占比68.00%,易地搬迁人口户均获得生态补偿补贴219.847元,可见易地搬迁人口生态农业补贴的收益并不高。

从县域角度来看,不同县份的易地搬迁人口获得的生态农业补贴也有差异。比如广西南丹县的生态农业补贴金额最高,户均补贴为314.53元,获得生态农业补贴的易地搬迁人口占比78.26%,广西田阳区易地搬迁人口的生态农业户均补贴为299.53元,获得生态农业补贴的易地搬迁人口占比66.04%,贵州锦屏县易地搬迁人口的生态农业补贴最少,户均补贴为119.92元,获得生态农业补贴的易地搬迁人口占比100.00%。(见表5-6)

表5-6 易地搬迁人口生态农业补贴的收入情况

调查省 (自治区)	调查县 (区)	户均生态农业补贴收入 (元)	获生态农业补贴易地搬迁人口 占比(%)
广西壮族 自治区	马山县	243.77	70.00
	三江县	161.60	61.70
	田阳区	299.53	66.04
	都安县	166.74	51.92
	凤山县	238.74	86.54
	南丹县	314.53	78.26

调查省 （自治区）	调查县 （区）	户均生态农业补贴收入 （元）	获生态农业补贴易地搬迁人口 占比（%）
贵州省	锦屏县	119.92	100.00
云南省	会泽县	173.10	35.71

第六章　易地搬迁的效益评估

把农村贫困人口迁移到城镇地区有助于推动滇桂黔石漠化片区的新型城镇化,也有利于迁出地区生态环境改善,而在安置地积极促进易地搬迁人口生计向城镇就业转型能促进易地搬迁群众稳定脱贫。因而,滇桂黔石漠化片区易地搬迁政策举措兼具减贫、生态建设和新型城镇化多重目标,可以从这三个维度对易地搬迁效益开展系统评估。

第一节　易地搬迁、生态建设与新型城镇化

我国易地搬迁实践缘起于 20 世纪 80 年代的"三西"农业建设。20 世纪 80 年代的易地搬迁出于解决个别自然条件特别恶劣地区农村人口的生存问题(绝对贫困问题的极端形态)的需要,属于扶贫举措中面向个别问题、个别区域的非常规举措。20 世纪 90 年代,易地搬迁呈现出从个别区域向多个区域铺开的势态,并开始被视为我国减贫实践中值得大力探索的一条常规途径。

一、易地搬迁与生态建设

进入 21 世纪,我国经济社会进一步发展,但区域、城乡发展不平衡问题和资源环境问题突出,国家大力开展退耕还林等生态建设重点工程,大力实施西

部大开发等区域发展战略,大力统筹城乡发展,易地搬迁不仅是农村减贫的基本途径,而且是解决资源环境问题的重要举措,在一些地方还被视为改善农村基本公共服务的探索方向。滇桂黔石漠化片区的贫困问题和生态环境问题紧密交织在一起,属于人口与资源环境之间尖锐矛盾的不同表现。贫困迫使人们向自然界找出路,并以低技术水平和低劳动生产率开发利用资源环境,而脆弱的生态环境因为不当或过度开发而恶化,人们从自然界寻找出路的难度加大,贫困问题进一步加剧。滇桂黔石漠化片区扶贫需要大力化解人口与资源环境的矛盾,推动经济建设和生态文明建设协调发展。易地搬迁通过将农村贫困人口搬迁到其他地区,一方面有助于改善这些人口的生产生活条件,使他们能够通过自身努力脱贫致富并缩小与其他人群的发展差距;另一方面有助于缓解乃至完全消除迁出地人口压力,使得这些地区可以采取退耕还林等措施改善生态环境,因而能够从根本上解决自然条件特别恶劣地区人口与资源环境之间的矛盾。

滇桂黔石漠化片区易地搬迁的前提是有合适且足够的地方用于安置迁移出来的移民,使他们得以安身立命。进入 21 世纪之后,在中央统筹规划下的农业安置是我国易地搬迁人口安置的主导方式。然而,滇桂黔石漠化片区农业人口规模大、土地资源稀缺,经过多年的易地搬迁人口农业安置之后,调整土地用于易地搬迁农业生产安置已越来越困难,而利用新开发土地、置换土地等落实承包地的方法实现农业安置的空间也越来越小。城镇化安置成为党的十八大以来滇桂黔石漠化片区易地搬迁安置的重要方向。城镇就业成为解决滇桂黔石漠化片区易地搬迁人口安置后生计发展问题的重要路径。

二、易地搬迁与新型城镇化

党的十八大以后,我国掀开了全面深化改革的历史篇章,新型工业化、城镇化与农业现代化同步推进。易地搬迁进入了全新的阶段:除了继续承载减贫和生态建设的基础功能之外,易地搬迁与新型城镇化的关系受到越来越多

关注,城镇化安置易地搬迁进入中央政策议程。如《中国农村扶贫开发纲要
(2011—2020 年)》强调,要对生存条件恶劣地区扶贫对象实施易地搬迁,有
条件的地方引导向中小城镇、工业园区移民,创造就业机会,提高就业能力,加
强统筹协调,切实解决移民在生产生活等方面的困难和问题,确保易地搬迁人
口搬得出、稳得住、能发展、可致富。① 2016 年 9 月,国家发展改革委印发的
《全国"十三五"易地扶贫搬迁规划》把易地搬迁群众全部稳定脱贫、迁出区生
态环境明显改善,易地搬迁人口在安置地便利可及的教育、医疗等基本公共服
务作为易地搬迁工作重要目标,强调依托新型城镇化建设,在县城、小城镇或
工业园区附近建设安置区集中安置易地搬迁人口,城镇化安置易地搬迁人口
要占集中安置人口 37%。城镇化安置成为党的十八大以来我国易地搬迁安
置的重要特征。"十三五"时期,全国 960 万易地搬迁人口中城镇安置约 500
万人,农村安置约 460 万人,建成集中安置区约 3.5 万个,其中城镇化安置区
5000 多个,农村安置点约 3 万个。② 滇桂黔石漠化片区易地搬迁人口城镇化
安置的规模又高于全国易地搬迁人口城镇化安置的比例,广西、贵州、云南三
省区易地搬迁人口城镇化安置的比例都超过全国平均水平。

　　总的来看,党的十八大之后我国易地搬迁政策实践呈现出减贫、生态建
设、新型城镇化多重目标。滇桂黔石漠化片区开展了促进贫困人口脱贫、生态
建设与新型城镇协同推进的易地搬迁实践样态。在这一过程中,易地搬迁是
中心环节,将长期居住在"一方水土养不起一方人"地区的农村贫困人口搬迁
到城镇进行集中安置,通过技能培训、就业帮扶等各项举措促进易地搬迁人口
农业生计向城镇就业生计转型,实现易地搬迁人口在城镇安置点"能致富";
政府通过投资建设住房、配套基础设施和服务设施,满足易地搬迁人口在城镇
居住的基本服务需求,解决易地搬迁人口在城镇的社会融入问题,促进滇桂黔
石漠化片区新型城镇化;通过积极发展易地搬迁人口资产收益生计和生态收

---

① 《中国农村扶贫开发纲要(2011—2020 年)》,人民出版社 2011 年版,第 9 页。
② 赵展慧:《易地扶贫搬迁任务全面完成》,《人民日报》2020 年 12 月 4 日。

益生计,在促进易地搬迁人口增收的同时,积极推动迁出区生态恢复和发展,实现生态建设目标。

第二节　易地搬迁效益评估的维度和指标

基于易地搬迁减贫、生态建设和新型城镇化的多重目标,滇桂黔石漠化片区易地搬迁效益的评估包含易地搬迁人口增收脱贫、迁出区生态恢复发展,以及易地搬迁人口在城镇安置区的公共服务和融入等方面内容。

一、易地搬迁减贫维度的指标

(一) 多维贫困与易地搬迁减贫维度

长期以来,贫困被理解成为一维概念,仅指经济上的贫困,依据一个人维持生计所需的最低收入或消费水平,即贫困线(阈值)作为是否贫困的标准。随着人们对贫困现象研究的深入,贫困被认为是福利缺失的表现。而福利是个多维概念,除由收入水平决定外,还可能包含公共产品的供给、住房供给、扫盲和平均寿命等一些指标。基于福利经济学,一些研究把贫困定义为人们不能满足其社会上一致认可的“基本需要”(Basic Needs),形成了多维贫困理念。印度学者阿马蒂亚·森(Amartya Sen)用权利方法分析了贫困,认为个人权利是“个人能够确立其致贫的可供选择的商品束的集合”[1],贫困被视为个人权利的剥夺(失败),或者个人基本能力的丧失[2]。为此,森提出了可行能力贫困理论,认为发生贫困的原因在于免于饥饿、疾病和接受教育、获得政治参与等基本可行能力的剥夺,如果某个人缺少这些能力或者其中的一项,就意味

---

① [印]让·德雷兹、[印]阿马蒂亚·森:《饥饿与公共行为》,苏蕾译,社会科学文献出版社 2006 年版,第 10 页。
② 覃志敏、陆汉文:《藏区牧民生计分化与能力贫困的治理——以川西措玛村为例》,《西北人口》2012 年第 6 期。

着此人处于贫困状态。

森的可行能力理论产生了广泛的影响,成为联合国人类发展报告中人类发展指数制定的重要依据。我国在减贫进程中也吸收了多维贫困的理念。2015 年 11 月,《中共中央　国务院关于打赢脱贫攻坚战的决定》中强调,脱贫攻坚的目标是到 2020 年,稳定实现农村贫困人口不愁吃、不愁穿,义务教育、基本医疗和住房安全有保障。"两不愁"中的不愁吃、不愁穿涉及的是贫困人口的经济收入问题,脱贫攻坚期间我国脱贫人口的认定标准之一就是脱贫人口的人均纯收入不能低于 2300 元(2010 年不变价)的贫困线标准。"三保障"则涉及的教育、医疗和住房等基本公共服务的维度。滇桂黔石漠化片区城镇化安置的扶贫移民集中居住在城镇或城镇周边建设的楼房,同时政府在每个城镇集中安置点配套建设了学校、卫生院/卫生室、集中供水等生活设施。可以说,滇桂黔石漠化片区易地搬迁人口在"三保障"方面的问题并不大。滇桂黔石漠化片区易地搬迁人口减贫效益评估内容主要是在易地搬迁人口经济收入维度上进行指标设计。

(二) 易地搬迁减贫效益评估的指标

结合滇桂黔石漠化片区易地搬迁人口生计和经济来源的特点,易地搬迁减贫效益的评估主要是衡量易地搬迁人口城镇就业状况、易地搬迁人口搬迁前后家庭收入变化情况和易地搬迁人口对未来经济收入增长的主观预期三个指标。

1. 易地搬迁人口城镇就业状况

此指标主要是了解滇桂黔石漠化片区易地搬迁人口在哪些区域就业以及就业工资水平。包括两项内容:一是易地搬迁人口城镇就业的区域,包括省外务工、省内县外务工和城镇安置点周边务工。二是易地搬迁人口就业的工资水平。

2. 易地搬迁人口搬迁前后家庭收入变化情况

此指标主要是了解滇桂黔石漠化片区易地搬迁对移民收入的促进情况。

包括三个方面指标:一是易地搬迁人口搬迁前后主要收入来源的对比,分析搬迁前易地搬迁人口主要收入来源以及搬迁后易地搬迁人口主要收入来源。二是易地搬迁人口搬迁前后的家庭收入变化情况,分析搬迁前易地搬迁人口与搬迁后易地搬迁人口收入增长变化的情况。三是易地搬迁人口在搬迁前后家庭经济收入水平在迁出村/安置区的等级的变化情况,分析易地搬迁人口搬迁前在迁出区村庄的经济收入等级和搬迁安置后易地搬迁人口在城镇安置区内的经济收入等级变化情况。

3.易地搬迁人口对未来经济收入增长的主观预期

此指标主要从易地搬迁人口自身的角度了解滇桂黔石漠化片区易地搬迁人口对未来收入信心情况,分析易地搬迁人口对未来两年经济收入增长的预判是认为经济收入增长是大幅增长、小幅增长、保持不变、小幅下降,还是大幅下降。(见表6-1)

表6-1　易地搬迁减贫效益评估指标

	一级指标	二级指标	三级指标
易地搬迁效益评估	易地搬迁减贫效益评估	易地搬迁人口就业状况	就业区域
			工资水平
		搬迁前后收入变化	家庭主要收入来源变化
			家庭收入增长变化
			家庭收入所属等级变化
		经济收入增长预期	预期经济收入增长变化

二、易地搬迁新型城镇化维度的指标

(一)滇桂黔石漠化片区新型城镇化

新型城镇化是我国城镇化发展的新阶段。人口城镇化是新型城镇化的本质要求。李克强指出:"推进城镇化,核心是人的城镇化,目的是造福百姓和富裕农民"。① 新型城镇化应紧紧围绕人的发展,强调"促进有能力在城镇稳定就业和生活的常住人口有序实现市民化"②,保障常住农业转移人口的各项基本权益。与以往的城镇化相比,新型城镇化更加重视与"人"相关的公共服务问题的解决,注重群众的获得感与幸福感,要求推进公共服务均等化,提升城镇对城乡居民的吸引力。③ 新型城镇化是解决欠发达地区"三农"问题的重要途径。欠发达地区新型城镇化的重点是解决好农业转移人口的身份转变问题,促进他们享受城镇均等化的基本公共服务,促进城镇新老居民的社会融合,让农民"进得来,待得住,留得下,能发展"。④

滇桂黔石漠化片区易地搬迁强调,建设完善城镇集中安置区基础设施和公共服务设施,积极推进新型城镇化发展。在国家层面,2021 年国家发展改革委等 20 部门联合印发的《关于切实做好易地扶贫搬迁后续扶持工作巩固拓展脱贫攻坚成果的指导意见》中强调,贯彻共享发展理念,将城镇安置点基础设施与基本公共服务设施一体规划,补齐短板,统筹推动安置点周边环境卫生设施、市政公用设施、公共服务设施、产业平台配套升级,加快易地搬迁群众市民化进程。

在地方政策层面,2019 年贵州省印发的《中共贵州省委　贵州省人民政府关于加强和完善易地扶贫搬迁后续扶持工作的意见》中强调,要加强公共文化建设,培育易地搬迁人口市民意识,帮助他们顺利完成心理调适、社会适应,实现农民向市民的转变。2019 年,广西壮族自治区印发的《中共广西壮族

---

① 崔东:《李克强考察国家粮食局科学研究院并召开座谈会》,2016 年 9 月 15 日,见 http://news.xinhuanet.com/politics/2013-01/15/c_114378984.htm。
② 中共中央文献研究室编:《十八大以来重要文献选编》(上),中央文献出版社 2014 年版,第 608 页。
③ 黄茂兴、张建威:《中国推动城镇化发展:历程、成就与启示》,《数量经济技术经济研究》2021 年第 6 期。
④ 牛勤:《欠发达地区推进新型城镇化理论审视与路径探寻》,《求实》2014 年第 S1 期。

自治区委员会　广西壮族自治区人民政府关于进一步强化易地扶贫搬迁后续扶持工作的意见》中强调,要强化易地搬迁人口的教育保障、医疗保障、社会保障,并加强城镇化易地搬迁安置点的社区服务,在人口规模800人以上的城镇集中安置点,建设便民利民"九个中心"服务工程,即一个社区综合服务中心(站),提供"一站式"服务;一个新时代文明实践中心,运用图书室、广播电视全媒体信息室、乡愁馆、微信群等载体,开展形式多样的宣传教育活动;一个就业社保服务中心,动态管理培训需求和就业信息,为社保参保人员服务;一个文体活动中心,满足社区居民文体休闲娱乐需求;一个老年服务中心,为老年人特别是空巢老人、留守老人、高龄老人等提供关爱服务;一个儿童之家,为儿童提供集中活动场所和关爱服务;一个平价购物中心(农贸市场),为搬迁群众提供价廉物美的生活用品和副食品;一个社会治安综合治理中心,强化社会治安综合治理、矛盾调解、警务服务,为群众提供法律服务和援助;一个物业服务中心,为搬迁群众的生活提供管理服务。

在实践成效方面,经过大规模的建设投资,滇桂黔石漠化片区易地搬迁安置点基础设施和基本公共服务设施不断完善,易地搬迁人口能较好地融入城镇新环境,适应城镇新生活。如贵州省是全国易地搬迁人口最多的省份,"十三五"时期完成了192万人的易地搬迁人口迁移安置任务,带动全省城镇化率提升了5个百分点,并且在推进以人为核心的新型城镇化中,显著提升城镇教育、医疗卫生、养老等基本公共服务供给水平。[①]

(二) 易地搬迁新型城镇效益评估的指标

结合易地搬迁城镇化安置区建设内容,滇桂黔石漠化片区易地搬迁新型城镇化效益评估包括居住时间与转户籍、基本公共服务、社会融入三个维度。(见表6-2)

---

① 武汉大学乡村振兴研究课题组:《脱贫攻坚与乡村振兴战略的有效衔接》,《中国人口科学》2021年第2期。

表 6-2　易地搬迁新型城镇化效益评估指标

	一级指标	二级指标	三级指标
易地搬迁 效益评估	易地搬迁新型 城镇化效益评估	居住时间与转户籍	居住时间
		获得基本公共服务	转为城镇户口情况
		社会融入	教育服务
			医疗服务
			在安置区社会关系情况
			对安置区的社会认同

1. 居住时间与转户籍

这主要是了解滇桂黔石漠化片区易地搬迁人口在城镇安置区的居住情况,一年中居住的时间越长,表明易地搬迁推动新型城镇化的质量越高。而把农村户籍转变为城镇户籍,也能显示易地搬迁人口融入城镇化的主动性与积极性。

2. 获得城镇基本公共服务

易地搬迁人口在城镇安置区与市民共享基本公共服务是易地搬迁人口城镇安置后的基本权利。获得基本公共服务维度,主要是了解滇桂黔石漠化片区易地搬迁人口在城镇安置区获得基本公共服务的状况,易地搬迁人口在安置区获得基本公共服务越顺畅,表明易地搬迁推动新型城镇化的质量也越高。易地搬迁人口在城镇安置区享有的基本公共服务包括教育、医疗、社会保障等方面。

3. 易地搬迁人口社会融入

易地搬迁人口融入城镇是滇桂黔石漠化片区新型城镇化的必然要求。易地搬迁人口社会融入主要从移民与城镇安置区其他群众的社会关系,移民对城镇安置区的认同等来衡量易地搬迁人口融入城镇情况。

三、易地搬迁生态建设维度的指标

滇桂黔石漠化片区属于喀斯特地貌,山多于耕地,农业资源匮乏,生态环境脆弱。易地搬迁是滇桂黔石漠化片区生态建设的前提,生态建设也为易地搬迁提供重要支撑。具体而言,生态建设中的退耕还林等生态补偿政策能够缓解人们对生态环境的破坏,为迁出区生态自然恢复提供条件,生态补偿收益也能增加易地搬迁人口的经济收入,促进易地搬迁人口脱贫和在城镇安置区稳定居住。另外,基于生态环境保护开发出的护林员政策举措,也能增加易地搬迁人口收入和促进其稳定脱贫。

基于此,易地搬迁生态建设效益包括三个维度。一是易地搬迁人口获得生态补偿收益情况。包括易地搬迁人口退耕还林等面积变化情况,以及易地搬迁人口退耕还林补助等收益及变化情况。二是易地搬迁人口生态保护收益情况。主要是易地搬迁人口从事护林员情况及获得的补贴收益情况。三是迁出区生态环境的改善。主要是从易地搬迁人口主观感受角度,了解易地搬迁前后迁出区生态环境的变化情况。(见表6-3)

表6-3　易地搬迁生态建设效益评估指标

一级指标		二级指标	三级指标
易地搬迁效益评估	易地搬迁生态建设效益评估	生态补偿收益	退耕还林面积变化
			退耕还林补贴收益变化
		生态保护收益	易地搬迁人口担任护林员情况
			易地搬迁人口获得护林员补贴情况
		生态环境改善	搬迁前后生态环境变化

第三节 易地搬迁效益的实证分析

滇桂黔石漠化片区易地搬迁效益评估包括易地搬迁减贫效益评估、易地搬迁新型城镇化效益评估和易地搬迁生态建设效益评估。下面将结合笔者2022年9月对属于滇桂黔石漠化片区的广西隆安县、大化县和融水县,贵州榕江县和从江县,以及云南广南县和马关县城镇化安置易地搬迁人口调查数据,对易地搬迁效益进行实证分析。

一、易地搬迁效益评估数据来源

2022年9月,笔者根据易地搬迁效益评估指标精心设计易地搬迁效益评估的调查问卷,前往广西隆安县、大化县和融水县,贵州榕江县和从江县,以及云南广南县和马关县共7个滇桂黔石漠化片区开展问卷调查。问卷调查采取线下实地调查和线上调查相结合的方式进行。线下调查由笔者前往上述7个县的城镇集中安置点,进行入户问卷调查收集调查数据。线上问卷调查是笔者实地调查结束后,将线下调查问卷移到线上,并与所调查县乡村振兴局干部和所调查城镇集中安置点社区干部联系,由城镇集中安置社区干部将线上调查问卷链接发送给实地调查没有调查到的易地搬迁人口(包括在外务工的易地搬迁人口),由易地搬迁人口在线上直接填答和提交问卷。共发放问卷500份,有效回收问卷482份,占比96.4%。(见表6-4)

(一) 易地搬迁人口搬迁入住时间

一般而言,我国易地搬迁工程开始于2015年。滇桂黔石漠化片区易地搬迁人口入住得越早,在城镇生产生活的时间越长。问卷调查数据分析显示,482户易地搬迁人口样本户中,2019年搬迁入住的有257户,占比53.32%;2018年搬迁入住的有140户,占比29.05%;2020年搬迁入住的有51户,占比

表6-4　易地搬迁效益评估问卷调查统计

省（自治区）	县	调查城镇集中安置点数量（个）	调查农户问卷数量（份）
广西壮族自治区	隆安县	1	62
	大化县	1	62
	融水县	1	45
贵州省	榕江县	4	40
	从江县	1	123
云南省	广南县	1	61
	马关县	1	69
合计		10	482

10.58%；2017年搬迁入住的有24户，占比4.98%；2016年搬迁入住的有10户，占比2.07%。可见，大部分易地搬迁人口在2018年、2019年搬迁入住，多数易地搬迁人口在安置点的居住时间为3—4年。（见图6-1）

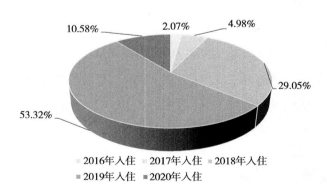

图6-1　滇桂黔石漠化片区易地搬迁人口搬迁入住时间

（二）易地搬迁家庭人口和劳动力情况

滇桂黔石漠化片区易地搬迁家庭人口规模存在较大的差异。问卷调查数据分析显示,滇桂黔石漠化片区易地搬迁人口的家庭平均人口数为4.7人,其中云南广南县易地搬迁家庭平均人口数最多,为6.3人;广西隆安县易地搬迁家庭平均人口数排在第二,为5.1人;云南马关县易地搬迁家庭平均人口数第三,为4.7人;广西融水县家庭平均人口数最少,为4人。(见图6-2)

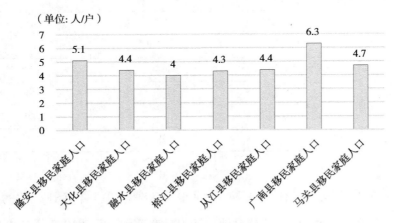

（单位：人/户）

图6-2　滇桂黔石漠化片区易地搬迁家庭人口情况

滇桂黔石漠化片区易地搬迁家庭劳动力数量存在较大的差异。问卷调查数据分析显示,滇桂黔石漠化片区易地搬迁家庭平均劳动力数为2.6人,其中云南广南县易地搬迁家庭平均劳动力最多,为3.1人;广西隆安县易地搬迁家庭平均劳动力排第二,为2.9人;贵州从江县易地搬迁家庭平均劳动力第三,为2.7人;广西融水县易地搬迁家庭平均劳动力最少,为1.8人。(见图6-3)

二、易地搬迁减贫效益实证分析

(一)易地搬迁人口迁移后生计变化情况

易地搬迁有效促进了移民生计方式由农业生计向城镇就业生计转型。问卷调查数据分析显示,在有效作答的482户易地搬迁人口问卷中,易地搬迁人口搬迁之后家庭收入主要依靠务工收入的易地搬迁人口由搬迁前的296户增

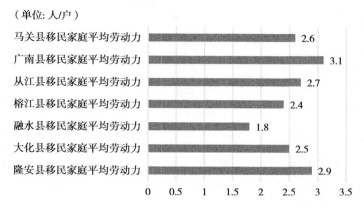

（单位: 人/户）

图 6-3　滇桂黔石漠化片区易地搬迁家庭劳动力情况

加到 393 户,增加了 97 户,增长了 32.77%;家庭收入主要依靠务农收入的易地搬迁人口由搬迁前的 151 户减少到搬迁后的 47 户,减少了 104 户,减少比例达到 68.87%;家庭收入主要依靠转移性收入的易地搬迁农户由搬迁前的 30 户增加到搬迁后的 35 户,增加了 5 户,增长比例为 16.67%。(见表 6-5)可见,易地搬迁显著改变了滇桂黔石漠化片区易地搬迁人口的生计方式,以务工收入为主要家庭收入来源的易地搬迁农户数量显著增加,以务农收入为家庭主要收入来源的易地搬迁农户数量显著减少。

表 6-5　易地搬迁人口搬迁前后家庭收入主要来源变化情况

收入主要来源	搬迁前（户）	搬迁后（户）	搬迁后增加/减少（户）
务工收入	296	393	97
务农收入	151	47	−104
经商收入	5	5	0
转移性收入	30	35	5
财产性收入	0	2	2
合计	482	482	0

(二) 易地搬迁人口城镇就业状况

一是大部分易地搬迁人口搬迁后选择县外城镇就业。问卷调查数据分析显示,在 482 户易地搬迁人口中有就业劳动力的有 467 户 953 人,其中在省外城镇就业的有 216 户 316 人,占比 33.16%;在省内县外城镇就业的有 192 户 250 人,占比 26.23%;在城镇安置点周边就业的有 226 户 387 人,占比 40.61%。(见表 6-6)可见,易地搬迁人口搬迁后家庭劳动力就业以外出务工为主,接近六成(省外城镇就业和省内县外城镇就业)的易地搬迁劳动力安置后选择流动县外的城镇就业。

表 6-6　滇桂黔石漠化片区易地搬迁人口城镇就业的分布情况

就业区域	城镇就业劳动力数(人)	城镇就业占比(%)
省外城镇就业	316	33.16
省内县外城镇就业	250	26.23
安置点周边就业	387	40.61
合计	953	100.00

二是多数易地搬迁人口在城镇就业的工资水平比较低。问卷调查数据分析显示,在 467 户 953 名就业劳动力中,工资水平低于 1000 元/月的有 79 人,占比 8.29%;工资水平在 1000—1999 元/月的占比最高,有 287 人,占比 30.12%;工资水平在 2000—2999 元/月的占比第二高,有 277 人,占比 29.07%;工资水平在 3000—3999 元/月的 187 人,占比 19.62%;工资水平在 4000—4999 元/月的有 76 人,占比 7.97%;工资水平在 5000—5999 元/月的有 30 人,占比 3.15%;工资水平在 6000—6999 元/月的有 12 人,占比 1.26%;工资水平在 7000—7999 元/月的有 4 人,占比 0.42%;工资水平在 8000 元及以上/月的有 1 人,占比 0.1%。(见表 6-7)可见,多数易地搬迁人口城镇就业

的工资水平比较低,有接近七成(67.48%)的易地搬迁劳动力城镇就业月工资不足3000元。

表6-7　滇桂黔石漠化片区易地搬迁人口城镇就业工资水平

就业工资水平	易地搬迁人口就业人数(人)	百分比(%)
低于1000元/月	79	8.29
1000—1999元/月	287	30.12
2000—2999元/月	277	29.07
3000—3999元/月	187	19.62
4000—4999元/月	76	7.97
5000—5999元/月	30	3.15
6000—6999元/月	12	1.26
7000—7999元/月	4	0.42
8000元及以上/月	1	0.10
合计	953	100.00

　　三是易地搬迁劳动力省外城镇就业工资水平较高,安置点周边就业工资水平较低。从易地搬迁人口就业区域的角度来看,首先,省外城镇就业工资水平整体最好,易地搬迁劳动力省外就业工资水平低于3000元/月的比例为42.40%,等于或高于3000元/月工资水平的易地搬迁劳动力比例达到57.60%;其次,省内县外城镇就业工资水平较高,易地搬迁劳动力省外就业工资水平低于3000元/月的比例为73.60%,等于或高于3000元/月工资水平的易地搬迁劳动力比例达到26.40%;再次,安置点及周边城镇就业的工资水平较低,易地搬迁劳动力省外就业工资水平低于3000元/月的比例为83.98%,等于或高于3000元/月工资水平的易地搬迁劳动力比例达到16.02%。(见表6-8)

表6-8　滇桂黔石漠化片区易地搬迁劳动力不同区域城镇就业工资情况

就业区域\工资水平	省外城镇就业		省内县外城镇就业		安置点附近就业	
	频次（人）	占比（%）	频次（人）	占比（%）	频次（人）	占比（%）
低于1000元/月	12	3.80	21	8.40	46	11.89
1000—1999元/月	41	12.97	74	29.60	172	44.44
2000—2999元/月	81	25.63	89	35.60	107	27.65
3000—3999元/月	96	30.38	43	17.20	48	12.40
4000—4999元/月	48	15.19	16	6.40	12	3.10
5000—5999元/月	25	7.91	4	1.60	1	0.26
6000—6999元/月	9	2.85	2	0.80	1	0.26
7000—7999元/月	3	0.95	1	0.40	0	0.00
8000元及以上/月	1	0.32	0	0.00	0	0.00
合计	316	100.00	250	100.00	387	100.00

（三）易地搬迁人口收入增长变化情况

一是多数易地搬迁人口搬迁后家庭收入实现了增长,少数易地搬迁家庭收入下降。问卷调查数据分析显示,在有效作答的482户易地搬迁农户中,与搬迁前的收入情况相比,实现了收入显著增长的有70户,占比14.52%;实现了收入缓慢增长的有183户,占比37.97%;收入没有变化的有136户,占比28.22%;收入有所下降的有69户,占比14.32%;收入严重下降的有24户,占比4.98%。(见图6-4)可见,超过一半(52.49%)的易地搬迁农户搬迁后家庭收入实现了增长,同时也要注意,有接近两成(19.30%)的易地搬迁农户在搬迁后家庭收入下降了,特别是有4.98%的易地搬迁农户家庭收入与搬迁前相比严重下降。

二是易地搬迁促进搬迁农户经济状况的改善,易地搬迁人口所处的经济

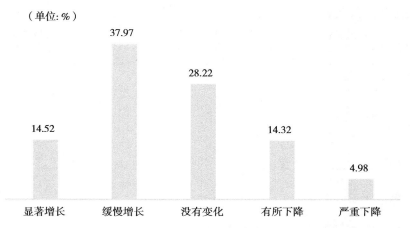

图 6-4 滇桂黔石漠化片区扶贫搬迁后家庭收入增长情况

状况等级实现了整体提升。问卷调查数据分析显示,在有效作答的 482 户易地搬迁农户中,搬迁前经济状况处于下等水平的有 166 户,搬迁后减少到 119 户,减少了 28.31%;搬迁前经济状况处于中下水平的有 153 户,搬迁后减少到 152 户,减少了 0.65%;搬迁前经济状况处于中等水平的有 156 户,搬迁后增加到 177 户,增加了 13.46%;搬迁前经济状况处于中上水平的有 6 户,搬迁后增加到 33 户,增加了 450%;搬迁前经济状况处于上等水平的有 1 户,搬迁后仍有 1 户经济状况处于上等水平,没有变化。(见表 6-9)可见,易地搬迁人口搬迁后,由于多数易地搬迁家庭收入实现了增加,易地搬迁家庭经济状况所处的等级也整体有所提升,其中下等水平农户的数量显著减少,中等和中上等级农户的数量增加明显。

表 6-9 滇桂黔石漠化片区易地搬迁人口搬迁前后经济状况等级变化

所处的经济 收入等级	搬迁前 (户)	搬迁后 (户)	搬迁后增加/ 减少(户)	搬迁后增加/ 减少百分比(%)
下等	166	119	-47	-28.31
中下	153	152	-1	-0.65

所处的经济 收入等级	搬迁前 （户）	搬迁后 （户）	搬迁后增加/ 减少（户）	搬迁后增加/ 减少百分比（%）
中等	156	177	21	13.46
中上	6	33	27	450.00
上等	1	1	0	0.00
合计	482	482	0	0.00

（四）易地搬迁农户收入预期情况

易地搬迁家庭对今后两年家庭经济收入增长较为乐观,同时也需要注意部分易地搬迁人口对今后两年实现家庭经济收入增长缺乏信心。问卷调查数据分析显示,在有效作答的482户易地搬迁人口中,表示今后两年家庭经济收入会有比较大幅度增长的有37户,占比7.68%;表示今后两年家庭经济收入会有比较小幅度增长的有184户,占比38.17%;表示今后两年家庭经济收入不变的有148户,占比30.71%;表示今后两年家庭经济收入会有比较小幅度下降的有83户,占比17.22%;表示今后两年家庭经济收入会有比较大幅度下降的有30户,占比6.22%。（见图6-5）可见,有接近一半（45.85%）的易地搬迁人口对未来两年的经济收入比较乐观,认为其家庭经济收入会实现较大幅度或较小幅度的增长,与此同时也有两成多（23.44%）的易地搬迁人口对未来经济收入增长不乐观,认为其家庭经济收入会出现较小幅度甚至较大幅度的下降。

三、易地搬迁新型城镇化效益实证分析

（一）居住时间与转户籍

一是大部分易地搬迁人口已在城镇集中安置区实现了长期居住。问卷调

（单位: %）

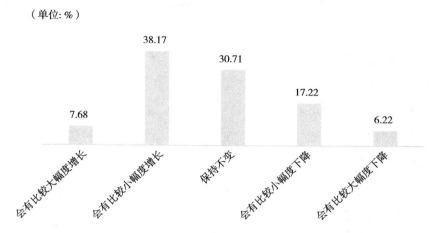

图 6-5　滇桂黔石漠化片区易地搬迁人口对未来收入增长预期情况

查数据分析显示,在有效作答的 482 户易地搬迁人口中,一年中在城镇集中安置区居住时间为 6—12 个月的有 402 户,占比 83.40%;居住时间为 3—5 个月的有 26 户,占比 5.39%;居住时间不足 3 个月的有 54 户,占比 11.20%。(见图 6-6)可见,绝大部分滇桂黔石漠化片区易地搬迁人口搬迁后在城镇集中安置区实现了长期居住,同时也要注意,有超过一成(16.59%)的易地搬迁农户一年中在城镇居住时间不超过 3 个月或者是居住时间为 3—5 个月。

（单位:%）

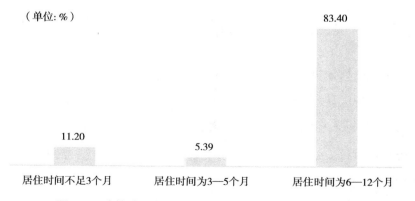

图 6-6　滇桂黔石漠化片区易地搬迁人口安置地居住时间

二是大部分易地搬迁人口因为担忧在原住村庄的利益和社会关系弱化，没有选择在搬迁后转为城镇户口。问卷调查数据分析显示，在有效作答的482户易地搬迁人口中，搬迁安置后把户口转到城镇安置区变为城镇户口的有109户，占比22.61%；选择仍然保留原有农村户口的有373户，占比77.39%。（见图6-7）可见，大部分易地搬迁人口没有将户口迁移到城镇安置地，仍然保留着原来的农村户籍。在没有选择转城镇户籍的原因方面，在有效作答的没有转户口的373户易地搬迁人口中，有39.11%的农户是因为担心转户口后老家的土地被没收，有27.11%的农户是因为担心转户口后在农村老家的村集体成员权利会丧失，有22.96%的农户是因为担心转户口后与老家的社会关系变弱，有10.81%的农户是因为觉得农村户口比城镇户口值钱。（见图6-8）

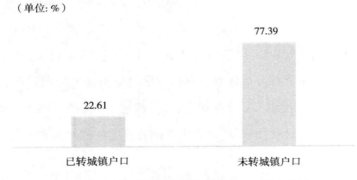

（单位：%）

图6-7　滇桂黔石漠化片区易地搬迁人口转户籍情况

三是从区域分布来看，贵州省易地搬迁人口转为城镇户籍的比例较高，云南和广西两省区易地搬迁人口转为城镇户籍的比例均比较低。问卷调查数据分析显示，在有效作答的482户易地搬迁人口中，贵州易地搬迁农户搬迁后把原有农村户口转为安置地城镇户口比例最高（转户口占比53.99%），云南易地搬迁人口和广西易地搬迁人口转户口为城镇户籍的比例都没有超过10%，云南易地搬迁人口转户口的比例为8.67%，广西转户口的比例为4.73%。（见表6-10）

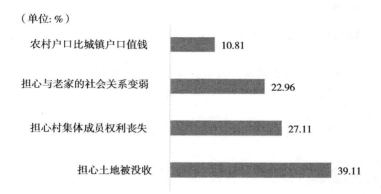

（单位：%）

图6-8　滇桂黔石漠化片区易地搬迁人口没有转户籍的原因

表6-10　滇桂黔石漠化片区不同地区易地搬迁人口转户籍情况

	广西壮族自治区		贵州省		云南省	
	户数（户）	占比（%）	户数（户）	占比（%）	户数（户）	占比（%）
已经转城镇户籍	8	4.73	88	53.99	13	8.67
没有转城镇户籍	161	95.27	75	46.01	137	91.33
合计	169	100.00	163	100.00	150	100.00

（二）基本公共服务获得情况

一是绝大部分易地搬迁人口获得了城镇安置区优质的教育服务。在有关子女教育的有效作答的398户易地搬迁人口中,有368户易地搬迁家庭子女在城镇安置点配套建设的学校或者附近的学校上学,占比92.46%;有15户移民子女返回农村老家的村上或者乡镇的学校上学,占比3.77%;有15户移民子女在父母打工地的学校上学,占比3.77%。（见表6-11）另外,在城镇安置点办理转学等教育服务方面,在有效作答的482户易地搬迁人口中,表示可以在城镇安置点办理孩子转学等手续的有386户,占比80.08%;表示不清楚的有92户,占比19.09%;表示不可以在城镇安置点办理孩子转学等手续的仅有

4 户,占比 0.83%。可见,绝大部分易地搬迁人口搬迁安置后获得了城镇安置区优质的教育资源以及便捷的教育服务。

表 6-11 滇桂黔石漠化片区扶贫城镇安置地教育服务获取情况

	户数(户)	百分比(%)
在城镇安置点的学校上学	368	92.46
返回农村老家的村上或乡镇的学校上学	15	3.77
在父母打工地的学校上学	15	3.77
合计	398	100.00

二是绝大部分易地搬迁人口享受了城镇安置地医疗服务,实现了基本医疗有保障的脱贫目标。问卷调查数据分析显示,在有效作答的 482 户易地搬迁人口中,表示可以在城镇安置点购买基本医疗保险的有 452 户,占比 93.98%;表示不能在城镇安置点购买基本医疗保险的有 29 户,占比 6.02%。(见图 6-9)另外,有 419 户(占比 86.93%)的易地搬迁农户表示会在城镇安置点医院就医,有 37 户(占比 7.68%)的易地搬迁人口表示在打工地就医,有 26 户(占比 5.39%)的易地搬迁人口表示在农村老家的卫生室或乡镇卫生院

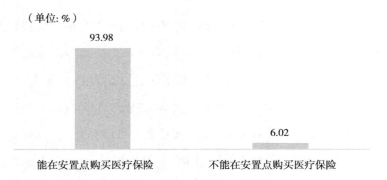

图 6-9 滇桂黔石漠化片区易地搬迁人口在安置地享受医疗保险服务情况

就医。(见图6-10)可见,绝大多数易地搬迁人口在搬迁后享受到了城镇安置地的医疗服务,实现了基本医疗有保障的脱贫目标。

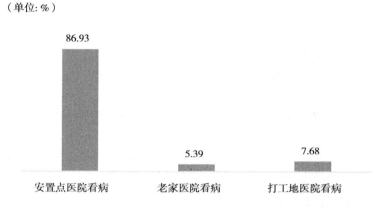

(单位:%)

图6-10　滇桂黔石漠化片区易地搬迁人口在安置地享受医疗服务情况

三是大多数易地搬迁人口获得了城镇社会保障服务,但也有相当一部分易地搬迁人口仍获得的是农村低保。问卷调查数据分析显示,在有效作答的482户易地搬迁人口中,表示能在城镇安置点购买养老保险的有452户,占比93.78%;表示不能在城镇安置点购买养老保险的有30户,占比6.22%;表示能在城镇安置点办理低保申请的有374户,占比77.59%;表示不能在城镇安置点办理低保申请的有108户,占比22.41%。(见图6-11)另外,在获得低保的有效作答的171户易地搬迁人口中,获得城镇低保的有121户,占比70.76%;获得农村低保的有50户,占比29.24%。(见图6-12)可见,搬迁后大多数易地搬迁人口能在城镇安置点办理养老等服务,获得了城镇低保,但同时也要看到,还有一些易地搬迁人口获得的是农村低保。

(三)　融入城镇情况

一是搬迁安置后大多数易地搬迁人口能融入安置地社区环境,与其他

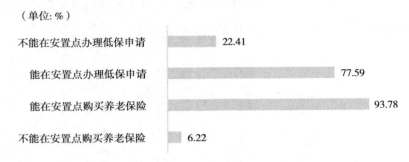

图 6-11　滇桂黔石漠化片区易地搬迁人口获得城镇社会保障情况

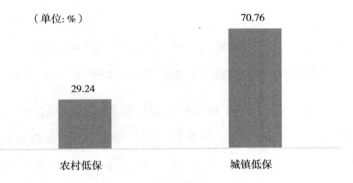

图 6-12　滇桂黔石漠化片区易地搬迁人口获得低保情况

群众建立和谐的人际关系。问卷调查数据分析显示,在有效作答的 482 户易地搬迁人口中,表示自己和家人与安置点其他群众关系很好、相处很融洽的有 318 户,占比 65.98%;表示自己和家人与安置点其他群众关系一般、交流不多的农户有 138 户,占比 28.63%;表示自己和家人与安置点群众关系不好、基本不交流的有 26 户,占比 5.39%。(见表 6-12)可见,超过六成的易地搬迁人口与安置区的其他群众关系良好、相处融洽,能比较好地融入城镇安置区之中,同时也要注意,还有少数易地搬迁人口未能与城镇安置区其他群众建立起良好的关系,距融入城镇安置区有一定的距离。

表 6-12　滇桂黔石漠化片区易地搬迁人口安置区社会关系情况

	户数（户）	百分比（%）
关系很好	318	65.98
关系一般	138	28.63
关系不好	26	5.39
合计	482	100.00

　　二是绝大部分易地搬迁人口对城镇安置区具有较高的心理认同,更愿意居住在城镇安置点,同时也有一定比例的易地搬迁人口因兼顾农业生产、降低生活成本的原因更愿意居住在农村老家。问卷调查数据分析显示,在有效作答的 482 户易地搬迁人口中,表示更愿意居住在城镇安置点的有 386 户,占比 80.08%;表示更愿意居住在农村老家的有 96 户,占比 19.92%。关于更愿意居住在农村老家的原因,在有效作答的 96 户愿意居住在农村老家的易地搬迁人口中,首先,表示因为农村老家的生活成本更低的占比最高,达到 39.73%;其次,表示因为在农村老家居住兼顾农业生产更方便的占比 25.57%;再次,表示因为在农村老家居住更有安全感的占比 18.26%;最后,表示因为在农村老家居住认识的熟人更多的占比 16.44%。(见图 6-13)可见,大部分易地搬迁人口更愿意居住在城镇安置点,易地搬迁人口对城镇安置的心理认同是比

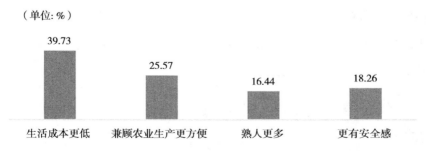

图 6-13　滇桂黔石漠化片区易地搬迁人口愿意居住农村老家的主要原因

较高的。值得注意的是,也有一些易地搬迁人口因兼顾农业生产、降低生活成本的原因倾向于居住在农村老家,不利于城镇化的推进。

四、易地搬迁生态建设效益实证分析

(一) 生态补偿收益情况

一是与搬迁前相比,大部分易地搬迁农户退耕还林等生态补偿收益没有变化。问卷调查数据分析显示,在有效作答的 431 户易地搬迁农户中,2022 年户均退耕还林补贴为 296.29 元。其中有 52 户(占比 12.06%)易地搬迁农户表示退耕还林补贴与搬迁前相比增加了,有 294 户(占比 68.21%)易地搬迁农户表示退耕还林补贴与搬迁前一样多,有 85 户(占比 19.72%)易地搬迁农户表示退耕还林补贴与搬迁前相比减少了。(见表 6-13)可见,尽管少数易地搬迁农户退耕还林补贴有增有减,但是大部分(接近七成)易地搬迁人口的退耕还林等生态补偿收益保持不变。

二是大部分易地搬迁人口退耕还林面积与搬迁前相比保持不变,也有相当部分易地搬迁人口(占比 12.06%)退耕还林面积增加,促进了迁出区生态环境改善。问卷调查数据分析显示,在有效作答的 431 户易地搬迁农户中,表示与搬迁前相比退耕还林的土地面积增加了的有 56 户,占比 12.99%;表示退耕还林的土地面积保持不变的有 340 户,占比 78.89%;表示退耕还林的土地面积减少了的有 35 户,占比 8.12%。(见表 6-14)可见,大部分易地搬迁人口退耕还林的土地面积没有变化,也有一些易地搬迁人口退耕还林面积增加了,促进了迁出区生态恢复发展。

表 6-13　滇桂黔石漠化片区易地搬迁人口退耕还林补贴变化情况

	户数(户)	百分比(%)
退耕还林补贴增加了	52	12.06

	户数（户）	百分比（%）
退耕还林补贴没有变化	294	68.21
退耕还林补贴减少了	85	19.72
合计	431	100.00

表 6-14　滇桂黔石漠化片区易地搬迁人口退耕还林面积变化情况

	户数（户）	百分比（%）
退耕还林面积增加了	56	12.99
退耕还林面积没有变	340	78.89
退耕还林面积减少了	35	8.12
合计	431	100.00

（二）生态保护收益情况

滇桂黔石漠化片区易地搬迁人口从事护林员等生态保护工作的比例较低、月工资水平较低，易地搬迁生态保护的效益不够显著。问卷调查数据分析显示，在有效作答的 482 户易地搬迁农户中，家庭有生态护林员的有 32 户，占比 6.64%（见表 6-15），易地搬迁护林员 2022 年人均月工资 765.63 元。可见，滇桂黔石漠化片区易地搬迁劳动力从事生态护林员的比例很低，且生态护林员月工资水平也比较低。

表 6-15　滇桂黔石漠化片区易地搬迁人口从事护林员情况

	户数（户）	百分比（%）
从事护林员	32	6.64
没有从事护林员	450	93.36
合计	482	100.00

（三）生态环境改善情况

滇桂黔石漠化片区迁出区生态环境得到了有效改善。问卷调查数据分析显示,在有效作答的 482 户易地搬迁户中,表示农村老家(迁出区)生态环境变好了的有 354 户,占比 73.44%;表示农村老家(迁出区)生态环境与搬迁前比没有变化的有 106 户,占比 21.99%;表示农村老家(迁出区)生态环境变差了的有 22 户,占比 4.56%。(见图 6-14)可见,易地搬迁之后,迁出区生态环境得到了有效改善,多数易地搬迁人口认为迁出区的生态环境变好了。

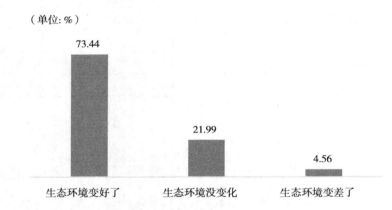

图 6-14　滇桂黔石漠化片区易地搬迁迁出区生态环境变化情况

第七章　研究结论与展望

防止出现系统性、区域性大规模返贫是"十四五"时期脱贫地区政府的重点工作任务。滇桂黔石漠化片区易地搬迁人口众多,巩固拓展脱贫攻坚成果重点在于做好易地搬迁后续扶持工作,确保易地搬迁人口稳得住、有就业、逐步能致富。实现移民生计发展是易地搬迁后续扶持工作的关键,对巩固拓展滇桂黔石漠化片区脱贫攻坚成果具有重要作用。本章主要是对研究成果作一个总结,归纳提炼研究的主要结论,指出实践存在的主要问题,给出对策建议并对该领域进一步研究进行展望。

第一节　研究结论

本书以滇桂黔石漠化片区易地搬迁人口生计发展作为研究对象,基于新地域主义视角构建易地搬迁人口生计发展流动性治理分析框架,对新型城镇化背景下滇桂黔石漠化片区易地搬迁人口生计发展创新展开深入研究。研究的主要发现和结论如下。

一、从在地化生计治理转向流动性生计治理

（一）易地搬迁人口生计的在地化发展治理

易地搬迁属于易地扶贫战略。易地搬迁在政府等主体的扶持下从"一方水土养不起一方人"的农村地区迁移到发展资源条件好、发展机会多的地区。移民搬迁后，易地搬迁人口在政府等主体的帮扶下获取迁入地较好的生计资源，促进易地搬迁人口生计在融入迁入地的过程中实现生计发展与脱贫增收。因而，在新型城镇化推进之前，易地搬迁人口生计治理的基本策略是帮助移民生计实现融入迁入地经济社会环境，促进易地搬迁人口生计在地化发展。例如20世纪90年代，农业安置移民是我国易地搬迁人口安置的主要方式。政府帮助易地搬迁人口从资源条件恶劣的农村地区迁移到资源条件较好的农村地区。政府协调迁入地农业土地配给易地搬迁人口，扶持移民使用迁入地农业资源发展农业生计，并借助迁入地较好的交通条件、市场条件等实现生计发展与脱贫致富。

（二）易地搬迁人口生计发展的流动性治理

新型城镇化背景下，包括滇桂黔石漠化片区在内的各地易地搬迁人口生计治理发生了重要变化。首先，在安置方式上，政府并没有把居住在"一方水土养不起一方人"地区的农村贫困人口迁移到另外一个资源条件较好的农村区域，而是将易地搬迁人口迁移到城镇及城镇周边（主要是在县域范围内的城镇）。其次，在生计资源上，城镇化安置的易地搬迁人口在政府支持下获得的生计资源主要是非农就业的资源。政府在滇桂黔石漠化片区城镇安置区周边建起产业园区、就业帮扶车间、组织易地搬迁人口开展劳动力转移技能培训等。这些生计资源使得易地搬迁人口在迁入地的生计方式以就业等非农生计方式为主。最后，易地搬迁人口城镇化安置后普遍出现了再次流动。易地搬

迁人口城镇化安置有助于提高滇桂黔石漠化片区的城镇化率。滇桂黔石漠化片区地方政府有意愿并积极促进易地搬迁人口生计融入城镇安置地,在实现易地搬迁人口脱贫目标的同时也能提高城镇化率。然而,滇桂黔石漠化片区经济发展较滞后,城镇二三产业发展规模小、水平低,很难为易地搬迁劳动力(滇桂黔石漠化片区所在的贵州、广西、云南三省区易地搬迁人口总计324.93万人,城镇化安置比例超过70%)提供优质的就业岗位。无法在城镇安置地获得满意就业的部分易地搬迁劳动力选择流动到其他地区发展生计。

为此,本书提出了滇桂黔易地搬迁人口生计发展的流动性治理逻辑。具体而言,将协助易地搬迁人口构建流动网络作为重点任务,一方面通过优化整合资源,有针对性地提升易地搬迁人口的能力水平,激发其流动的潜能;另一方面超越原有地域治理边界,以易地搬迁人口的社会流动为导向,动态调整区域治理政策,建立跨地域能力的组织系统,实现区域间政府治理的协同与整合。易地搬迁人口生计发展流动性治理的具体策略包括技术治理策略和合作治理策略。技术治理策略内容:通过购买服务、结对帮扶干部入户采集等方式收集易地搬迁劳动力流动意愿、技能需求等相关信息,建立易地搬迁劳动力就业信息数据库。基于数据分析,为易地搬迁劳动力精准推送就业岗位和就业技能培训,开展线上培训、远程面试等就业服务。合作治理策略包括,发挥现有的东西部协作等机制促进易地搬迁劳动力稳定就业的作用,鼓励易地搬迁人口流转土地增加资产性收入,支持易地搬迁人口发展现代农业和参与生态建设并从中实现增收,构建政府与社会组织、个人共同促进易地搬迁劳动力就业的合作机制等。

二、易地搬迁人口生计发展流动性治理的实践创新

新型城镇化背景下,城镇化安置易地搬迁人口生计发展的流动性治理包括技术主义和合作主义两种治理策略。技术主义的治理策略着力于提升易地搬迁人口的流动能力,强调通过网络治理技术等来激发易地搬迁人口的流动

潜能,促进易地搬迁人口生计在流动中实现发展。合作主义的治理策略着力于构建体系化的易地搬迁人口生计发展治理体系,强调通过区域间、城乡间、政社间多层面的合作来突破行政边界制约,促进帮扶资源整合,帮助易地搬迁劳动力在流动中实现生计的发展。

从城镇化安置易地搬迁人口生计发展的技术主义策略和合作主义策略出发,基于广西、贵州、云南等地滇桂黔石漠化片区县的易地搬迁帮扶实践,本书对城镇化安置易地搬迁人口生计发展实践创新进行了总结。

一是贵州易地搬迁人口县外就业大数据管理平台实践创新。贵州省建立了包含易地搬迁人口在内的省级劳务大数据平台。该平台按照"1+1+2"总体架构建设,即 1 个就业服务监测系统、1 个指挥决策分析系统、2 个基础数据库(劳动力数据库、岗位数据库),建立"1+3+N"工作模式,即依托 1 个平台,建设 3 个终端(政府部门管理端、劳务公司匹配端、劳务经纪人服务端),依靠"N"种就业服务措施或应用模块,实现易地搬迁劳动力稳定就业。该平台显著特征是基于大数据管理优势将易地搬迁劳动力就业相关信息资源、人力资源、数据资源进行整合与共享,解决了传统易地搬迁劳动力就业扶持中存在的数据更新不及时、部门台账不一致、人岗对接不精准、工作模式不统一等问题,进而为易地搬迁劳动力就业提供精准性、精细化的技能培训信息服务、就业岗位信息服务、就业帮扶服务等,实现易地搬迁劳动力就业人岗精准匹配。

二是广西易地搬迁人口省外就业"三来三往"粤桂劳务协作创新。政府间的跨区域合作是城镇化易地搬迁人口生计发展合作主义治理策略的重要维度。处于滇桂黔石漠化片区的广西河池市和百色市利用与深圳市建立对口帮扶机制,创新实施了易地搬迁劳动力省外就业"三来三往"劳务协作机制。具体而言,河池市和百色市通过摸底调查形成易地搬迁劳动力深圳就业的就业需求清单并提供给深圳市,深圳市根据就业需求清单定向开发就业岗位,动员企业到河池市和百色市相关易地搬迁安置点举办招聘会,易地搬迁劳动力与招聘企业达成就业协议后,由河池市和百色市政府部门输送易地搬迁劳动力到深圳就业。易地搬迁人口省外就业"三来三往"粤桂劳务协作创新是依靠政府间协作的行政治理来解决易地搬迁人口省外就业的市场机制"失灵"问题，帮助易地搬迁劳动力获取所需求的就业岗位。同时，"三来三往"粤桂劳务协作也有助于解决深圳等东部发达地区企业出现的"用工荒"问题。同时也要看到，随着东部劳动密集型产业加快向中西部地区转移，东部地区对口协作地区对易地搬迁劳动力的需求也将逐渐减少，对掌握较高技能的劳动力需求增加。粤桂劳务协作需要与脱贫地区实施的"雨露计划"协同，由"雨露计划"推进的职业教育帮助青年易地搬迁劳动力提升就业能力，由粤桂劳务协作将接受过职业教育或职业技能培训的青年易地搬迁劳动力转移到东部发达地区就业。

三是贵州石阡县"1+3+X"政社协同治理创新。政府与社会组织的协作治理是城镇化易地搬迁人口生计发展合作主义策略的重要内容。社会组织参与政府主导的帮扶行动发挥着弥补政府帮扶缺陷、查漏补缺的作用，同时社会组织也是帮扶实践方式探索者，统筹传递帮扶对象需求与帮扶资源的衔接者，以及多元主体合作推动扶贫的黏合剂。① 社会组织除了自有帮扶资源外，还可以借助公益属性，整合公益资源，构架跨界合作帮扶网络，为协同治理提供平台和资源支持。② 位于滇桂黔石漠化片区的石阡县建立了"1+3+X"易地搬迁人口创业就业政社协同治理机制。"1"是指党和政府，强调党和政府对促进易地搬迁人口安置地就业工作的领导作用。"3"是指工会、团委、妇联等代表性群团组织，强调社会组织（群团组织）既能与党和政府形成紧密合作，又能链接社会资源实施党和政府对易地搬迁人口就业的工作部署。"X"是指以群团组织（工青妇组织）为纽带连接起来的其他组织（社会组织、市场组织）及

---

① 黄承伟、刘欣：《本土民间组织参与扶贫开发的行动特点及发展方向——以贵州省某民间组织为例》，《贵州社会科学》2015 年第 1 期。

② 徐顽强、李敏：《公益组织嵌入精准扶贫行动的生态网络构建》，《西北农林科技大学学报（社会科学版）》2019 年第 3 期。

资源。石阡县"1+3+X"政社协同治理充分发挥了社会力量参与易地搬迁人口创业就业的优势,体现了社会组织在易地搬迁人口创业就业中的补充角色的定位和链接资源的行动特点。

四是广西隆安县安置社区农业"送工"的城乡合作治理创新。城镇化安置后,一些年纪大(超过55岁)、文化水平低,既缺少务工经验,也缺少务工技能的易地搬迁弱劳动力往往被排斥在城镇就业体系外,面临进厂难、找工难的问题。易地搬迁弱劳动力难以获得高于农业劳动的非农就业收入,但是他们长期从事农业生产,积累了丰富的农业劳动经验。广西隆安县把农业就业作为化解易地搬迁弱劳动力就业问题的突破口,以建设现代特色农业示范区(园)为引领,扶持农业企业等新型农业经营主体推动农业资本化、规模化发展,促成传统农业向现代农业转型升级,形成了大量的农业就业岗位;城镇化安置社区与现代特色农业示范区(园)对接,获取农业用工需求信息,把农业用工信息精准传递至易地搬迁弱劳动力并输送其到现代特色农业示范区(园)就业。易地搬迁人口农业就业"社区送工"是地方政府、农业新型经营主体、安置社区、易地搬迁弱劳动力等多元主体的复杂互动过程,体现了城乡合作促进易地搬迁人口就业探索与创新。易地搬迁人口农业就业"社区送工"实践的重要价值体现在两个方面。第一,易地搬迁人口农业就业"社区送工"能持续巩固易地搬迁脱贫攻坚成果。农业劳动大多数是简单劳动,农业劳动对劳动力的年龄、素质、技能等方面的要求要低于城镇工业和服务业。"社区送工"不仅是当前易地搬迁弱劳动力实现就业和脱贫的重要路径,也能为今后因年龄增长等原因从非农就业中退出的易地搬迁劳动力提供就业选择。从这个角度看,移民农业就业"社区送工"具有实践的可持续性,是持续巩固易地搬迁脱贫攻坚成果的重要方式。第二,易地搬迁人口农业就业"社区送工"形成了以"劳动力下乡"为特征的城乡融合发展新方式,促进了新型城镇化与乡村产业振兴的联动发展。近年来,工商资本下乡和科技下乡推动了脱贫地区乡村农业的资本化和规模化发展,带来了农业雇工需求的快速增长。农业雇工逐渐成为乡村产业振兴的内在需要。城镇化安置易地搬迁把许多农村劳动力迁移到了城镇,成为城镇劳动力。"社区送工"将居住在城镇的易地搬迁弱劳动力组织化输送到乡村从事农业就业,形成了以"劳动力下乡"为特征的城乡融合发展方式,促进了新型城镇与乡村产业振兴的联动发展。

三、易地搬迁人口的资产收益生计与生态收益生计

易地搬迁人口的资产收益生计和生态收益生计属于易地搬迁人口在迁出地的生计方式。易地搬迁人口资产收益生计是易地搬迁人口通过将其在迁出地的耕地、林地、房屋、圈舍等资产入股或出租,以及财政扶贫资金、涉农资金投入乡村产业形成的项目资产权量化给易地搬迁人口入股,易地搬迁人口获得入股分红或租金收益。易地搬迁人口生态收益生计是易地搬迁人口依托其在迁出地的生态资源获得经济收益的生计方式。

通过对滇桂黔石漠化片区城镇化安置易地搬迁人口的资产收益生计和生态收益生计调查数据进行分析得出以下结论。第一,拥有资产收益生计的城镇化易地搬迁人口比例不高,超过60%的易地搬迁人口没有资产收益生计。第二,城镇化安置易地搬迁人口资产收益生计以扶贫资产分红、土地流转和自有资金入股为主,资产收益收入较低,户均资产收益收入476.77元。第三,拥有生态收益生计的城镇化安置易地搬迁人口比例不高,超过60%的易地搬迁人口没有生态收益生计。第四,易地搬迁人口生态收益生计以生态补偿收益为主,生态收益收入水平较低,户均生态收益收入296.29元。

四、滇桂黔石漠化片区易地搬迁效益评价

本书对滇桂黔石漠化片区城镇化安置易地搬迁效益进行评估,得出以下结论。

第一,易地搬迁工程促进了移民生计向城镇就业生计转型发展,实现了易地搬迁家庭增收。通过滇桂黔石漠化片区城镇化安置易地搬迁农户调查数据

分析发现,以务工收入为主要收入来源的易地搬迁农户增长了 32.77%,以务农收入为主要收入来源的易地搬迁人口减少比例达到 68.87%;与搬迁前相比,14.52% 的易地搬迁人口实现了收入显著增长,37.97% 的易地搬迁人口实现了收入缓慢增长。

第二,多数易地搬迁人口在城镇安置地实现了长期居住,共享了城镇优质公共服务,对城镇居民身份的认同感增强。通过滇桂黔石漠化片区城镇化安置易地搬迁农户调查数据分析发现,易地搬迁人口在城镇安置区年均居住时间为 6—12 个月的占比 83.40%,在城镇上学子女占比 92.46%,在城镇安置点购买基本医疗保险占比 93.98%,享受城镇低保占比 70.76%,80.08% 的易地搬迁人口表示更愿意居住在城镇安置点,65.98% 的易地搬迁人口表示自己和家人与安置点其他群众关系很好、相处很融洽。

第三,城镇化安置易地搬迁促进了迁出地生态环境改善,但是生态保护收益不高。通过滇桂黔石漠化片区城镇化安置易地搬迁农户调查数据分析发现,73.44% 的易地搬迁人口表示农村老家(迁出地)生态环境变好了,6.64% 的易地搬迁人口家庭中有生态护林员,而易地搬迁护林员 2022 年人均月工资 765.63 元,工资水平比较低。

第二节　问题与对策

城镇化安置易地搬迁人口生计发展的流动性治理整合政府、市场、社会等力量,基于易地搬迁家庭禀赋帮助易地搬迁人口实施省外就业、省内县外就业、安置地就业创业、安置地农业就业等多元化的生计路径,实现了易地搬迁人口生计的发展和增收。然而,在实践中,城镇化安置易地搬迁人口生计发展的流动性治理也存在一些问题,如移民省外就业不稳定、省内县外就业合法权益没有得到有效保障、安置地就业机会少和工作不稳定、易地搬迁弱劳动力就业难等。

一、易地搬迁人口生计发展的主要问题

随着易地搬迁工程建设全面结束,易地搬迁后续扶持成为政府易地搬迁工作的重中之重。实地调查发现,城镇化安置易地搬迁人口生计发展实践存在以下主要问题。

(一) 东西部劳务协作帮扶就业的稳定性有待提高

东西部协作中的劳务协作机制是实现滇桂黔石漠化片区易地搬迁劳动力组织化输出省外就业的重要路径。2021 年 7 月,中央农村工作领导小组印发的《东西部协作考核评价办法》中强调,通过提供岗位、就业培训、组织输出、帮助稳岗等方式帮助易地搬迁劳动力等脱贫劳动力在东部结对省市实现稳定就业,并将组织易地搬迁人口等脱贫劳动力转移到省外就业并在东部帮扶省市稳岗就业(每个劳动力同一年度在同一地区连续就业 3 个月及以上)作为东西部协作考核的重要指标。在巩固拓展脱贫攻坚时期,实现移民劳动力等易地搬迁劳动力在东部对口省份稳定就业已成为东西部劳务协作的一项重要任务。然而实地调查发现,通过东西部劳务协作向东部帮扶省份精准输送之后,一些易地搬迁劳动力在岗位上就业并不稳定。一些易地搬迁劳动力来到东部帮扶省份的相关企业岗位工作后,因缺少对应就业技能并不能很好地适应工作,实际工资低于劳务协作招聘会宣传工资。一部分易地搬迁劳动力在劳务协作推荐的岗位上工作没能坚持 3 个月就返回安置地或者通过自己的社会关系(亲戚、朋友、熟人等)到其他地方寻找就业机会。究其原因,主要是易地搬迁劳动力与东部省市企业达成了就业意向,但没有进行对应岗位的技能培训,导致易地搬迁劳动力来到企业工作岗位后并不具备相应的工作技能。

（二）易地搬迁人口县外就业合法权益需要进一步得到有效保障

滇桂黔石漠化片区山大沟深,耕地资源少,土壤贫瘠,农业生产收益低,农民以外出务工为家庭主要收入来源。在搬迁到安置地之前,多数易地搬迁劳动力都具有外出务工经历。实施易地搬迁后,由于安置地产业基础薄弱,工作岗位较少,部分易地搬迁劳动力通过原有的务工社会网络关系获得就业信息并外出务工。实地调查发现,易地搬迁劳动力大多数是与亲戚、朋友、同学、老乡等熟人零零散散外出务工。外出务工组织化程度较低,易地搬迁劳动力务工的合法权益需要进一步得到有效保障,克扣工资、拖欠工资等现象时有发生。

（三）园区配套产业有待提升以便为易地搬迁人口提供更多的就近就业岗位

发展后续产业是促进城镇安置的易地搬迁人口在安置地稳定就业的重要举措。但是对滇桂黔石漠化片区的安置地进行调查发现,一些城镇化集中安置区配套建设的后续产业发展滞后,园区企业较少,带动易地搬迁人口就近稳定就业能力不强。如广西靖西市(滇桂黔石漠化片区县)的老乡家园安置社区安置了易地搬迁人口 19954 人,并且当地政府在距离老乡家园安置社区约 1 公里处配套建设了 1000 亩的产业园,但入园企业扎根园区的不多。该园区有 3 家企业入园,且实际运营的有 2 家食品企业,入园企业吸纳劳动力就业约 350 人,达不到建产业园规划中设定的吸纳易地搬迁劳动力就业人数目标。

（四）易地搬迁人口安置地就业收入和工作稳定性都有待提高

滇桂黔石漠化片区的安置地经济基础薄弱、产业发展滞后。大规模安置易地搬迁人口后,安置地政府通过发展后续产业解决一部分易地搬迁劳动力就近就业问题,仍有一部分易地搬迁劳动力通过在以小微企业为主的扶贫车间、门面商铺等进行灵活就业。这些小微企业多以来料加工为主,订单并不稳定,进入扶贫车间等小微企业就业的易地搬迁劳动力以妇女为主,工资结算采取计件方式,工作时间长、工资水平不高、工作稳定性较差。如2019年3月笔者到广西大新县调查发现,该县城镇化集中安置社区周边引入了不少耳机组装、电摩配套等方面的小微企业,大部分企业被认定为扶贫车间。其中在电摩配套企业务工的最高工资1800元/月,耳机组装企业采取计件工资,易地搬迁劳动力计件工资的平均工资30多元/日,并且由于生产订单不够充足,易地搬迁人口在小微企业就业还不够稳定。

(五) 易地搬迁弱劳动力城镇就业难度较大

通过实地调查发现,在城镇化安置社区存在一部分的易地搬迁弱劳动力。这些弱劳动力在搬迁前长期从事农业劳动,缺少外出务工技能和经验,搬迁后因为年纪大(50岁以上)、缺少城镇就业技能和经验,面临进厂难、找工难等问题。为了维持家庭在城镇安置社区的消费开支,这些易地搬迁弱劳动力往往返回原住村庄从事农业生产。这部分易地搬迁弱劳动力不仅收入水平低,也形成了易地搬迁人口安置后"两头跑"问题(即移民往返于迁出地与迁入地,无法在迁入地稳定下来),不利于实现国家"搬得出、有就业、逐步能致富"易地搬迁政策目标。

二、促进易地搬迁人口生计发展的对策

打赢脱贫攻坚战后,我国易地搬迁政策重点转向易地搬迁人口后续扶持和生计发展。当前易地搬迁后续扶持的政策也在完善。针对上述的易地搬迁人口就业与生计发展流动性治理存在的问题,提出以下对策建议。

(一) 强化东西部劳务协作的就业岗位技能培训

在滇桂黔石漠化片区的东西部劳务协作的地方实践的工作重点放在了实

现东部省市企业与易地搬迁人口劳务信息衔接和组织化输出上。如西部地区的地方政府注重开展易地搬迁人口就业状况摸底调查,找出有就业意愿和能力的未就业人口,把未就业易地搬迁劳动力的就业需求反馈给东部省市政府,做好东部企业到本地召开现场招聘会,组织实施签订就业协议的易地搬迁劳动力等脱贫劳动力向东部省市的组织化输出;东部省市的地方政府的工作重点是创造就业机会、提供用工信息,动员企业到对口援助地召开现场招聘会。

对易地搬迁劳动力开展岗前针对性的培训不足,导致了一些易地搬迁劳动力上岗后难以适应工作要求,工作的稳定性比较差。为此提出以下建议。

一是东部省份实行劳务协作"以工代训"补助等优惠政策,为参与劳务协作并吸纳易地搬迁劳动力的企业发放"以工代训"补贴。"以工代训"是企业使用自有场地、生产设备等,让员工在岗位上以实际操作的方式接受技能培训。东部省份政府可以使用支持西部地区巩固拓展脱贫攻坚成果资金作为"以工代训"补贴。制定劳务协作"以工代训"补贴发放制度,规定补贴发放的标准、企业申请"以工代训"补贴流程等。由东部省份的人力资源和社会保障部门组织实施对吸纳易地搬迁劳动力的企业按照规定和吸纳劳动力情况发放"以工代训"补贴。

二是西部地区政府组织签订就业意向的易地搬迁劳动力开展针对性的技能培训。西部地区地方政府对易地搬迁劳动力签订的就业岗位技能要求进行汇总,通过购买服务等方式委托具有良好资质的职业技能培训机构对易地搬迁劳动力开展针对性的职业技能培训。易地搬迁劳动力技能培训合格后,再由西部地区政府把易地搬迁劳动力集体输送到对口地区企业的对应岗位上就业。

(二) 多措并举维护易地搬迁人口县外就业合法权益

易地搬迁人口主要依靠自身社会网络关系零散地外出务工是易地搬迁人口县外就业合法权益没有得到有效保障的原因之一。因为,当企业侵害易地搬迁劳动力合法权益时,易地搬迁劳动力组织化程度低,无法组织合理且有效的抗争。为此,提出以下对策建议。

一是建立东西部劳务协作工作站维护易地搬迁劳动力县外就业合法权益。把易地搬迁劳动力县外就业的合法权益作为东西部劳务协作的重点内容,协作双方建立劳务协作工作站。协作两地政府以劳务协作工作站为依托,实时掌握易地搬迁劳动力上岗、报酬支付、稳定就业等情况,加强与易地搬迁劳动力就业企业的沟通与衔接,维护易地搬迁劳动力县外就业合法权益。

二是加快培育劳务服务机构有序组织易地搬迁劳动力县外就业并维护其合法权益。制定相关扶持政策,促进安置地劳务服务机构发展。鼓励和引导符合资质要求的劳务服务机构有序组织易地搬迁劳动力县外就业,并与劳务服务机构共同维护易地搬迁劳动力县外就业的合法权益。

三是支持劳务经纪人有序组织易地搬迁劳动力县外就业并合力维护合法权益。近年来,随着中西部地区经济加快发展和工资水平的提高,农村劳动力从东部沿海地区回流增多,东部沿海地区一些劳动密集型企业"用工荒"现象时有发生。实地调查发现,在一些安置社区出现了常年外出务工的易地搬迁人口变为劳务经纪人返回安置社区带人外出务工。安置地政府可以将"民间"劳务经纪人纳入管理与扶持范围,给予劳务经纪人一定的扶持政策(如根据带动稳定就业易地搬迁劳动力数量给予相应补贴等),通过与"民间"劳务经纪人合作,有序组织易地搬迁劳动力县外就业并维护合法权益。

(三)提升后续产业发展营商环境和服务质量

随着东部地区"用工荒"现象日益突出,劳动力的充足供给逐渐成为劳动密集型企业考量的重要因素。滇桂黔石漠化片区的易地搬迁城镇化集中安置社区人口众多,劳动力资源丰富。这就为滇桂黔石漠化片区的安置地承接东部转移的劳动密集型产业奠定了基础。针对一些易地搬迁城镇化集中安置社区配套产业园企业数量少、吸纳易地搬迁劳动力就业有限的问题,提出以下建议。

一是加强安置地配套产业的招商引资。滇桂黔石漠化片区安置地政府要充分发挥安置地劳动力资源充足的优势,加大对外招商引资宣传力度,积极通过东西部协作机制、县领导宣传招商引资视频短片等多种方式进行招商引资宣传活动,引导外地企业特别是东部劳动密集型产业到安置地考察和投资,促进企业落户安置区配套产业园。

二是强化产业配套设施建设。滇桂黔石漠化片区安置地政府要高度重视优化营商环境,完善产业园配套基础设施,进一步提高服务企业生产经营的质量。如在产业园区投资建设职工宿舍、食堂等产业园区配套设施,发挥政府动员优势,积极动员外出务工易地搬迁劳动力回乡务工,想方设法为落户劳动密集型企业提供充足、优质的劳动力。

(四)提升易地搬迁人口就业技能和加强扶持小微企业

针对易地搬迁人口在安置地的小微企业就业工资水平低、工作不稳定的问题,提出以下对策建议。一是对有技能提升需求的易地搬迁人口开展针对性技能培训。对易地搬迁人口安置地城镇就业情况技能培训需求开展摸底调查,精准掌握在小微企业就业的易地搬迁人口技能需求,组织优质培训机构对在小微企业就业的易地搬迁劳动力开展针对性技能培训。易地搬迁人口就业技能提升后,协助其在易地搬迁配套产业园区企业内稳定就业或有序组织易地搬迁劳动力外出务工,提高其就业收入水平。二是通过稳岗补贴等扶持政策促进易地搬迁人口就业收入稳定。安置地人力资源和社会保障部门制定专门的扶持政策,通过信贷优惠、带动易地搬迁人口就业补贴、稳岗补贴等方式扶持小微企业发展,指导小微企业将相关补贴用于提高易地搬迁劳动力工资水平和保障水平。

(五)探索实施扶持劳动力农业稳定就业

探索解决易地搬迁弱劳动力因年纪大、缺少城镇就业技能和经验,无法实现稳定就业的问题。他们长期从事农业生产劳动,积累了丰富的农业就业技能和经验。在乡村产业推进的过程中,农业企业等新型农业经营主体主导的农业规模化、资本化发展,使得农业雇工的需求日益增多,农业就业劳动力市场日益形成。这就为城镇化安置社区的易地搬迁弱劳动力农业就业奠定了现实基础。这也是广西隆安县震东易地搬迁安置社区实践"社区农业送工"能够成功的重要基础。基于此,提出以下对策建议。

一是充分发挥政府职能部门优势,收集地区农业雇工需求信息。充分发挥农业农村部门、乡村振兴局、人力资源和社会保障部门在获取新型农业经营主体雇工需求的信息优势,如农业雇工需求数量、雇工工作内容、工资等,并将摸底调查获取的农业新型经营主体联系方式及雇佣劳动力需求信息发送至城镇安置社区基层组织。

二是充分发挥城镇安置社区的"桥梁"作用。城镇安置社区"两委"是基层治理的核心力量。城镇安置社区"两委"等基层组织可以借助安置社区网格化治理机制摸清本社区易地搬迁弱劳动力农业就业意愿,通过网格员、楼栋长、社区党员等将政府职能部门发送来的农业新型经营主体雇工需求信息传递给易地搬迁弱劳动力。城镇安置社区在汇总易地搬迁弱劳动力报名参加农业就业情况后,积极与农业新型经营主体对接农业雇工配对情况,并在政府相关职能部门的协助下将易地搬迁弱劳动力送往农业就业岗位。

第三节　研究展望

党的二十大提出了以中国式现代化全面推进中华民族伟大复兴的奋斗目标。中国式现代化是全体人民共同富裕的现代化,要以人民对美好生活的向往作为现代化建设的出发点和落脚点,着力促进全体人民共同富裕。中国式现代化是物质文明和精神文明相协调的现代化,要厚植现代化的物质基础,不断夯实人民幸福生活的物质条件,同时也要大力发展社会主义先进文化,加强理想信念教育,传承中华文明。滇桂黔石漠化片区易地搬迁是一项长期的社会工程。易地搬迁人口城镇化安置后尽管实现了全部脱贫,但是一些易地搬迁人口的收入水平还不高,一些易地搬迁群众仍面临着一定的返贫风险。同时,易地搬迁人口尽管在城镇安置区实现了长期居住,享受了安置地的基本公共服务,但是少数易地搬迁人口"两头跑"现象还存在,个别乡镇安置社区出现了"空心化"问题,易地搬迁人口在安置地居住也不是非常稳定。结合中国式现代化目标和巩固脱贫攻坚成果的要求,对未来滇桂黔石漠化片区易地搬迁研究进行如下展望。

第一,县域产业发展与易地搬迁人口安置地高质量就业研究。城镇化安置后,就业成为易地搬迁人口生计发展的主要路径。易地搬迁人口稳定脱贫和共同富裕主要依靠产业和就业。当前滇桂黔石漠化片区县产业水平还不高,无法为易地搬迁人口提供足够的优质就业岗位。加快发展县域优势产业是提高易地搬迁人口安置地就业质量的基础,可对东西部产业协作促进滇桂黔石漠化片区县域特色产业发展进行重点研究,探讨易地搬迁安置地产业提升以及引导易地搬迁劳动力回流安置地就业的具体路径。另外,易地搬迁劳动力就业技能显著提升是其获取安置地优质岗位的前提。可对易地搬迁劳动力进行就业技能培训促进高质量就业开展重点研究,分析县域就业技能培训促进易地搬迁人口安置地高质量就业效果不理想的主要原因,提出针对性的对策建议。

第二,保障和提升城镇化安置易地搬迁人口资产收益和生态收益研究。资产收益和生态收益尽管不是易地搬迁家庭收入的主要来源,但是对促进易地搬迁人口致富和完全实现城镇化具有积极作用。当前城镇化安置易地搬迁人口的资产收益和生态收益比较少,一些易地搬迁人口缺少资产收益和生态收益,一些易地搬迁人口仍然返回迁出地从事农业生产。可聚焦迁出地农业合理开发,促进易地搬迁人口通过入股等方式参与迁出地农业现代化发展进行重点研究,增加易地搬迁人口资产收益。可聚焦易地搬迁人口迁出地拆旧复垦与土地增减挂钩、碳汇交易开展研究,促进实现滇桂黔石漠化片区生态持续改善与易地搬迁人口生态收益持续增长同步。

第三,提升城镇化安置易地搬迁人口社会保障水平研究。当前仍有个别城镇化安置易地搬迁人口没有享受城镇社会保障服务。其中重要的原因是户籍制度仍与相关的社会保障服务供给捆绑,以及少数易地搬迁人口回流迁出地从事农业和居住。可聚焦易地搬迁人口城镇社会保障服务供给改革,对构建不依赖户籍的易地搬迁人口社会保障服务供给机制开展系统研究,进一步提升滇桂黔石漠化片区整体城镇化安置易地搬迁人口社会保障服务水平。

第四,以社区文化建设促进易地搬迁人口城镇融入研究。易地搬迁人口迁出地的文化与安置地城镇的文化差异比较大,促进易地搬迁人口尽快实现文化适应是推动城镇化安置易地搬迁人口加快融入安置地城镇的重要举措。可聚焦移民安置社区文化建设,对城镇安置社区文化发展与易地搬迁人口社会融入开展研究,促进易地搬迁人口适应城镇文化生活,满足其精神文化需求,增强其社区归属感,促进其加快融入新社区、新环境。

参 考 文 献

一、图书文献

1.[俄]恰亚诺夫:《农民经济组织》,萧正洪译,中央编译出版社 1996 年版。

2.[美]西奥多·舒尔茨:《改造传统农业》,梁小民译,商务印书馆 1999 年版。

3.[美]阿瑟·刘易斯:《二元经济论》,施炜等译,北京经济学院出版社 1989 年版。

4.[美]迈克尔·P.托达罗:《经济发展与第三世界》,印金强、赵荣美等译,中国经济出版社 1992 年版。

5.[印]让·德雷兹、[印]阿马蒂亚·森:《饥饿与公共行为》,苏蕾译,社会科学文献出版社 2006 年版。

6.《中国农村扶贫开发纲要(2011—2020 年)》,人民出版社 2011 年版。

7. 国家卫生健康委员会:《中国流动人口发展报告·2018》,中国人口出版社 2018 年版。

8. 黄承伟、覃志敏:《精准扶贫精准脱贫方略》,湖南人民出版社 2018 年版。

9. 黄承伟:《中国农村反贫困的实践与思考》,中国财政经济出版社 2004 年版。

10. 姜德华等:《中国的贫困地区类型及开发》,旅游教育出版社 1989 年版。

11. 李周、陈若梅、高岭:《中国贫困山区开发方式和生态变化关系的研究》,山西经济出版社 1997 年版。

12. 王小强、白南风:《富饶的贫困》,四川人民出版社 1986 年版。

13. 张磊:《中国扶贫开发政策演进(1949—2005)》,中国财政经济出版社 2007 年版。

14. 中共中央文献研究室编:《十八大以来重要文献选编》(上),中央文献出版社

2014 年版。

二、中文期刊文献

1. 北京天泽经济研究所《中国土地问题》课题组:《土地流转与农业现代化》,《管理世界》2010 年第 7 期。

2. 曾小溪、汪三贵:《易地扶贫搬迁情况分析与思考》,《河海大学学报(哲学社会科学版)》2017 年第 2 期。

3. 陈航英:《新型农业主体的兴起与"小农经济"处境的再思考》,《开放时代》2015 年第 5 期。

4. 陈南岳:《我国农村生态贫困研究》,《中国人口·资源与环境》2003 年第 4 期。

5. 陈全功、程蹊:《空间贫困及其政策含义》,《贵州社会科学》2010 年第 8 期。

6. 陈全功、程蹊:《空间贫困理论视野下的民族地区扶贫问题》,《中南民族大学学报(人文社会科学版)》2011 年第 1 期。

7. 陈物晴:《产业转移与返乡务工人员的择业理性——以中原地区某县返乡打工妹为例》,《学术研究》2013 年第 11 期。

8. 程名望、潘烜:《个人特征、家庭特征对农村非农就业影响的实证》,《中国人口·资源与环境》2012 年第 2 期。

9. 单卓然、黄亚平:《"新型城镇化"概念内涵、目标内容、规划策略及任职误区解析》,《城市规划学刊》2013 年第 2 期。

10. 董玉舒、刘建业、赵天胜:《移民迁村:新世纪贫困山区扶贫开发的必然选择》,《调研世界》2001 年第 5 期。

11. 都阳、朴之水:《迁移与减贫——来自农户调查的经验证据》,《中国人口科学》2003 年第 4 期。

12. 都阳、万广华:《城市劳动力市场上的非正规就业及其在减贫中的作用》,《经济学动态》2014 年第 9 期。

13. 段跃芳、窦春锋:《水库移民城镇化安置模式:基本要素、制度障碍及体制安排》,《三峡大学学报(人文社会科学版)》2016 年第 1 期。

14. 段跃芳、赵旭:《水利水电工程移民城镇化安置:特征、问题及机制创新》,《城市与环境研究》2016 年第 3 期。

15. 冯应斌、龙花楼:《基于乡村人口转移和农村道路建设的空间贫困破解机理及其对策研究——以贵州省为例》,《地理研究》2019 年第 11 期。

16. 符平：《市场体制与产业优势——农业产业化地区差异形成的社会学研究》，《社会学研究》2018年第1期。

17. 付少平、赵晓峰：《精准扶贫视角下的移民生计空间再塑造研究》，《南京农业大学学报（社会科学版）》2015年第6期。

18. 傅义强：《当代西方国际移民理论述略》，《世界民族》2007年第3期。

19. 阎小操、陈绍军：《重启与激活：后扶贫时代易地扶贫搬迁移民生计转型与发展研究——以新疆W县P村为例》，《干旱区资源与环境》2021年第5期。

20. 龚维进、覃成林、徐海东：《交通扶贫破解空间贫困陷阱的效果及机制分析》，《中国人口科学》2019年第6期。

21. 辜胜阻、孙祥栋、刘江日：《推进产业和劳动力"双转移"的战略思考》，《人口研究》2013年第3期。

22. 古恒宇、覃小玲、沈体雁：《中国城市流动人口回流意愿的空间分异及影响因素》，《地理研究》2019年第8期。

23. 韩国明、钟守松：《税费改革前后村级组织职能的转变——兼论国家与农村社会的关系》，《湖南农业大学学报（社会科学版）》2011年第1期。

24. 韩叙、夏显力：《社会资本、非正规就业与乡城流动人口家庭迁移》，《华中农业大学学报（社会科学版）》2019年第3期。

25. 韩跃民：《全球生态贫困治理与"中国方案"》，《社会科学战线》2019年第11期。

26. 何得桂、党国英：《西部山区避灾移民搬迁政策执行偏差及其影响研究——以陕南为例》，《青海社会科学》2015年第4期。

27. 何玲玲、区小兰：《易地扶贫搬迁与新型城镇化协调发展：广西的实践表述》，《广西师范学院学报（哲学社会科学版）》2019年第4期。

28. 何芸：《二元分割与行业收入不平等——基于二元劳动力市场分割理论的分析》，《经济问题探索》2015年第1期。

29. 贺雪峰：《农民工返乡创业的逻辑与风险》，《求索》2020年第2期。

30. 胡鞍钢、马伟：《现代中国经济社会转型：从二元结构到四元结构（1949—2009）》，《清华大学学报（哲学社会科学版）》2012年第1期。

31. 胡凤霞、姚先国：《农民工非正规就业选择研究》，《人口与经济》2011年第3期。

32. 胡金华：《社会网络对农村劳动力外出就业的影响》，《中共福建省委党校学报》2010 年第 12 期。

33. 胡振通、王亚华:《公益岗位互助扶贫模式助力脱贫攻坚战:基于山东乐凌的实地调研》,《农业经济问题》2019 年第 10 期。

34. 黄承伟、刘欣:《本土民间组织参与扶贫开发的行动特点及发展方向——以贵州省某民间组织为例》,《贵州社会科学》2015 年第 1 期。

35. 黄承伟、覃志敏:《共同富裕视野下连片特困地区扶贫攻坚的路径思考》,《开发研究》2013 年第 4 期。

36. 黄茂兴、张建威:《中国推动城镇化发展:历程、成就与启示》,《数量经济技术经济研究》2021 年第 6 期

37. 黄云平等:《我国易地扶贫搬迁及其后续扶持问题研究》,《经济问题探索》2020年第 10 期。

38. 黄宗智等:《中国非正规经济(上)》,《开放时代》2011 年第 1 期。

39. 惠建国、刘冠军:《新中国 70 年就业政策的创新发展与经验总结》,《财经问题研究》2020 年第 9 期。

40. 贾天宇、王一凡、赵荣:《中国生态护林员政策实施机制、成效及动态调整》,《世界林业研究》2022 年第 6 期。

41. 焦长权、周飞舟:《"资本下乡"与村庄的再造》,《中国社会科学》2016 年第 1 期。

42. 景跃进:《中国农村基层治理的逻辑转换——国家与乡村社会关系的再思考》,《治理研究》2018 年第 1 期。

43. 冷志明、丁建军、殷强:《生态扶贫研究》,《吉首大学学报(社会科学版)》2018年第 4 期。

44. 李博、左停:《遭遇搬迁:精准扶贫视角下扶贫移民搬迁政策执行逻辑的探讨——以陕南王村为例》,《中国农业大学学报(社会科学版)》2016 年第 2 期。

45. 李聪、高梦:《新型城镇化对易地扶贫搬迁农户生计恢复力影响的实证》,《统计与决策》2019 年第 18 期。

46. 李聪、郭嫚嫚、李萍:《破解"一方水土养不起一方人"的发展困境？——易地扶贫搬迁农户的"福祉—生态"耦合模式分析》,《干旱区资源与环境》2019 年第 11 期。

47. 李聪、王颖文、刘杰、苟阳:《易地扶贫搬迁家庭劳动力外出务工对多维贫困的影响》,《当代经济科学》2020 年第 2 期。

48. 李光明、潘明明:《少数民族外出务工决策的个人禀赋、家庭特征、制度因素分

析》,《人口与发展》2013 年第 6 期。

49. 李进参:《中国的异地开发扶贫模式及经验》,《云南社会科学》1999 年第 3 期。

50. 李明欢:《20 世纪西方国际移民理论》,《厦门大学学报(哲学社会科学版)》2000 年第 4 期。

51. 李王鸣、金登杨:《扶贫移民安置模式分析与实证——以浙江省瑞安市为例》,《经济地理》2008 年第 2 期。

52. 李小云:《允许农民自由流动是减贫的动力》,《中国乡村发现》2016 年第 4 期。

53. 李卓、左停:《资产收益扶贫有助于"减贫"吗？——基于东部扶贫改革试验区 Z 市的实践探索》,《农业经济问题》2018 年第 10 期。

54. 梁平:《正式资源下沉基层的网格化治理——以河北"一乡一庭"建设为例》,《法学杂志》2017 年第 5 期。

55. 林万龙、华中昱、徐娜:《产业扶贫的主要模式、实践困境与解决对策——基于河南、湖南、湖北、广西四省区若干贫困县的调研总结》,《经济纵横》2018 年第 7 期。

56. 凌经球:《推进滇桂黔石漠化片区扶贫开发的路径研究——基于新型城镇化的视角》,《广西民族研究》2015 年第 2 期。

57. 刘春腊等:《精准扶贫与生态补偿的对接机制及典型途径——基于林业的案例分析》,《自然资源学报》2019 年第 5 期。

58. 刘蓝予、周黎安:《县域特色产业崛起中的"官场+市场"互动——以洛川苹果产业为例》,《公共管理学报》2020 年第 4 期。

59. 刘强、马光选:《基层民主治理单元的下沉——从村民自治到小社区自治》,《华中师范大学学报(人文社会科学版)》2017 年第 1 期。

60. 刘庆乐:《推拉理论、户籍制度与中国城乡人口流动》,《江苏行政学院学报》2015 年第 6 期。

61. 刘升:《城镇集中安置型易地扶贫搬迁社区的社会稳定风险分析》,《华中农业大学学报(社会科学版)》2020 年第 6 期。

62. 刘小鹏等:《集中连片特殊困难地区村域空间贫困测度指标体系研究》,《地理科学》2014 年第 4 期。

63. 刘小鹏等:《空间贫困研究及其对我国贫困地理研究的启示》,《干旱区地理》2014 年第 1 期。

64. 刘扬、王东宾:《资产收益扶持机制研究:理论、政策与实践》,《浙江社会科学》2017 年第 9 期。

65. 卢青青:《半工半家:农村妇女非正规就业的解释》,《农林经济管理学报》2021年第3期。

66. 卢舟:《水库移民城镇化安置的社会风险及其治理——以云南楚雄青山嘴水库移民安置为例》,《经济研究导刊》2018年第13期。

67. 陆汉文、曹洪民:《扶贫开发历史机遇期与战略创新》,《江汉论坛》2014年第5期。

68. 陆汉文、覃志敏:《我国扶贫移民政策的演进与发展趋势》,《贵州社会科学》2015年第5期。

69. 陆汉文、覃志敏:《新阶段的非农安置扶贫移民:规模估计和政策创新》,《浙江学刊》2017年第1期。

70. 罗翔等:《贫困的"物以类聚":中国的农村空间贫困陷阱及其识别》,《自然资源学报》2020年第10期。

71. 马流辉、曹锦清:《易地扶贫搬迁的城镇集中模式:政策逻辑与实践限度——基于黔中G县的调查》,《毛泽东邓小平理论研究》2017年第10期。

72. 马流辉、莫艳清:《扶贫移民的城镇化安置及其后续发展路径选择——基于城乡联动的分析视角》,《福建论坛(人文社会科学版)》2019年第3期。

73. 马流辉:《易地扶贫搬迁的"城市迷思"及其理论检视》,《学习与实践》2018年第8期。

74. 马明等:《易地扶贫搬迁移民生计策略、生计资本与家庭收入影响研究——以云南少数民族深度贫困地区为例》,《干旱区资源与环境》2021年第8期。

75. 宁静等:《易地扶贫搬迁减少了贫困脆弱性吗?——基于8省16县易地扶贫搬迁准实验研究的PSM-DID分析》,《中国人口·资源与环境》2018年第11期。

76. 牛勤:《欠发达地区推进新型城镇化理论审视与路径探寻》,《求实》2014年第S1期。

77. 欧阳祎兰:《探索生态扶贫的实现路径》,《人民论坛》2019年第21期。

78. 潘彪等:《做好易地扶贫搬迁的"后半篇文章"——贵州省黔西南州"新市民"计划的经验与启示》,《宏观经济管理》2021年第5期。

79. 彭振、宋才发:《民族地区新型城镇化建设及发展保障讨论》,《黑龙江民族丛刊》2017年第1期。

80. 平卫英、罗良清、张波:《我国就业扶贫的现实基础、理论逻辑与实践经验》,《管理世界》2021年第7期。

81. 曲玮、涂勤、牛叔文:《贫困与地理环境关系的相关研究述评》,《甘肃社会科学》2010 年第 1 期。

82. 人社部人力资源流动管理司:《在流动中汇聚起繁荣发展的人才力量——新中国人力资源流动管理工作 70 年》,《中国人力资源社会保障》2019 年第 10 期。

83. 任克强:《政府主导城市基层治理模式的现代转向》,《南京社会科学》2021 年第 3 期。

84. 苏芳、徐中民、尚海洋:《可持续生计分析研究综述》,《地球科学进展》2009 年第 1 期。

85. 覃志敏、陆汉文:《藏区牧民生计分化与能力贫困的治理——以川西措玛村为例》,《西北人口》2012 年第 6 期。

86. 覃志敏、韦东阳:《城镇化安置扶贫移民的生计困境与治理路径——以城乡融合发展为视角》,《中国西部》2020 年第 5 期。

87. 唐丽霞、林志斌、李小云:《谁迁移了——自愿移民的搬迁对象特征和原因分析》,《农业经济问题》2005 年第 4 期。

88. 田毅鹏:《地域社会学:何以可能?何以可为?——以战后日本城乡"过密—过疏"问题研究为中心》,《社会学研究》2012 年第 5 期。

89. 涂圣伟:《工商业资本下乡的适宜领域及其困境摆脱》,《改革》2014 年第 9 期。

90. 涂圣伟:《易地扶贫搬迁后续扶持的政策导向与战略重点》,《改革》2020 年第 9 期。

91. 万向东:《农民工非正式就业研究的回顾与展望》,《中山大学学报(社会科学版)》2009 年第 1 期。

92. 汪磊、汪霞:《易地扶贫搬迁农户就业能力评价研究:以贵州省为例》,《北方民族大学学报》2020 年第 3 期。

93. 汪三贵、梁晓敏:《我国资产收益扶贫的实践与机制创新》,《农业经济问题》2017 年第 9 期。

94. 王春超、王聪:《市场化、社会网络与城市农民工地缘集聚》,《经济社会体制比较》2016 年第 1 期。

95. 王蒙:《后搬迁时代易地扶贫搬迁如何实现长效减贫?——基于社区营造视角》,《西北农林科技大学学报(社会科学版)》2019 年第 6 期。

96. 王晓毅:《绿色减贫:理论、政策与实践》,《兰州大学学报(社会科学版)》2018 年第 4 期。

97. 王晓毅:《移民的流动性与贫困治理——宁夏生态移民的再认识》,《中国农业大学学报(社会科学版)》2017年第5期。

98. 王晓毅:《易地扶贫搬迁方式的转变与创新》,《改革》2016年第8期。

99. 王雨磊、廖伟:《服务进站:农村税费取消后国家基层组织建设的新趋向》,《电子政务》2020年第3期。

100. 王正谱:《在巩固脱贫成果强化搬迁后扶工作现场推进会上的讲话》,《中国乡村振兴》2021年第10期。

101. 韦俊峰、陆保一、明庆忠:《易地扶贫搬迁与特色小镇建设整合的机制与模式》,《中南林业科技大学学报(社会科学版)》2020年第3期。

102. 吴晓萍、刘辉武:《易地扶贫搬迁移民经济适应性的影响因素——基于西南民族地区的调查》,《贵州社会科学》2020年第2期。

103. 吴越菲:《地域性治理还是流动性治理?城市社会治理的论争及其超越》,《华东师范大学学报(哲学社会科学版)》2017年第6期。

104. 吴越菲:《迈向流动性治理:新地域空间的理论重构及其行动策略》,《学术月刊》2019年第2期。

105. 武汉大学乡村振兴研究课题组:《脱贫攻坚与乡村振兴战略的有效衔接》,《中国人口科学》2021年第2期。

106. 武汉大学易地扶贫搬迁后续扶持研究课题组:《易地扶贫搬迁的基本特征与后续扶持的路径选择》,《中国农村经济》2020年第12期。

107. 夏柱智、贺雪峰:《半工半耕与中国渐进城镇化模式》,《中国社会科学》2017年第12期。

108. 肖周燕:《人口迁移势能转化的理论假说——对人口迁移推—拉理论的重释》,《人口与经济》2010年第6期。

109. 谢治菊、许文朔:《空间再生产:大数据驱动第一扶贫搬迁社区重构的逻辑与进路》,《行政论坛》2020年第5期。

110. 邢成举:《搬迁扶贫与移民生计重塑:陕省证据》,《改革》2016年第11期。

111. 徐顽强、李敏:《公益组织嵌入精准扶贫行动的生态网络构建》,《西北农林科技大学学报(社会科学版)》2019年第3期。

112. 徐勇、邓大才:《社会化小农:解释当今农户的一种视角》,《学术月刊》2006年第7期。

113. 许汉泽:《"后扶贫时代"易地扶贫搬迁的实践困境及政策优化——以秦巴山

区 Y 镇扶贫搬迁安置社区为例》,《华东理工大学学报(社会科学版)》2021 年第 2 期。

114. 荀丽丽、包智明:《政府动员型环境政策及其地方实践——关于内蒙古 S 旗生态移民的社会学分析》,《中国社会科学》2007 年第 5 期。

115. 于开红、付宗平、李鑫:《深度贫困地区的"两山困境"与乡村振兴》,《农村经济》2018 年第 9 期。

116. 袁航、刘梦璐、刘景景:《基于健康营养调查(CHNS)对地理禀赋贫困陷阱的实证分析》,《地理经济》2017 年第 6 期。

117. 袁媛、许学强:《国外综合贫困研究及对我国贫困地理研究的启示》,《世界地理研究》2008 年第 2 期。

118. 张桂文、王青、张荣:《中国农业劳动力转移的减贫效应研究》,《中国人口科学》2018 年第 4 期。

119. 张会萍、罗媛月:《易地扶贫搬迁的就业促进效果研究——基于劳动力非农转移和就业质量的双重视角》,《中国人口科学》2021 年第 2 期。

120. 张军等:《中国为什么拥有了良好的基础设施?》,《经济研究》2007 年第 3 期。

121. 张涛、张琦:《易地扶贫搬迁后续就业减贫机制构建与路径优化》,《西北师大学报(社会科学版)》2020 年第 4 期。

122. 张晓青:《国际人口迁移理论述评》,《人口学刊》2001 年第 3 期。

123. 张新文、戴芬园:《权力下沉、流程再造与农村公共服务网格化供给》,《浙江社会科学》2018 年第 8 期。

124. 张志良、张涛、张潜:《移民推拉力机制理论及其应用》,《中国人口科学》1997 年第 2 期。

125. 赵其国、黄国勤、马艳芹:《中国生态环境状况与生态文明建设》,《生态学报》2016 年第 19 期。

126. 中国金融 40 人论坛课题组:《加快推进新型城镇化:对若干重大体制改革问题的认识与政策建议》,《中国社会科学》2013 年第 7 期。

127. 周丽、黎红梅、李培:《易地扶贫搬迁农户生计资本对生计策略选择的影响——基于湖南搬迁农户的调查》,《经济地理》2020 年第 11 期。

128. 邹英、向德平:《易地扶贫搬迁贫困户市民化困境及其路径选择》,《江苏行政学院学报》2017 年第 2 期。

129. 左停、王琳瑛、旷宗仁:《工作换福利与贫困社区治理:公益性岗位扶贫的双重效应——以秦巴山区一个行动研究项目为例》,《贵州财经大学学报》2018 年第 3 期。

130. 左停:《积极扩展公益岗位扶贫政策的思考》,《中国国情国力》2017 年第 11 期。

三、外文文献

1. R. Chambers, G. R. Conway, "Sustainable Livelihood: Practical Concepts for the 21st Century", *IDS Discussion*, 1992:6.

2. D. B. Grigg, "E. G. Ravenstein and the Laws of Migration", *Journal of Historical Geography*, 1977(3).

3. J. Harris, M. P. Todaro, "Migration, Unemployment and Development: A Two-Sectors Analysis", *The American Economic Review*, 1970, Vol. 60, No. 1, 126-142.

4. N. McCann, *Cities and Policy-Making in a Global Age*, Minnesota: Minnesota University Press, 2011.

5. Bill Jordan and Franck Duvell, "Migration: The Boundaries of Equality and Justice", *British Journal of Sociology*, 2004, 55(2).

6. D. J. Bogue, Internal Migration, P. Hauser, O. D. Duncan (eds.), *The Study of Population*, Chicago: University of Chicago Press, 1959.

7. Chronic Poverty Research Centre, *The Chronic Poverty Report* 2004-05, *The Chronic Poverty Report* 2008-09, Escaping Poverty Traps, http://www.chronicpoverty.org.

8. M. Fujita, P. Krugman and A. Venables, *The Spatial Economy: Cities, Region and International Trade*, Cambridge Massachusetts, MIT Press, 1999.

9. C. D. Harris, "The Market as a Factor in the Localization of Production", *Annuals ofthe American Geographies*, 1954, 44: 35-48.

10. J. Jalan and M. Ravallion, "Spatial Poverty Traps", *The World Bank Policy Research Working Paper*, No. 1862, 1997.

11. D. Leat and G. Stoker, *Towards Holistic Governance: The New Reform Agenda*, London, Palgrave, 2002.

12. M. Kritz, L. Lim and H. Zlotnik(eds.), *International Migration Systems: A Global Approach*, Oxford, Clarendon Press, 1992.

13. M. P. Todaro, "A Model of Labor Migration and Urban Unemployment in Less Development Countries", *The American Economic Review*, 1969, Vol. 59, No.1.

14. Méndez-Lemus Y., Vieyra A. and Poncela L., *Peri-urban Local Governance?*

Intra-government Relationships and Social Capital in a Peripheral Municipality of Michoacán, Mexico, Progress in Development Studies, 2017.

15. G. Myrdal, *Economic Theory and Under-developedRegion*, London, Duckworth, 1957.

16. O. Stark and E. Taylor, "Relative Deprivation and International Migration", in *Demography*, 26, 1989.

17. Oded Stark, *The Migration of Labor*, Cambridge, BasilBlackwell, 1991.

18. M. J. Piore, *The Dual Labor Market*: *Theory and Implications*, Grusky D. B. Social Stratification: Class, Race, and Gender in Sociological Perspective, Colorado: Westview Press, 2001.

19. C., Rakowski, "Convergence and Divergence in The Informal Sector Debate", A Focus On Lain America 1984–1992, 1994, 12(4).

20. Ravallion M. and Wodon Q., "Poor Areas, or Only Poor People?", *The World Bank Development Researchgroup*, 1997.

21. A. G. Walder, "Local Governments as Industrial Firms: An Organizational Analysis of China's Transitional Economy", *American Journal of Sociology*, 1995, 101(2).

责任编辑：王彦波

封面设计：石笑梦

版式设计：胡欣欣

图书在版编目（CIP）数据

新型城镇化背景下滇桂黔石漠化片区易地搬迁移民生计发展创新研究 ／ 覃志敏著 ． -- 北京 ：人民出版社，2025．5． -- ISBN 978 - 7 - 01 - 026755 - 5

Ⅰ．D632.4

中国国家版本馆 CIP 数据核字第 2024G8L227 号

新型城镇化背景下滇桂黔石漠化片区易地搬迁移民生计发展创新研究
XINXING CHENGZHENHUA BEIJING XIA DIANGUIQIAN SHIMOHUA PIANQU YIDI
BANQIAN YIMIN SHENGJI FAZHAN CHUANGXIN YANJIU

覃志敏 著

人民出版社 出版发行

（100706 北京市东城区隆福寺街 99 号）

北京九州迅驰传媒文化有限公司印刷 新华书店经销

2025 年 5 月第 1 版 2025 年 5 月北京第 1 次印刷

开本：710 毫米×1000 毫米 1/16 印张：14.25

字数：204 千字

ISBN 978 - 7 - 01 - 026755 - 5 定价：69.00 元

邮购地址 100706 北京市东城区隆福寺街 99 号

人民东方图书销售中心 电话 （010）65250042 65289539